カンボジア北東部の
ラオ村落における
対人関係の民族誌

もめごとへの間接的な対処法

山﨑寿美子

家を冷やすため新年に僧侶の聖水を浴びる。2008年4月16日

[左]子供たちが果実や貝をとりに中洲へ向かう。2007年8月17日　[右]新米を唐臼で搗く。2007年12月12日

主食のうるち米を炊く。2007年8月9日

床下に置かれたラオの「パーデーク」の甕。2015年8月21日

ラオの小分け並べ売り。2012年4月5日

クメールの積み売り。2012年4月5日

出会いの味「ケムマークナット」。2007年7月10日

稲作作業の終了後につくられた米麺「カオプン」。2007年12月6日

ラオ料理「コーイパー(魚のサラダ)」(左)と「トムパー(魚のスープ)」(中央)。2014年8月19日

ラオ料理「ラープ」(手前)。2013年8月15日

［上］網の修理を息子に教える父親。2014年9月1日　［下］雨季に入る前に舟の修繕をする。2013年3月11日

まえがき

　本書の舞台となるカンボジア北東部のストゥントラエン州は、国家の周縁に位置し、ラオスとの国境域にある。メコン水系と森林に恵まれ、首都プノンペンから国道7号線をひたすら北上していくと、視界に緑が広がり、川の湿り気を感じるようになる。[1]

　2007年7月8日、ローカルバスに乗ること9時間弱、小雨の降るストゥントラエン州都に、初めて降り立った。まず感じたのは、なんて静かで、のどかな場所なのだろうということだった。他州のような人ごみも喧騒もなく、バスを降りようものなら必ず客引きに走り寄ってくるバイクタクシーもいなかった。

　州都の街並みを歩いてみると、良質の木材を贅沢に使用した高床式住居が並んでいた。屋敷地も広々として、周囲には果樹や野菜がたくさん植えられていた。この地域は土地も森林の恵みも豊かなのだと、一目でわかった。初めて訪れた場所に抱く新鮮さはもとより、私はこの地域の落ち着いた雰囲気がすぐに気に入ってしまった。

　しかし、私がストゥントラエンのラオ人について研究することになったのは、全くの偶然であった。もともと国境域には興味があったが、カンボジアのマジョリティである、クメール人の研究をする予定でいた。しかも、恥ずかしながら、当初はカンボジアにラオ人が暮らしていることすら知らなかったのである。

　2年ほどフィールドワークをする心づもりで、2006年8月にカンボジアに渡航してから、いくつかの州をまわって調査地を探した。そして、2007年1月には、タイと国境を接するバンテアイミエンチェイ州のクメール村落で滞在させてもらうことになった。調査地を決める際、カンボジアの中で辛い料理が食べられている地域を探した。周辺のタイやラオスと異なり、クメール人は一般的に辛い料理をあまり好まない傾向にある。しかし、タイとの国境域では辛い料理が食べられているという話を聞きつけ、知り合いが紹介してくれたクメール人のNGOスタッフとともに、村々を訪れては食事をご馳走になった。この地

---

[1] 州名は、各章で初出の場合のみ〜州と記し、後続の文章では、支障のない限りで州を省略する。

域は、かつて1世紀あまりにわたって、タイが統治していた。現在でも、タイの紙幣バーツが使用されたり、クメールの紙幣リエルをバーツに置き換えて数えたり（たとえば、100リエルを1バーツと呼ぶ）、バンコクやイサーン（タイ東北部）へ出稼ぎに行く者が多いなど、タイとのかかわりが深い。カンボジアは周辺諸国に比べて民族的差異が強調されにくい傾向にあったが、私は当初、食の嗜好の違いを通して、他民族との接触や影響について知りたいと考えていた。

バンテアイミエンチェイの農村部では、方言と言ってもよい、独特のクメール語が話されている。シェムリアップ州の言葉に近いため、しばしば「シェムリアップ訛り」とも言われる。母音が強く、アクセントやイントネーションも、ラジオやテレビで流されるいわゆる標準語とは異なるうえ、タイ語の単語も混ざっていたりする。私が村で滞在を始めたときは、村びとの話す会話をなかなか聞き取れないばかりか、私の話すクメール語を笑われたりもした。しばらくすると少しは耳が慣れ、人びとを真似て発音ができるようになってきた。なんとか身につけたいと必死だったのか、用事があってプノンペンに出ると、今度はバンテアイミエンチェイの「訛り」が抜けず、笑われてしまうこともあった。

食に関して言えば、バンテアイミエンチェイの村では、確かに唐辛子が多く食べられてはいたものの、食生活が豊かとは言い難かった。それは1つには、自然環境によるところが大きかった。周囲に川がないため、人びとの重要なタンパク源となる魚は、降雨によって水の張った田んぼや、その脇にできる水路で捕るくらいであったが、降雨が足りないとそれも期待できない。そのため、人びとはタイから安く運ばれてくる養殖魚を買い求めていた。また、土地が痩せているのに加え、稲作や畑作は天水依存のため、降雨が不足すると十分に育たなかった。このような状況で、なにも食料がないときは、唐辛子を炒っては叩き、それに塩と酸味の果実などをあわせて、ごはんのおかずにしていた。夜中に男性たちが野原でとってくる蛇や野ネズミやカエルも、貴重な食料だった。

村びとの生活用水として、池が1つ掘られていたが、全世帯が十分に使えるほど大きくはなく、水浴びをするのも気がひけた。そうしたなか、私は村びととともに、日照りが続く乾季をしのぎ、雨季に入って雨が降ればなんとか田植えをし、半年を過ごした。徐々に村びととも打ち解けてきたのだが、その一方で、食料や水が不足している状況で、私が居候先の負担になっているのではないか

という後ろめたさも募っていった。

　そして、2007年6月のある日に、ひょんなことから、私の滞在について不安を感じている村びとの話を聞いてしまった。それで、随分と悩んだすえ、村を出ることに決めた。まずはプノンペンに行き、数週間を過ごしたが、調査地から逃げ出したも同然だった自分を責めた。しばらくすると、居候先から電話がかかってきて、いつ戻ってくるのか、どうかしたのかと聞かれ、はっきりと言えないまま、愛着と心苦しさがつきまとった。そして、その時点で既に、カンボジアにやってきてから1年が経過しつつあり、これから調査地を変えて調査を一からやりなおすことなんて、自分にできるだろうかと、途方に暮れていた。

　そのようなとき、王立プノンペン大学で教鞭をとっていたクメール人のドク・ヴティ氏とイー・ラッタナ氏が、ストゥントラエンに行ってみてはどうかと勧めてくれたのである。2人は日本に留学した経験があり、その当時から知り合いの先輩だった。カンボジアに帰国してからは、大学の教員として働いており、私のプノンペンでの生活から調査の手続きに至るまで、多方面にわたって細やかな気遣いとサポートをしてくれていた。そして、私がバンテアイミエンチェイから戻ってきて、大学の食堂で一緒に昼食をとっていたとき、ヴティ氏は、沈んでいる私を案じて、ストゥントラエン行きを提案してくれたのだった。ストゥントラエンも国境域であるし、ラオ人が多くいるから、きっと興味深い調査ができるに違いないと言い、すぐに彼の学生の知り合いをたどって、ストゥントラエン出身のラオ人の大学生、ティを紹介してくれた。

　2007年7月1日、私はヴティ氏とラッタナ氏とともに、プノンペンの名刹ウナロム寺院で、ティと面会した。彼は当時21歳で、成績が優秀であったため、高校卒業後に授業料免除と奨学金を受けて、王立プノンペン大学に進学していた。しかし、父親を早くに亡くし、経済的に余裕がなかったので、寺院の庫裏に寄宿していた。私たちは、雨の降りだしそうな午後に庫裏を訪れ、脇のベンチに腰掛けながら、ティと手短に話をした。彼は痩身で肌が黒く、時々作ったような笑顔になるものの、あまり表情を緩めなかった。そして、始終ヴティ氏とラッタナ氏の方を向き、流暢なプノンペンのクメール語で、ストゥントラエンに私を連れていくと約束し、具体的な交通手段について話していた。お世辞にも愛想がよいとは言えないティとの面会において、私は緊張と不安が先に立

ち、ほとんど話すことができなかった。

　ともあれ、その翌週の7月8日、大学が長期休暇に入ったティとともにバスに乗り込み、ストゥントラエンに向かうことになった。ただ、このときはまだバンテアイミエンチェイの村への愛着やわだかまりをひきずっており、調査地を変更してよいものか悩んでいたが、ひとまず行ってみてから考えようと思った。

　ティの家は州都にあり、彼の母親プニーが1人で住んでいた。私たちが到着すると、ラオ料理として有名な、真っ黒でどろっとした淡水魚の和え物、「ラープ (laap)」[2]を作って迎えてくれた (口絵参照)。ティの父親もラオ人で、警察官をしていたが、6年前に病死したという。プニーはKS村の近隣村の出身であるが、軍施設の清掃員として働きながら州都で暮らしていた。彼女は息子との会話をはじめ、通常はクメール語を用いていたが、ラオ語もでき、出身村などから客が来たりするとラオ語で話をしていた。そして、私がラオ村落に行きたいと知ると、どの村でラオ語が日常的に話されているのかを教えてくれた。

　そしてティは、その後、数日間にわたって、いくつかのラオ村落へ私を案内してくれた。彼が村びとに私を紹介するとき、「彼女はカンボジアの『少数民族』、特に僕たちの側（ラオ）の研究をしているんだ。しかも、食に興味があるよ」と付け加えるので、そのうち私も、「少数民族ラオ人の食文化を研究している学生」などと、自分を位置づけなおすことになった。

　KS村は、ティがはじめに案内してくれた場所だった。7月10日、彼は、がたつくバイクの後ろに私を乗せて、雨が降った後でぬかるんだ道を進み、いくつかの木橋を越えて、父方の伯母にあたるモーンの家に連れていってくれた。その日、家には、モーンと、彼女の夫カムサイ、祖母のヌピーがいた。ティは、モーンに聞かれるがまま、首都での大学生活について話したあと、ラオの食文化に興味を持っている日本の「友人」として、私を紹介した。そのときモーンは、「そう」と言って、私をじっと見つめただけであった。

　バンテアイミエンチェイをはじめ、クメール村落では、初対面であっても屈託のない笑顔で迎えられることが多いのだが、モーンに限らずKS村で出会う人びとは、あまり表情を変えなかった。そのため、当初は、とっつきにくそう

---

[2] ラープの材料は魚に限らず、牛肉、鶏肉なども使用される。ただし、ストゥントラエンでは、肉類が用いられることはほとんどなく、ラープといえば魚のラープを指すことが多い。

だという印象を持った。しかし、その一方で、その方が村びとたちと関係を築きやすいかもしれないとも直感的に感じた。また、バンテアイミエンチェイでは、教育や開発を支援するNGOスタッフとともに村を訪れたためか、私もNGO関係者のように扱われることがあったが、KS村では、ティが連れてきた友人として捉えられ、仰々しい対応もなされなかったので、私も身構えずにすみそうだった。

　それからもう1つ、調査地を選ぶ決め手となったのは、その日モーンが昼食にと食べさせてくれた、魚類の発酵食品であった。彼女は、ティと私を台所に誘い、「ケムマークナット（*khem maak nat*）」[3]を出してくれた（口絵参照）。それは、淡水魚を塩漬けにして、ショウガ科のナンキョウ（*Alpinia galangal*）、ニンニク、炒米、パイナップルを加えて発酵させたもので、私はそのとき初めて食べたのだが、その美味しさに感動してしまった。塩分がパイナップルの甘味と調和し、ナンキョウや炒米の香りが引き立っていた。あまりの美味しさに、自分で作ったのかとモーンにたずねると、彼女は「自分で作ったのよ。ここでは何でも自分で作る。ラオは、何でも自分で作るのよ」と言った。私は、この発酵食品の味と、それを作りだすKS村の人びとに魅かれたのだろうと思う。別の村も複数まわったのだが、そのたびにKS村のことを思い出し、結局、KS村に滞在させてもらうことに決めたのである。

　後日モーンが、出会った日の出来事について、笑いながら私に語ったことがある。ティは突然、前触れもなく日本人を連れてきた。急だったので、その日は食べ物がケムマークナットしかなくて、日本人がラオの発酵食品を食べられるのかと心配した。それで、こっそりティに聞くと、彼は「スミコは何でも食べるから大丈夫さ。パーデークなんて、食べられるどころか彼女の好物なんだ。唐辛子にも強くて、僕でも食べられないような辛い料理をパクパク好んで食べるんだ」と言った。それで、ケムマークナットを出してみた。そうしたら、私が美味しがって食べている。それを見て、なんて養いやすい日本人なんだろうと思ったと言う。パーデーク（*paadeek*）は、淡水魚に塩と少量の米糠を加え、甕で寝かせて作られる発酵食品の1つであり、調味料や副食としてさまざまに食べられる。それは保存食となるほか、ラオ料理の味の基本としても重要である。

3　ケムは塩辛い、マークナットはパイナップルの意味。

しかし、淡水魚の生臭さや発酵特有のにおいがするため、外国人などは耐えがたい臭気として敬遠することも多い。それゆえ、村びとは、パーデークを食べられるかどうかで、自分たちと相手とのあいだに線引きをするということがよくある。[4]

　調査地を変更することに迷いもあったものの、このようなエピソードを含め、ストゥントラエンの村々をまわるうちに、私は、カンボジアの辺境に息づくラオの生活世界にどんどん魅了されていった。そして、2007年8月から本格的に、KS村のモーン家に滞在させてもらうことになった。

　本書の記述は、2007年8月から2008年12月までの17ヵ月間にわたって行なったKS村でのフィールドワークと、その後に継続して行なっている短期調査（2010年12月〜2011年1月の2週間、2011年7月の1週間、2012年4月の1週間、2013年3月の2週間、2013年8月〜9月、2014年8月〜9月、2015年8月〜9月、2016年4月〜5月の合計約5ヵ月間）に基づく。

　なお、本書ではバンテアイミエンチェイのクメール村落での出来事は扱わないが、そこでの滞在経験がなかったならば、KS村の人びとの、ひいてはカンボジアのラオ人の生活世界や対人関係の特徴にも気がつけなかったかもしれない。そして何より、その経験によって私自身が、居候先でのふるまい方を学び、KS村での滞在においては多少なりとも気を配ることができるようになったという点で貴重なものであった。また、今後、何らかの形で、バンテアイミエンチェイの生活世界についても取り上げる機会があるかもしれない。そう感じたのは、2016年4月に、思い切って9年ぶりに、バンテアイミエンチェイの村を再訪したときのことだった。そのとき、村びとたちが、9年前に突然いなくなった私のことを案じ、寂しがってくれていたことを知ったのである。私を見つけた瞬間、向こうから、ものすごい勢いで駆けてきた居候先の女性を前にしたとき、思わず涙があふれてきた。彼女に抱きしめられながら、わだかまりを感じて、つながりを切ろうとしていたのは私自身であって、村びとはむしろ、どうやったら良い関係を築けるかと考えてくれていたのかもしれないと気がついた。そのとき、村での出来事や、人びとの生活様式、過去の経験の語りなどが、一気によみがえってきた。と同時に、9年という歳月のあいだに、村を取り囲

4　パーデークづくりについては、拙稿［山崎2016a; 2016b］で紹介している。

む環境がかなり変化し、村びとのほとんどがタイへの出稼ぎに出払ってしまっている状況に驚きもした。また、バンテアイミエンチェイにある、いくつかのラオ村落にも、そのとき初めて訪れたのだが、国境域であっても、カンボジア北東部と北西部とでは、生活環境も言語なども、だいぶ異なるように見えた。このような国境域の比較という点を含め、いつか、バンテアイミエンチェイの生活世界についても、取り上げることができたらよいと考えはじめたところである。

さて、ここで、私が滞在していたモーン家の家族構成と、そこでフィールドワークを始めた私の日常について、簡単に説明をしておきたい。2007年8月当時、モーン家には、家主のモーン（57歳）、夫のカムサイ（67歳）、祖母のヌピー（109歳）、三男のカムマイ（27歳）、末娘のリーン（19歳）が住んでいた。モーンの子供は、もともと9人いたが、そのうち5人は病気で幼い頃に他界し、2人は既に結婚して家を出ていた。また、カムマイは、州都で日雇い労働をしており、週末しか家に戻ってこなかった。

そこに私が加わって、寝食を共にし、調理、片づけ、家屋の掃除、稲作や菜園の手入れ、漁などを、見よう見まねで手伝いながら、徐々に、モーン家の「娘（luuk saav）」となっていった。そして、少しずつ、他の村びとともつきあうようになり、家を訪問してはおしゃべりをしたり、モーン家で作った料理や甘味をおすそわけに行くこともあった。また、田植えや稲刈り、脱穀などの農作業を手伝ったり、さまざまな儀礼に参加していくことで、人びとの生活サイクルや信仰、価値観などを学んでいった。とはいえ、私は当初、村びとを呼ぶのですら戸惑った。というのも、人びとは相手を呼ぶとき、親族関係や年齢差に応じて、名前の前に呼称を付けるのだが、それがよく分からなかったのである。しかし、しばらくしてから、モーン家の「娘」として、「妹」のリーンに倣って相手を呼んでみることにした。すると、相手もそれに応じて、私をモーン家の「娘」と位置づけ、親族名称をつけて呼んでくれるようになった。

言語については、モーン家では日常的にラオ語が使われていたが、私は当初、クメール語で、しかもバンテアイミエンチェイ訛りのクメール語で、コミュニケーションをとるしかなかった。ラオ語と似ているとされるタイ語には、少し触れたことがあったため、単語や表現の一部は聞き取れたが、声調は全く異な

るし、独特の言い回しも多かった。そこで、一から学ぶ覚悟をし、滞在を始めて1週間が経った頃、リーンに願いでた。リーンと私は、毎晩、板間に2畳ほどの茣蓙を敷き、蚊帳を吊って、川の字になって寝ていたのだが、その日の夜、いつものように彼女と寝転がりながら、できたら翌日からラオ語で話しかけてもらえないか、ラオ語を話せるようになりたいからと伝えた。すると彼女は、からかいながらも嬉しそうに承諾してくれた。翌朝には母親に伝えたのだろう、モーンも嬉しそうに微笑みながら、私にラオ語で話しかけてきた。それからは、モーン家のみならず、村びとたちが少しずつ、私にラオ語で会話をしてくれるようになった。私はまずは耳を慣らそうと、村びとたちの会話を聞き、そこで出される物の名前や状態、人びとの動作などに照らして、具体的に覚えていくようにした。知らない単語や表現はできるだけ記憶にとどめ、1人になったときにノートに書きとめた。私が理解できないと、村びとがクメール語で言い直してくれたり、リーンが例えを出して説明してくれることもあった。床についたときふと、人びとの会話の表現を思い出すと、既に寝入っているリーンの横で、懐中電灯を手繰り寄せてメモを引き出し、それらを書きとめ、ごにょごにょと反復してみることもあった。このようにしてなんとか少しずつ、村びととラオ語でコミュニケーションがとれるようになっていった。

　本書のテーマは、モーン家をはじめ、そこで出会った人びとが、日常的に築いている対人関係のあり方であり、偶然のかかわりからお世話になることになったラオ村落での、手さぐり状態で始めた私のフィールドワークが基となっている。フィールドワークにおいては、私が村びとの関係性に取り込まれていったと同時に、私の存在や言動が、人びとの関係性に何らかの影響を与えていた可能性もある。このことは、調査者が透明人間でありえないという人類学の基本的な了解事項であるものの、感情を抑えたり推し量ったりしながら、ときにくたびれるほどに影響を与え合う中でこそ、異なる文化や価値観を持つ人びとの心の動きを多少なりとも感じ取れるようになるという点で重要である。このように、現地の対人関係を追いかける私自身もそこに無関係でいられないという意味での関わり合いが、本書で紹介する事例の根幹となっている。

目次

まえがき……I

図表目次……12／写真目次……13／凡例……15

序論 …………………………………………………………………………… 17

    0-1. 本書の目的……18

    0-2. 本書の位置づけ……19

        0-2-1. 東南アジアの社会論 19 ／ 0-2-2. 家間の協調と競合 22 ／ 0-2-3. 本書の視座 26

    0-3. 本書の構成……27

第1章 ストゥントラエンのラオ──カンボジア北東部の生活世界── …… 30

    1-1. カンボジアの概要……30

    1-2. カンボジアのラオ人居住地域……33

    1-3. 調査地について……35

    1-4. ストゥントラエンの歴史……44

        1-4-1. ラオ人の南下 45 ／ 1-4-2. シャムの勢力拡大 47 ／ 1-4-3. フランスによる植民地化とシャム、カンボジアの拮抗 47 ／ 1-4-4. チャムパーサックとのつながり 51 ／ 1-4-5. 日本の介入 53 ／ 1-4-6.「クメール化」政策のもとでの移住 55 ／ 1-4-7. 言語政策 59 ／ 1-4-8. 地名の変更 60 ／ 1-4-9. 現在におけるラオスとのつながり 65 ／ 1-4-10.「他者」との対人関係 66 ／ 1-4-11. ポルポト政権時代の経験 69

    1-5. ストゥントラエンのラオ語……72

    1-6. 調査地KS村……73

        1-6-1. 移住の経緯 73 ／ 1-6-2. 村びとの環境認識 75 ／ 1-6-3. 世帯とエスニシティ 80

    1-7. KS村の人びとの暮らし……83

        1-7-1. 暦と生業 83 ／ 1-7-2. 稲作・畑作・漁撈 87 ／ 1-7-3. 住まい 96 ／ 1-7-4. 信仰 108

    1-8. 村外とのつながり……115

第2章 ハック・カン──親密な間柄を築く── …………………………… 121

    2-1. 家の境界と女性……121

        2-1-1. 家の境界 121 ／ 2-1-2. 家と女性の結びつき 124

2-2. 家と家の親密な間柄……134
 2-2-1. ハック・カンの概念 134 ／ 2-2-2. ハック・カンをあらわす相互行為 137
2-3. 小括……146

第3章 ハック・カンの流動性 …… 147

3-1. モーン家とブンニー家をめぐるもめごと……147
 3-1-1. 2007年の脱穀機の貸借 148 ／ 3-1-2. 2008年の脱穀機の貸借 152 ／ 3-1-3. 乗合トラックの事故 154
3-2. もめごとの広がり……158
 3-2-1. 男性たちの喧嘩 158 ／ 3-2-2. 複数の家間関係への波及 159 ／ 3-2-3. 交換の再開 163
3-3. 長引く緊張……166
3-4. 小括……170

第4章 上座仏教の食施をめぐる競合 …… 172

4-1. 食施の概要……173
 4-1-1. 僧侶の区分 173 ／ 4-1-2. 食施の方法 174 ／ 4-1-3. 輪番制の仕組み 176
4-2. 若い僧侶の空腹……177
 4-2-1. 解消されない空腹 179 ／ 4-2-2. 食施の怠り 182
4-3. 家間の競合……183
 4-3-1. A組とB組の陰口 183 ／ 4-3-2. A組における摩擦 193 ／ 4-3-3. 問題の放置と微細な変化 200
4-4. 小括……203

第5章 僧侶と村びとの親密な関係とその変容 …… 205

5-1. 擬制的親子の親密な関係……206
 5-1-1. 擬制的親子の形成 206 ／ 5-1-2. 出家の意味 208 ／ 5-1-3. 擬制的親子のあいだの相互行為 209
5-2. 還俗をめぐる緊張……224
 5-2-1. 還俗の方法と制約 224 ／ 5-2-2. KS村における僧侶の還俗状況 226 ／ 5-2-3. 擬制的親子のあいだの緊張 227
5-3. 交換相手の転換……232
 5-3-1. 食物の贈与 232 ／ 5-3-2. 感情の交錯 234 ／ 5-3-3. 他家に対する嫉妬 239
5-4. 小括……244

第6章 姻族関係の緊張と変容 …… 247

- 6-1. 理想的な婚姻……249
  - 6-1-1. 婚姻の形式と理想像 249 ／ 6-1-2. クメール人との婚姻 251 ／ 6-1-3. 事例の背景 252
- 6-2. 同居……254
  - 6-2-1. 突然の結婚 254 ／ 6-2-2. 同居中のやりすごし 256 ／ 6-2-3. やりすごしの中の陰口 259 ／ 6-2-4. 相手からの仕返し 261 ／ 6-2-5. 批判の受け流し 263
- 6-3. 家の独立……265
  - 6-3-1. 家と家の関係へ 265 ／ 6-3-2. 子の誕生に伴うもめごと 268 ／ 6-3-3. 帰宅後の変化 274 ／ 6-3-4. 他家による解釈とハック・カン 276
- 6-4. 小括……278

終論 …… 280

- ハック・カンの間柄ともめごと……280
- やりすごしの意味……283
- 陰口……286
- 「ポー・ディー」……287
- 時間の経過と感情の動き……287
- 女性の役割……288
- 結論と展望……291

あとがき……294

参考文献……298 ／索引……305

●図表目次

図

[図1-1] カンボジアの位置	31
[図1-2] カンボジアにおけるラオ人の居住地域	33
[図1-3] ストゥントラエンの近隣の州	37
[図1-4] ストゥントラエンを流れるメコン水系と中洲	38
[図1-5] ストゥントラエンの行政区分とKS村の位置	43
[図1-6] タイからフランスへの領土の割譲	49
[図1-7] さらなるタイからフランスへの領土の割譲とフランスからカンボジアへの領土の移譲	50
[図1-8] KS村の地図	77
[図1-9] 村びとの家の平面図	98
[図1-10] 一般的なラオの家(前面図)	99
[図1-11] 一般的なラオの家(側面図)	99
[図2-1] ホームと夫方のキョウダイ関係	126
[図2-2] モーンとブンニーの親族関係	136
[図3-1] モーンの母方の親族関係	158
[図3-2] カムサイの兄弟姉妹関係	160
[図3-3] ドゥアンの親族関係	160
[図5-1] サマイ僧侶とカムサイの親族関係	212
[図5-2] カムサイ、パエウ、ポイの親族関係	213
[図5-3] モーン、ポイ、ポーンの親族関係	213
[図6-1] 登場人物の親族関係	254

表

[表1-1] KS村における43世帯の世帯構成とエスニシティ	81
[表1-2] KS村の43世帯における世帯類型(2008年)	82
[表1-3] KS村の世帯主夫妻のエスニシティ(2008年)	82
[表1-4] 季節のサイクルと漁撈のサイクル	85
[表1-5] 稲作のサイクル	89
[表1-6] 畑作のサイクル	92
[表1-7] KS村の43世帯における居住形態(2008年)	107
[表1-8] 儀礼のサイクル	114
[表4-1] KS村の寺院の僧侶(2007年7月~2008年12月)	174
[表4-2] 食施の組と担当僧侶	176
[表4-3] 若い僧侶の食事状況(2008年6月15日~12月9日)	181
[表4-4] 若い僧侶の空腹の頻度(2008年6月15日~12月9日)	181
[表4-5] カムコーク家とモーン家の経済状況の比較(2008年2月)	189
[表5-1] 儀礼におけるモーンの寄進相手(2007年7月~2008年12月)	218
[表5-2] KS村の寺院の僧侶の異動(2007年7月~2009年5月)	227

●写真目次

[写真 1-1] ラオス南部の大瀑布コーンパペンの滝(2016年1月3日撮影) ……………… 36
[写真 1-2] カンボジアーラオスの国境域ソペアムット。対岸はラオス(2017年1月4日撮影) …… 36
[写真 1-3] ストゥントラエン州都にあるパーシーイーのモニュメント(2007年7月14日撮影) …… 41
[写真 1-4] セーサーン川(手前)とセーコン川(奥)の合流地点(2017年1月5日撮影) ………… 42
[写真 1-5] セーサーン川にかかる高架橋(2017年8月26日) …………………………………… 42
[写真 1-6] メコン川に建設中の高架橋(2015年完成)(2014年9月5日撮影) ……………… 43
[写真 1-7] 木舟からドーンパーを望む(2014年8月22日撮影) ……………………………… 54
[写真 1-8] ドーンローンへの渡し船にクメール文字で書かれた村の名前(2015年8月25日撮影) …… 63
[写真 1-9] ドーンローンに住む親族に会いに川を渡る人びと(2015年8月25日撮影) ……… 63
[写真 1-10] ストゥントラエンの市場で売られるパーシーイー(2017年1月5日撮影) ……… 67
[写真 1-11] ラオス南部キナークの市場で売られるパーシーイー(2016年1月3日撮影) …… 67
[写真 1-12] 「ビルマ人」に彫ってもらったという刺青(2015年8月30日撮影) …………… 68
[写真 1-13] 菜園の手入れに対岸の中洲に向かう村びと(2010年3月11日撮影) ………… 75
[写真 1-14] 乾季に作られる川岸の菜園(2008年1月8日撮影) ……………………………… 76
[写真 1-15] 雨季に中洲にできた沼を筏で渡る(2007年9月29日撮影) …………………… 76
[写真 1-16] 「外」に火葬場を作り棺を運びこむ(2008年1月20日撮影) ………………… 79
[写真 1-17] 松明を燃やして火葬する(2008年1月20日撮影) ……………………………… 79
[写真 1-18] 乾季にできるメコン川の砂洲(2010年3月11日撮影) ………………………… 86
[写真 1-19] 湯沸かしに使われる蒸し器(右)(2014年8月19日撮影) …………………… 87
[写真 1-20] 田の主が住む樹の下に作られる水田(2008年8月7日撮影) ………………… 90
[写真 1-21] パーデークを仕込む(2016年5月19日撮影) …………………………………… 94
[写真 1-22] 朝の投網漁にでかける男の子(2016年5月16日撮影) ………………………… 95
[写真 1-23] 木造高床式の家(2007年11月20日撮影) ………………………………………… 96
[写真 1-24] ラオの一般的な家(2016年8月31日撮影) ……………………………………… 97
[写真 1-25] 台所とかまど(2015年8月21日撮影) …………………………………………… 100
[写真 1-26] 台所のバルコニー(2015年8月20日撮影) ……………………………………… 101
[写真 1-27] 床下でビンロウジを嚙みながらおしゃべりする女性たち(2015年8月29日撮影) …… 102
[写真 1-28] 床下で酒を飲む男性たち(2016年9月2日撮影) ……………………………… 102
[写真 1-29] 隣接するモーン家(左)とマラー家(右)(2007年8月8日撮影) ………… 103
[写真 1-30] 食施当番の札(2007年10月19日撮影) ………………………………………… 105
[写真 1-31] 寺院の木鐘(2007年11月17日撮影) …………………………………………… 110
[写真 1-32] 先輩の僧侶が袈裟のまとい方を教える(2011年7月11日撮影) …………… 111
[写真 1-33] 州都に向かう乗合トラック(2007年8月10日撮影) ………………………… 119
[写真 1-34] 州都での買い物を済ませて乗合トラックに乗り込む村びとたち(2007年8月11日撮影) …… 119
[写真 2-1] 家を冷やすため新年に僧侶の聖水を浴びる(2008年4月16日撮影) ………… 122
[写真 2-2] リムの家(右)(2010年12月29日撮影) ………………………………………… 133
[写真 2-3] 通りすがりに声をかけあう女性たち(2014年8月23日撮影) ………………… 137
[写真 2-4] 家を訪れビンロウジを嚙みながらおしゃべりをする女性たち(2013年8月21日撮影) …… 139

写真番号	内容	ページ
[写真2-5]	ビンロウジとともに噛む木片をハサミで断つ(2013年8月21日撮影)	139
[写真2-6]	新築の柱を起こす作業(2008年3月12日撮影)	143
[写真2-7]	脱穀作業の前の共食(2008年11月22日撮影)	144
[写真2-8]	脱穀作業を終えて一息つく村びとたち(2008年11月22日撮影)	145
[写真3-1]	脱穀機による脱穀作業(2007年10月31日撮影)	149
[写真3-2]	脱穀機の経営者が1回の脱穀で得た籾米(2007年10月31日撮影)	149
[写真3-3]	小魚でソムパーチョームを作る(2007年10月26日撮影)	151
[写真3-4]	手製のソムパーチョームを売る(2007年10月27日撮影)	151
[写真4-1]	僧侶への寄進物(2008年10月14日撮影)	175
[写真4-2]	儀礼における僧侶の食事(手前が比丘、後方が沙彌)(2015年8月29日撮影)	178
[写真4-3]	儀礼における僧侶の食事(2014年8月24日撮影)	178
[写真4-4]	個別にとる日常の食事(2008年11月26日撮影)	179
[写真4-5]	庫裏で食施を待つ僧侶(2008年11月19日撮影)	180
[写真4-6]	境内で牛を放牧する村びと(2010年3月1日撮影)	185
[写真4-7]	収穫したキャッサバの皮むきを境内で行なう村びとたち(2011年1月19日撮影)	186
[写真4-8]	境内に作られた菜園(2010年12月31日撮影)	186
[写真4-9]	境内に作られた菜園を村びとが利用する(2010年12月31日撮影)	187
[写真4-10]	講堂に集まった村びとたちがおしゃべりをする(2013年8月21日撮影)	188
[写真4-11]	住職の庫裏からマニット家への近道(2010年12月31日撮影)	194
[写真4-12]	住職の庫裏の奥に近道が作られている(2010年2月28日撮影)	195
[写真5-1]	得度式で袈裟を受ける沙彌(2008年4月26日撮影)	207
[写真5-2]	先輩の僧侶を先頭に本堂をまわる(2010年3月7日撮影)	207
[写真5-3]	散歩中に村びとの家を訪れる僧侶(2008年1月10日撮影)	210
[写真5-4]	村びとの家で料理を作ってもらう僧侶(2015年8月27日撮影)	211
[写真5-5]	庫裏でカノムコックを作る僧侶(2010年12月28日撮影)	211
[写真5-6]	僧侶が作ったカノムコックを村びとに分配する(2010年12月28日撮影)	212
[写真5-7]	寄進のために内陣の前に出る村びとたち(2013年8月21日撮影)	217
[写真5-8]	プチュム儀礼で講堂に集まった村びとたち(2007年10月11日撮影)	219
[写真5-9]	儀礼終了後に寄進物を分配する僧侶とアーチャーンたち(2008年4月19日撮影)	221
[写真5-10]	「カオトムを包む」日の作業(2007年9月25日撮影)	221
[写真5-11]	寄進用に準備されたカオトム(2014年8月24日撮影)	222
[写真5-12]	山積みにされていくカオトム(2007年10月11日撮影)	222
[写真5-13]	カオトムをいぶす(2014年8月24日撮影)	223
[写真5-14]	僧侶を招いてトウモロコシを焼く(2008年8月4日撮影)	237
[写真5-15]	焼きトウモロコシを食べる僧侶たち(2008年8月4日撮影)	238
[写真5-16]	ソムパックカートを作る女性(2008年10月6日撮影)	240
[写真5-17]	増設された寺院の塀(2008年4月11日撮影)	241
[写真5-18]	塀に色を塗る作業を手伝う子供たち(2008年4月10日撮影)	242
[写真6-1]	産後に火の上で寝る女性(2008年9月19日撮影)	269
[写真6-2]	寝台の下に炭火が焚かれる(2008年9月19日撮影)	270

● 凡例

(1) ストゥントラエンで用いられているラオ語とクメール語の表記については、以下の方針に依る。
- 原則として文字の綴りに依拠し、カタカナあるいはアルファベットのイタリック体で表記する。なお、クメール語はアルファベットに下線を引いて示す。
    例：ブン・プチュム *bun phcum*（日本のお盆に類似する祖先供養の儀礼。ブンはラオ語、プチュムはクメール語）
    例：クオサー *khuosaa*（世帯、家族。クメール語のクルオサー *kruosaa* から変形した語彙）
- 文字の綴りは、基本的には、Kerr D. Allen. 1972. *Lao-English Dictionary*. The Catholic University of America Press. および坂本恭章. 1991 (1988).『カンボジア語辞典』大学書林. に依拠する。
- ラオ語は、ラオスの首都ヴィエンチャンを中心とする標準ラオス語、パークセーやチャムパーサックなどの南部方言、ストゥントラエンやラタナキリなどのカンボジア北東部のラオ語におおまかに整理できる。それぞれ、声調や単語に違いがあるが、相違点については別稿に譲ることとし、本書ではラオ語という場合、特記しない限り、ストゥントラエン州の調査地で用いられているラオ語を指すものとする。
- 地名や人名に関して、日本語で一般的に定着した表記法がある場合には、それに従う。たとえば、「ラオ」は文字通りには「ラーオ」と表記すべきであるが、「ラオ」という表記が定着しているため、こちらに従う。
- 音節最後にくる ng 音は、文字綴りに従えば「ング」と表記すべきであるが、現地の発音を重視し、すべて「ン」に統一して表記する。
    例：ストゥントラエン
- 有気音、無気音の表記は、濁音を施すなどの区別はしない。
    例：キン・カオ（ごはんを食べる）の、キンは *kin*（無気音）、カオは *khao*（有気音）。
- 音節の区切りごとに中黒（・）を挿入する。ただし、地名、料理名、食品

名、固有名詞などについては中黒を入れない。
　　　　例：アオ・ブン *ao bun*（功徳を積む）
　　　　例：パーデーク *paadeek*（淡水魚の発酵食品の一種）

(2) 重要な民俗表現やインフォーマントの語りについては、カタカナ表記をするとともに、現地語をアルファベットで示し、必要に応じて日本語も加える。
　　　　例：ボー・パーク（*bo paak*：口をきかない、だんまり）

(3) 会話中の感嘆詞は、感情のニュアンスを示すため、カタカナで表記する。
　　　　例：ウーイ（呼びかけや説得をする表現）、オーイ（驚愕、不満、失意を示す表現）

(4) 貨幣単位はカンボジア通貨であるリエル（*riel*）で示す。2006年から2008年、2010年から2011年にかけての調査期間を通じて、1ドルは3800リエルから4500リエルであった。

(5) 年代や月は、特に言及しない場合は西暦、太陽暦で示す。

(6) カンボジアの行政区分は以下に示すクメール語の表現に基づく。ただし、調査地では、行政区分としての村は、NGO、国際機関、行政が関与する活動においてのみ言及され、日常的にはラオ語で村を意味する「バーン（*baan*）」が用いられる。
　　　州（カエット *khaet*）、郡（スロック *srok*）、区（クム *khum*）、村（プーム *phuum*）

序論

　本書で対象とするストゥントラエン州のラオ村落は、カンボジア国家の周縁に位置し、ラオスとの国境域にある。そこに暮らすラオ人は、16世紀以降ラオス南部から移住を繰り返してきた人びとの子孫である。当該地域は、カンボジアの多数派であるクメール人や、ラオスのラオ人からも、国内外の研究者からも注目されてこなかったのだが、2000年代に入って、カンボジア国境域およびメコン川下流域の開発が進むにしたがって、脚光を浴びるようになってきた。

　ラオスでは1975年に社会主義体制が敷かれた。そして国家政策として村落の連帯が強調される文脈において、人類学的な研究が進められてきた［中田2004; Evans 1990; High 2005］。カンボジアは、同じく1975年に民主カンプチア政権（通称ポルポト政権）の支配下に置かれ、中国の毛沢東主義に倣ったと思われる極端な国家の改造や大粛清が行なわれた。こうした状況にあって、カンボジアの歴史、政治、経済をはじめ、人類学的な研究も、内戦中の虐殺や飢餓、そしてそこからの「復興」という、内戦を起点にしたビフォー・アフターの視点で進められてきた［小林2011: 7-8］。

　ところが、本書で取りあげるラオ人は、既存研究が暗黙の了解のように共有してきた歴史的文脈とは多少なりとも異なる経験の中に生きてきた。人びとはラオスの社会主義政権とは直接的には関係しておらず、カンボジアの惨事についても「南のクメール人（他州のクメール人一般を指す）は酷かったけど、私たちはそれほどでもなかった。ポト時代（ポルポト政権時代の意）も、カメーン・デーン（*khameen deeng*：赤いクメール、クメール・ルージュ）と親しみあって暮らしていた」などと、クメール人の経験とは差異化して語られることが多い。また、どの地域にも言えることだが、村びとたちにとってポルポト時代は、あくまでも、それ以前から続いてきた慣習や他者とのかかわりの連続のもとにある。たとえば、ストゥントラエンの現在の生活世界は、ラオスとのつながり、タイ・フラン

ス・カンボジアによる領土をめぐるせめぎあい、日本軍の進駐、クメール・ルージュの侵攻、ベトナム軍の介入、クメール人やチャム人の移住など、さまざまな他者とかかわりを持ってきた長い時間軸の上にある。

　カンボジアのラオ人に関する研究は、1990年代後半以降、歴史学や歴史地理学を中心に進められている[北川2009; Baird 2010a, 2010b; Bourdier 2006, 2009; Chanvuty and Vanna 2009; Escoffier 1997; Grabowsky 2004]。しかし、長期調査に基づく研究は、クメール人の研究者ホーンを除きなされていない[Houn 2008]。彼女は、ストゥントラエンの州都付近の村落に半年弱にわたって滞在し、クメール人と混住するラオ人のエスニック・アイデンティティについて調査した。彼女の研究は、慣れ親しんできたクメールの慣習や生活様式と比較しながら、自国のマイノリティについて考察しているという点で斬新であり、高く評価されるものである。しかし、教育や社会化に特化したインタビューと質問票による調査が中心であり、ラオ村落の生活世界については断片的な記述にとどまっている。それに対して本書は、私が一定期間にわたって滞在調査する中で見えてきた対人関係のあり方を、民族誌的事例として提示し、それを通して、カンボジアのラオの村落生活の一端を描きだそうとするものである。

0-1. 本書の目的

　調査地の人びとは、「フアン (huan)」と呼ばれる家を単位として村落生活を営んでいる。フアンは物理的な家屋を意味するとともに、そこに共に住んでいる人びとの集団という意味も含む概念である。人びとは、自らの家と他の家々とのあいだに良好な関係を築くことによって、食料を確保したり、生業や儀礼を滞りなく行なったりしている。そのため、家間関係の良し悪しが、村びとの重要な関心事となっている。本書では、このような家間関係に着目し、良好な関係がいかに築かれ、維持されるのかについて検討していく。その際、特に注目するのが、もめごとが起こったときに人びとがとる対処法である。緊張したり切れかかったりする関係をどのようにつなぎとめるのか。そのプロセスを、具体的な事例の記述を通して提示したい。

東南アジアの双系親族社会に関する研究では、何が村落を構成するかについて、個人か社会かといった二項対立的な議論がなされてきたとされている［佐藤2009; 重冨1996a, 1996b; 水野1981］。しかし、本書の調査地においては、個人が社会に埋没するのでも、主体的な個人が村落を動かすわけでもなく、個々人の行ないは家（huan）を通して理解される。そのため、家間関係が村落の形成にとって重要となっている。

　家と家を結びつけているのは、「ハック・カン（hak kan）」という親密な間柄である。ハックは、好き、愛する、大事にする、カンは、互いに、一緒になどという意味である。それは、家の訪問、食物交換、労働交換や相互扶助といった具体的なやりとりで示される。調査地のラオ村落は、こうしたハック・カンで結ばれる複数の家間関係によって成り立っている。

　しかし、村落生活においては、常に良好な関係が保たれているわけではない。日本の近所づきあいなど他の社会でも見られるように、ラオ村落でも軋轢や競いあいは日常的に起こっている。それでも、口論や暴力などで関係が完全に途絶えてしまうことはなく、村が成り立たなくなることもない。それは、ハック・カンが、もめごとを含みながら更新され続けることによるところが大きい。後の章で述べるように、調査地では、もめごとが口論や暴力などの直接的な対立に向かわず、問題の核心に触れられないまま過ごされる。出来事の当事者を中心として、直接的には関係のない家々も、交換を停止したり噂することなどで関与し、村の中の対人関係が少しずつ変化していく。もちろん、過去に生じた緊張は完全に消えることはない。人びとは、それらを家にとどめながら、ハック・カンを築き続けるのである。本書では、このようなもめごとへの対処法を、人びとの日常から取り上げることにより、ラオ村落における対人関係の特徴を示したい。

0-2. 本書の位置づけ

0-2-1. 東南アジアの社会論

　これまでの研究において、カンボジア、タイ、マレーシア、ラオスなどの東

南アジアの双系親族社会は「まとまりのない社会」とされ、歴史的文脈は異なるものの、共通に論じられる部分がある。このような双系親族社会がなによって集団としてまとまっているのかについては、個人的な二者関係で捉える説と、集団的結合で捉える説に整理できる。こうした個人か社会かの議論については、既にタイ研究で数多く指摘されているため［佐藤2009; 重冨1996a, 1996b; 水野1981］、ここでは簡潔に先行研究における論調を整理するにとどめたい。

　東南アジアの村落研究は、1950年にジョン・エンブリーがタイ社会の特徴について述べた、「ルースに構造化された社会体系 (loosely structured social system)」［Embree 1950］という概念が端緒となって進められてきた。しかしそれは、研究者のあいだに論争を引き起こし、断片的な観察で日本社会と比較した印象論にすぎない、ルースさの中身が曖昧であるなどと批判された［水野1981: 200］。そして研究の方向は、ルースさの中身に該当する項目を探し出して社会構造の緩やかさを例証し、二者間関係で社会は成り立つとする、いわゆるルース論［e.g. 口羽・武邑1985; 重冨1995; 水野1981; Ebihara 1968; Hanks 1972; Kemp 1987; Oversen et al. 1996］と、二者間関係ではなく集団的な活動を強調する論調［e.g. 重冨 1996a, 1996b; Potter, J. 1976; Tambiah 1970］とに二極化していった。

　ルース論の根拠は、世帯を超えた集団、明確な社会階層、社会全体を貫く規範などの欠如や、双系的親族形態に求められる。[1] そして、社会は個人的な二者関係を軸に成立し、集団や組織もその連鎖にすぎないとされる。また、二者関係を結びつけているのは、ルシアン・ハンクスが指摘したように、愛情と敬意といった感情と利益であり［Hanks 1962: 1257］、それは互いの都合によって変化する流動的性格を帯びる。

　こうした関係の有様を、集団と個の対比から、より明確に論じたのが水野浩一である。彼は東北タイのラオ村落において、個人は集団から相対的に独立しているとし、集団でも個でもない「間柄の論理」を、社会に通底する原理として提唱した［水野1981: 202-204］。ラオ村落の家族には日本の「イエ」のように、集団を全体と見立てて個人が犠牲になったり、献身的な奉仕を集団に捧げるこ

1　たとえば、メイ・エビハラは、カンボジアの内戦以前のクメール村落について、「コミュニティの成員間の社会的紐帯は、多様で比較的構造化されていない。家族と世帯を超える明確な集団も、社会階層も、相互行為を決定づける厳格な規範も存在しない」と指摘している［Ebihara 1968: 92］。

とはない[2]。そうかといって、個人が自己の権利を主張することで集団に対して立ち向かうこともない。このように強力な集団もなければ強力な個もない状況においては、「集団の論理」や「個の論理」ではなく「間柄の論理」で社会が成立しているという。それは、自己を中心として放射状に広がる二者関係であり、成員相互の愛着、共感といった情緒的な絆でかかわりを持つ［ibid.: 202-203］。同様に村落も、他村の村びととの二者関係の集合体として認識されている［ibid.: 204］。

また重冨真一は、世帯分けした親子間で共同耕作が頻繁になされる理由として、水野の提示した精神的紐帯のみならず、経済事情を反映した合理的理由があると主張する［重冨1995］。すなわち、親世帯は子供の世帯分けによって減少する労働力をとどめたがり、子世帯は分配を受けるまで土地へのアクセスを確保したがる。共同耕作はこうした双方の合理的な思惑が合致して起こるという。

このような個人を基調とするルース論に対して、集団的な観念や行為を指摘することにより、タイトな社会関係を主張する論者もいた。たとえば、スタンレー・タンバイアは、東北タイのラオ村落における信仰に注目し、上座仏教の積徳行が、個人にとどまらず村全体を単位とする行為であることや、村の精霊信仰のように地縁的まとまりの観念があることを指摘した［Tambiah 1970: 54, 345-346］。さらに、ルース論に異を唱えたジャック・ポッターは、信仰にとどまらず、ルース論では捉えきれない現象を提示した。たとえば、妻方居住の拡大家族を一定の集団と捉えたり、労働交換を特定のメンバーで集団的になされるものとした［Potter, J. 1976: 169］。こうした彼の議論は、ルース論を相対化した点で意義があったものの、現象の羅列にとどまり相互の関係が論じられていないため、社会構造のタイトさを根拠づけるのには不十分であった［重冨1996b: 24］。

このような議論の対立はタイに限られず、カンボジアの文脈でも同様に見られる。ヤン・オベルセンらは、コンポンチュナン州のクメール村において、村落は世帯の集積体にすぎず、村落それ自体が重要な実体として意義を有してい

---

[2] 水野によれば、日本のイエは個人を超越した実体として観念され、集団としての固定性と永続性が顕著である。それは家長を中心に祖先代々継承されるべき集団とみなされるため、イエの存続が個人の存在に優先され、「集団の論理」が個人の行動を規制する傾向が現れるという［水野1981: 115-116］。

ないと主張した [Oversen et al. 1996]。それに対してジュディ・レジャーウッドは、相互扶助を通した親族の紐帯を強調して反駁した [Ledgerwood 1998]。ただし、村全体の秩序やタイトさについては言及されていない。

　このように、東南アジアの村落研究は、結局のところ社会構造のタイトさが論証されないまま行き詰まってしまった。その後、1980年代以降は、タイをはじめ各国が開発を推し進める中で、村落共同体が開発の受け皿となったり住民組織が形成されはじめた。それを受けて、議論の方向性も、二項対立的なものではなく、二者関係の個別的な紐帯を前提としながら、現存する組織的活動をどのように説明するかといった研究に向かっていった [e.g. 小笠原 2005; 佐藤 2009; 重冨 1996a, 1996b][3]。

　従来の議論の行き詰まりは、東南アジアの村落を構造機能主義的な全体としてモデル化してきたことによるところが大きい。小林知は、それを批判的に検討し、カンボジアの村落研究に新たな視点を打ち出そうとしている [小林 2011]。彼はコンポントム州の一村落を拠点にしながら、村びとの活動の広がりを追い、行政区にまで視野を広げて複数の村落で調査を行なった。そして、調査者側がつくりだす抽象レベルの社会ではなく、村びと自身の実践によって拡大していく全体を示している [ibid.: 16-17, 22-28, 31, 493]。本書は、一村落に焦点を絞るものの、村びとの視点から村落を理解しようとする点で、小林の視点と通ずるものがある。それに加えて本書では、とりわけ家間関係に着目する。なぜなら、私の調査地であるラオ村落では、家間関係の有様が村びとの重要な関心事であり、また、それこそが村落を常につくりかえていっているからである。

0-2-2. 家間の協調と競合

　ラオ村落をはじめ東南アジアの双系親族社会における家間関係については、社会的単位としての家の重要性や、家をめぐる競合の指摘はなされているものの、日常的な交換について具体的な事例から検討した研究は限られている。さらに、たとえ労働交換や相互扶助を取り上げた研究であっても、それを協調関係としてまとめてしまう傾向が見られる。このような傾向は、競合や軋轢に着

---

[3] たとえば小笠原は、乾季田の灌漑設備の受益者集団に注目し、共通目的のもとで組織化された濃密な共同のあり方を探求している [小笠原 2005]。

目する研究者たちから批判的検討がなされてきた。[4] 以下では、主に東南アジア各地域のラオ村落を対象とする先行研究から、こうした研究動向を追う。

　家間のやりとりを協調に結びつける論調は、先述した村落全体の連帯や個人的な二者関係の議論に見られる。たとえば、ラオスのラオ村落では、1990年代まで、農業集団化や協同組合普及を目指す国家政策により、「連帯（サーマキー *saamakkhii*）」というスローガンが浸透するなか、労働交換や相互扶助を村落全体の連帯に結びつけた解釈が一般的であった［Evans 1990; Ireson, R. 1996; Taillard 1977］。

　また、二者関係の議論では、先述したように東北タイのラオ村落を「間柄の論理」で成り立つとした水野の捉え方があげられる。彼によれば、二者間の網目が、愛着や共感、連帯意識などの情緒的な絆によって結びついている［水野 1981: 203, 209］。その基盤には、他者を傷つけないことに価値が置かれ、与えられた恩を返すという報恩の観念や、「あらゆる行為は自分に跳ね返る」という仏教思想に基づく行為の自己完結性がある［ibid.: 209-210］。

　このような解釈には、協調関係の根底に上座仏教的価値観を求める傾向が見てとれる。たとえば、ホーリー・ハイは、ラオス南部チャムパーサック県のラオ村落を対象とし、本書で言うハック・カンに類似する「ハック・ペーン・カン（*hak pheeng kan*）」を、仏教的価値観と結びつけて理解している［High 2005］。彼女によれば、協同は個別的な二者間関係で成り立っているが、人びとの行為は、「多く得られた者は多く与える」という倫理や、善、美徳、報恩の観念と結びついている［ibid.: 2, 8, 14-17, 24］。手助けを得た負い目は、その時点での労働作業が終わっても、食事の提供を受けた後も、容易には消えず、ハック・ペーン・カンの感情が贈与の「遺産」として持続する［ibid.: 17］。この見解はまさに、仏教的価値観や美徳のもとで協調関係が維持されることを示している[5]。本書の対象とするラオ村落でも、ハック・カンは仏教的な善や美徳の観念と結びつけて語られる。

4　協調を前提として労働交換や相互扶助を捉える見方については、別の論考でも批判的検討を試みた［山崎 2011］。そこでは、村の協同として施行された僧侶への食施の輪番が機能せず、一部の僧侶が空腹をかかえるという出来事を取り上げ、協調の背後に競合があることを指摘した。この事例については、本書の第4章で取り上げる。
5　彼女の主眼は、村びとの労働交換や相互扶助が村落の連帯に直結するというラオス研究の前提を覆すことにあった。社会ありきの議論から個人に着眼点を移して、美徳や負債という仏教的価値に支えられた個別的な関係によって協同が形成されていると主張している［High 2005］。

ハイの研究は、村内の不調和や競合に着目し、研究者側が設定した協同の前提を批判的に検討した点で注目に値する。彼女は、ラオ村落の研究において協同が自明の理とされてきたと指摘し [ibid.: 2, 5]、村落は国家の想定した均質的な連帯の単位ではなく、協働作業に否定的な者を含む集団として、複雑で曖昧な部分を持ちながら形成され続けると主張する [High 2006]。

　不調和や競合について、同県のモン・クメール系の村落における事例から検討したのが中田友子である [中田 2004]。当該地域はラオ人との混住が見られ、本書で取り上げるラオ村落を捉える点でも参考になる部分がある。中田は、「制度化された権力や階層が存在しないという意味においては平等主義的である（中略）が、威信や名誉、権威（中略）の獲得をめぐる競争は常に行なわれてきた」[ibid.: 24] と述べ、儀礼の選択や家屋建築に見られる、家の威信をめぐる競合を明らかにしている。

　このような協調にかたよらず競合にも着目する点は、本書にも通ずる。さらにここでは、もめごとへのローカルな対処法を明らかにすることによって、家と家の協調関係が競合や緊張を伴い、弱まったり強まったりしながら、構築され続けていく過程を提示する。中田の研究でも、村のもめごとの対処法が示されているが、それは儀礼を主導する長老が、家々に連帯を呼びかけ、競合を鎮静化し、村落解体の危機を回避しているというものである [ibid.: 291-293][6]。また、長老がタブー破りについて知らぬふりをしたり、非協力的な家を表立って非難することなく理解を示すといった柔軟性や寛容さにも言及されている [ibid.: 293]。ただし、こうした対処法の記述は、長老が中心的役割を担う儀礼の文脈に限定されており、より日常的な場面については明らかにされていない。

　それに対して本書の対象とするラオ村落では、儀礼を担う年配者であっても、中田の調査地のように家々に協調を促す権威を持ちえていない。しかし、対人関係が完全に断たれたり、村落が成り立たなくなるような危険性を回避する方法が、人びとの日常的な実践に見られる。それは、不満があっても口論や暴力を避け、やりすごすという姿勢である。ハック・カンの間柄は、常に親密であるわけではなく、対立や緊張も頻繁に起こり、そのたびに人びとのローカルな

---

[6] この場合、長老の権威は儀礼においてのみ誇示、再生産されるのであって、村落生活全体に影響を及ぼすものではない [中田 2004: 293]。

対処法によって再構築されていくのである。このような点を踏まえて本書では、家間関係を、協調と競合が文脈によって一方に強く傾きながらも、両者が併存する社会関係と捉える。

　もちろん、先行研究においても、東南アジア社会における二者関係が切れやすい点については指摘されてきた。たとえば水野によれば、タイのラオ村落では、「義務を強要する文化装置がないために結束は脆く、利害によって相手を容易に切り替える」という［水野1981: 210］。この見解からは、人びとが合理的に動き、関係をあっさりと切りやすいことが見てとれる。類似の説は、カンボジアのクメール村落においても見られる。谷川茂は、稲作の労働交換を例に、「ニヨム・クニヤ」と呼ばれる親密な関係について取りあげている［谷川1998, 1999］。ニヨム・クニヤとは、血縁にとらわれず、家の世帯主夫妻との「個人的な付き合いの深さが基準となって結ばれ」、米や食材の貸し借りや共食、儀礼に招待し合う関係とされる［谷川1998: 138, 144］。それは、非親族とも親族同等のやりとりをするという意味で、本書で着目するラオ村落のハック・カンに類似する。しかし、谷川によれば、ニヨム・クニヤは「ちょっとした利害の不一致や転居などによって、あっさりと断ち切れてしまう」という。村びとは、さまざまな出来事を契機としながらニヨム・クニヤとなる家を選択し協働関係を結ぶが、些細な事柄で関係が断ち切れた場合には、容易に他家によって代替される［ibid.: 144］。この見解によると、ニヨム・クニヤは血縁を超えた親密な関係をつくりだすものの、容易に切られうるという性格を持っている。

　このような先行研究に対し、調査地においては、利害によって関係を築く相手を切り替えるというよりも、疎遠化してしまうのを恐れ、関係の改善を期待して待つという姿勢が見られる。関係が切れかかることもあるが、あっさりと切るというよりは、愛着をひきずりながら、つながりが弱まるのに甘んじるという印象がある。ここで重要となるのがやりすごしであって、家と家とが緊張する出来事があったとき、積極的な行動に出ることなく、契機を待つ。本書では、対立を含む家間関係のあり方を、このようなやりすごしの姿勢に着目しながら検討していく。

0-2-3. 本書の視座

　ここで、上述してきた研究の流れを簡潔にまとめた上で、本書の視座を提示したい。これまでの東南アジアの双系親族の村落研究においては、緩やかな社会構造の解明に、個人か社会かといったアプローチがとられてきた。それに対して本書では、個人でも集団的結合でもなく、家間関係に焦点を当てることによって、ラオ村落のむすびつきを検討していく。またこれまでの研究では、家間関係に言及される場合であっても、協調としてまとめたり、協調と競合が対立的に捉えられてきた。しかし調査地における対立のしかたと、もめごとへの対処法を見ると、協調と競合や緊張が入り混じる、そのあり方こそが、村落を規律しているように思えてくる。こうした状況に鑑み、本書では、その具体的なあり方を、家と家のもめごとに着目することを通して明らかにしていく。

　後の事例で述べるように、村びとは、ハック・カンの間柄を日々の実践で築いているが、そうした中でももめごとは頻繁に起こる。そのとき、家と家の交換は停止され、関係が緊張してしまう。こうした状況について、従来の研究では、あっさりと二者関係を断ち切ると解釈してきた。しかし本書では、もめごとへの対処法を具体的に取り上げることによって、その先に続く関係の変容に留意する。

　なお、事例の多くは村の女性の視点に基づく。それは、私が女性であるという調査上の限界はもちろんのこと、家間関係を微細に調整するのが女性であるという理由も大きい。従来の研究でも、女性による家や土地の相続、生業や経済活動の主導が、女性の経済的自立性として言及されてきた [Evans 1990; Ireson, C. 1996; Potter, H. 1977]。さらに本書では、家の内部に留まらず、女性が他家とのあいだで取り結ぶ交換関係が、村落の維持、変容に重要であることを指摘したい。女性は、家を中心に活動しながら、訪問やおしゃべり、食物交換、労働交換や相互扶助を通して、家間関係をつなぐ。また、都合の悪い出来事が起こったとき、成員を巻き込んで家間の交換を停止するのも女性である。このように、女性は家間関係を絶えず調整しており、そのことは男性のみでは果たしえない事柄である。

　さらに、本書で取り上げる事例は、村びとのありふれた日常に起こっている出来事であることを述べておきたい。事例で取り上げる、緊張を表面化させな

い姿勢、その裏でなされている陰口などは、社会構造を探求する立場からは、些末で断片的な経験の寄せ集めに過ぎないとされかねない［松田2006: 382-383］。しかし、調査地の人びとが日常生活で気を配っているのは、調査者の措定する「社会」ではなく、家と家との関係であり、それを維持あるいは変容させる日々の行為や出来事なのである。そのため、日常のありふれた行為や出来事を丹念に記述することこそが、ラオ村落のよりよい理解につながると私は考えている。

0-3. 本書の構成

　最後に、本書の流れを簡潔に示しておきたい。本書は、序論と結論のほか、6章から構成される。まず第1章では、民族誌的事例の舞台となるストゥントラエンのラオの生活世界について、歴史、移住、言語などを中心に概観する。第2章から第6章にかけては民族誌的事例を記述していくが、第2章と第3章では、対人関係における直接的なやりとりについて扱い、第4章、第5章、第6章では、もめごとにおける間接的な対処法について取り上げる。事例の内容は、おおまかに次のとおりである。

　第2章では、ハック・カンという親密な間柄の築かれ方について示す。まず、対人関係の単位となる家について、女性とのむすびつきに着目しながら記述する。そして、家と家のあいだでなされる交換を具体的に紹介し、ハック・カンがどのように築かれるのかを例示する。中でもとりわけ重要なのが、家を訪問しあうことと食物交換である。成員と食物が家と家とのあいだを頻繁に行き来することが、良好な家間関係の維持や構築にとって不可欠である。なお、こうしたやりとりは、家主（*mee huan*、125ページ参照）である女性を中心として行なわれる。女性は、独立した家を持つことで関係形成の起点に立ち、相互訪問や食物交換などのやりとりによって親密な家間関係を結んでいく。しかし、ハック・カンの間柄にあってももめごとは起こる。調査地の人びとが何らかのきっかけで対立するとき、それはどのようにか、そして、もめごとはどのように対処されるのか。それが第3章で着目する点である。

　そして、第4章から第6章にかけて、具体的なもめごとの事例を取り上げて

考察を深める。まず第4章では、家と家がどのように競合するかについて、僧侶への食施を事例に記述する。村全体の活動として始められた食施の輪番制が、家と家の張り合いによって滞り、一部の僧侶が空腹を抱えていた。しかも、その対立はあからさまにではなく、間接的に展開するため、僧侶の空腹は解消されない状態が続いた。本書では、この出来事を積徳行の協同の失敗例として捉えるのではなく、食施の背後にある、住職をめぐる家間の妬み、張り合い、陰口、責任転嫁など、対立の間接的なあり方に着目することで、調査地の人びとが問題を放置する例として取り上げる。また、女性の積極的な役割についても明示する。これまで、女性は仏教的観念の上で劣位にあるがゆえに男性よりも積徳行に熱心であるという説明がなされてきた。しかし、事例を見ると、形式上は男性の進行に従いながらも、女性が積極的に宗教活動を方向づけている可能性がうかがえる。

　第5章では、僧侶と村びとの擬制的親子関係に着目し、ある出来事を機に、親密な関係が先細っていく過程について記述する。ここでの擬制的親子とは、世俗から離脱して一種の独立性を有する僧侶と、僧侶の出家に出資した家との関係である。その僧侶と家は、家間関係のように頻繁に交換を行なっていた。ところが、僧侶が還俗を決断したことで両者の関係は緊張していき、やりとりが少なくなって、それぞれ、他の僧侶、他の家へと交換の相手を替えていった。本書で注目するのは、こうした関係の先細りが、先行研究の指摘するような利害に基づく淡白な関係の切り替えとは異なる点である。関係はあっさりと突然切られるのではなく、愛着、妬み、失望、恐れ、怒りなど、さまざまな感情が交錯する中で、不本意ながらに先細っていくことが多い。本章では、このような感情の揺れに留意しながら、親密な間柄の変容について記述する。

　第6章では、非友好的な姻族との関係を事例とし、どのように人びとが家に敵対的な他者を受け入れていくのかについて記述する。前章までが独立した家と家との関係を扱ったのに対し、第6章では家の独立そのものが問題となる。新婚夫妻が親の反対を押し切って結婚し、夫方居住を始めた当初、家の内部は緊張していた。また、姻族間にやりとりはなされず、ハック・カンの構築を互いに拒んでいるかのようであった。そうした中で、嫁に対する陰口などは頻繁に起こるが、関係を壊すような行為は直接的にとられず、やりすごされる。こ

のようなやりすごしにあって、新婚夫妻の家の独立や子の誕生によって、夫方の家との緊張関係は徐々に変化していく。ここでは、人びとが非友好的な他家との軋轢をやりすごしつつ、どのようなきっかけを経て関係を変化させていくのかについて、そのプロセスを記述する。

　最後に、以上の事例を総合し、やりすごしの積極的な意味、時間をおくことの重要性、女性の役割について整理しながら、カンボジアのラオ村落における対人関係の特徴を述べる。

　なお、本文中の事例における人物名は、すべて仮名を用いる。

第1章
ストゥントラエンのラオ
―― カンボジア北東部の生活世界 ――

　本書で取り上げるラオ村落は、ラオスとの国境域にあたる、カンボジア北東部ストゥントラエン州にある。そこに暮らす人びとの多くは、16世紀頃よりラオス南部からの移住を繰り返してきたラオ人である。人びとはしばしば、自分たちのことを「ストゥントラエンのラオ（ラーオ・シエンテーン *laao siengteeng*）」（シエンテーンの由来については後述する）と呼ぶ。彼らはこれまで、研究者はもとより、カンボジアのマジョリティであるクメール人からも、ラオスのラオ人からも注目されることなく、独特の文化を創りだしながら生活してきた。ところが近年、とりわけ2000年代に入り、カンボジアの国境域やメコン川下流域の開発が進み、北東部が脚光を浴びるようになってきた。それによって、ストゥントラエンのラオが自他ともに意識されるようになっている。

　ストゥントラエンのラオについての研究は、蓄積が非常に少ない。歴史・儀礼・信仰・世界観・生業・言語・食・住まい・教育・開発・社会変容など、人びとの日常生活世界を理解するためには、いくつかの既存の史資料を参照しながらも、現地調査によって地道に収集する作業が必要である。私は、こうした多方面にわたる細部について少しずつでも時間をかけて調べていき、いずれはカンボジア北東部に生きるラオの生活世界を描きだしたいと考えている。本書は、そうした構想への序説として、2007年からこれまでの調査で得られたデータを基に、ストゥントラエンのラオの生き方の一端を紹介するものである。まず本章では、民族誌的事例の背景として、ストゥントラエンのラオについて概観したい。

1-1. カンボジアの概要

　カンボジアは、東南アジア大陸部諸国の1つで、西はタイ、北はラオス、東

[図1-1] カンボジアの位置

はベトナムと国境を接している［図1-1］。国土面積は18万1035km²で、日本の約2分の1の大きさである。人口は、2008年に実施された人口センサスによると1339万5682人で、そのうち約96％（約1290万1400人）がクメール人とされている［NIS2009: 29］。カンボジアは、周囲を陸地に囲まれており、海岸線はタイ湾に面するわずかしかない。しかし、メコン川の下流域にあたり、淡水魚をはじめとする水資源が豊富である。国内にはメコン川本流のほか、その分流であるトンレサープ川、バサック川、そして数多くの支流が走る。また、国家の中央部には、東南アジア最大の淡水湖、トンレサープ湖がある。雨季になると、

メコン川が増水し、それぞれの流域に洪水をもたらすほか、トンレサープ川から逆流した水によってトンレサープ湖も氾濫し、その面積は乾季の3〜5倍にも広がる。こうした洪水や氾濫は、魚類の産卵場や生育場となる浸水林を作りだし、減水後の川岸の土壌を肥沃にするなど、カンボジアの人びとの食生活や生業にも重要な基盤を提供している。

　カンボジアには「水あるところに魚あり」という言いまわしがあり[1]、河、小川、池、水田、雨季の水たまりなどに淡水魚が生息し、人びとはそれを日々の糧としてきた。カンボジアの動物性タンパク質供給の約75％が淡水魚とされており、栄養源としてもきわめて重要である［榎本・石川2008: 202］。人びとは、豊富な淡水魚を煮炊きして日々の食事で摂取するほか、燻製、乾物、発酵食品など、さまざまに加工する知恵を伝承し、いわゆる魚食文化を発達させてきた。しかし近年では、メコン水系の水質汚染やダム建設など、複数の原因により漁獲量が激減し、「水があっても魚はいない」状況が深刻な問題として浮上している。また都市部を中心に、異文化の影響を受けて食生活も多様化している。このような変化は看過できないものの、河川や淡水魚が依然としてカンボジアの人びとの生活にとって重要であることには変わりがない。

　また、東南アジア大陸部を特徴づける食文化は「米と魚」と指摘されてきたように［佐藤編2008］、カンボジアでも魚と同様、米が重要である。カンボジアでは、稲作が主要産業の1つであり、人びとはうるち米を主食としている。米の消費量は東南アジア諸国の中でも高い。また、仏教儀礼、精霊祭祀、治療儀礼などにおいても米は不可欠とされている。2013年に実施された農業センサスによると、全国約260万世帯のうち、何らかの形で農業関連活動（稲作、家畜飼養、漁撈、ゴム採取など）に従事する世帯は、約85％、約220万世帯に及ぶ［Phnom Penh Post 2014.8.21］。人びとは、雨季の天水を利用して低地で栽培される稲をはじめ、灌漑設備や施肥によって栽培される乾季稲、主に山岳地帯で少数民族が栽培してきた陸稲、そして洪水地帯で水深2mでも収穫できる浮稲など、地域ごとに異なる水文環境に応じて、多くの稲種を栽培している［川合2000: 50, 68-76；清野2001］。本書で取り上げる調査地も例にもれず、農業と漁業が生業の中心となっている。

1　タイ語にも同様の表現がある。

[図1-2] カンボジアにおけるラオ人の居住地域

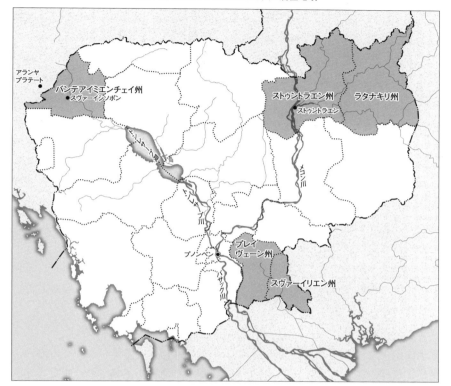

1-2. カンボジアのラオ人居住地域

　調査地は、カンボジア北東部に位置する、ストゥントラエンとラタナキリを中心とするラオ村落である。カンボジアにおいてラオ人は、北東部のほかにも、北西部のバンテアイミエンチェイ州（州都スヴァーイシソポン、モンコールボレイ郡など）、そしてプノンペン近郊のスヴァーイリエン州コンポンロー郡とプレイヴェーン州コンポントロバエク郡にも少数ながら居住している［図1-2］。それぞれ、出身地域、移動の時期や背景などに違いがあるが、他地域のラオ人については、未だ十分な情報を得られていないため、本書で扱うことは控え、ここで簡単に紹介するにとどめたい。

ケーウ・チャンヴティおよびリー・ヴァンナによれば、北東部のラオ人が 16世紀頃、ラオス南部から移動してきたのに対し、北西部のラオ人は、18世紀から19世紀にかけて、ラオス北部から移動してきたとされている。バンテアイミエンチェイでは、「ラオプゥオン」と「ラオニョー」という区別がされており、ラオプゥオンは、中国との国境沿いのラオスあるいはベトナム北部から移動を続け、タイのアランヤプラテートからカンボジアへ入り、現在のモンコールボレイに定住したとされている。一方のラオニョーは、18世紀頃、ラーンサーン王国の中心部から移動し、スヴァーイシソポン周辺やタイとの国境域オーチュロウに定着したとされる [Kev and Ly 2009: 445]。

　移動の背景について詳しいことは分からないが、モンコールボレイのラオプゥオンの男性（2016年当時65歳）によると、内陸国であるラオスには塩がなかったので、祖先が塩を求めてイサーン（タイ東北部）に移住したとか、戦争で居住地を追われたという話を聞いたことがあるという。それに対して、ストゥントラエンやラタナキリなど北東部のラオは、現地の人びとの語りによると、狩猟、象の売買、探鉱などの食いぶち探しや、生業を営む新天地を求めて移動したのではないかと考えられている。

　また、スヴァーイリエンのラオは、14世紀にラオスを統一したラーンサーン王国のファーグム王（1316～73年）の末裔とも言われている。というのも、一説によれば、ファーグムが王位に就く前、かつて北部を治めていた祖父スヴァンナカムポン王は、彼の嫡子ヤックファーがクメール人の妾と通じたことに激怒して、ヤックファーの息子ファーグムとともに追放した。そのときに彼らがやってきたのが、現在のスヴァーイリエン、コンポンロー郡にあるクサエト区ではないかという [Kev and Ly 2009: 438]。クサエトという名前も、クメール語で王を意味する「クサット（*khsat*）」が転じたものであるとして、ファーグム王との結びつきが指摘されている [Kev and Ly 2009: 449][2]。プレイヴェーンのラオについては詳細が分かっていない。

---

[2]　また別の説によると、17世紀前半、ラオス南部アッタプー県周辺部を抑えようとクメールのチェイ・チェッター王が遠征をした。勝利を収めた王は、そのとき、パークセーからラオ人を追放して、カンボジアのスヴァーイリエンとプレイヴェーンに再定住させたという。しかし、人びとは、20世紀にフランスによって導入された近代教育制度によって、クメール化が進み、現在では完全にラオとしてのアイデンティティを失ったとされる [Grabowsky 2004: 213]。

また、言語については、ケーウとリーが、ラオスのラオ人と完全なコミュニケーションをとるには難しいような方言と述べているように [Kev and Ly 2009: 454]、それぞれの地域で使用されているラオ語には違いがあり、日常的に家庭でラオ語を使用するか否かも含めて、かなり多様である。私もバンテアイミエンチェイとスヴァーイリエンのラオ人に調査したことがあるが、そのときのインフォーマントの話では、教育機関はもちろん、日常的にも家庭でクメール語を用い、ラオ語はごく稀に年配者のあいだで話す程度ということだった。また、ラオニョーは、ストゥントラエンのラオと語調や声調で類似する点が多く見られたが、ラオプゥオンは現在ほとんど話されておらず、ストゥントラエンのラオ語もあまり理解できない様子であった。そして、スヴァーイリエンのラオクサエトは、語調や声調はもちろん、全く異なる表現や、ベトナム語、クメール語が多く混じったりするなど、ストゥントラエンのラオとはかなり異なる印象を受けた。

　本書では、このようなカンボジアのラオの地域的な多様性についてはひとまずおき、ストゥントラエン州シェムボーク郡KS区KS村における事例を中心に扱いたい。

1-3. 調査地について

　ストゥントラエンは、首都プノンペンから国道7号線を約481km北上したところにあり [Try and Chambers 2006: 1]、北部をラオスと接している。ラオス南部チャムパーサック県に、メコン川に浮かぶシーパンドーン（4000の中洲）と呼ばれる数多くの中洲（*doon*）があり、急流地帯の大瀑布コーンパペンの滝を越えて南下していくと、カンボジアのストゥントラエンに入る [写真1-1, 1-2]。ストゥントラエンの東隣にはラタナキリ、西隣にプレアヴィヒアがあり、南部をモンドルキリ、クラチエ、コンポントムと接している [図1-3, 1-4]。

　ラタナキリは、シハヌーク政権による国境域のクメール化政策の過程で、1962年にストゥントラエンから分離されたが、それまではストゥントラエンの一部であり、民族の移動や言語、慣習など、文化的に連続している。実際、

[写真1-1] ラオス南部の大瀑布コーンパペンの滝（2016年1月3日撮影）

[写真1-2] カンボジア−ラオスの国境域ソペアムット。対岸はラオス（2017年1月4日撮影）

第1章　ストゥントラエンのラオ――カンボジア北東部の生活世界――　　37

[図1-3] ストゥントラエンの近隣の州

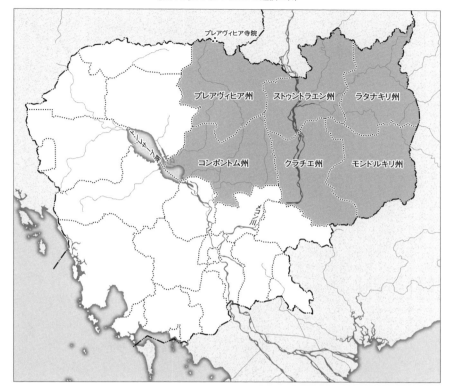

ラオ人も多く居住している。ただし、ストゥントラエンに比べて、モン・クメール系の民族³が非常に多く、ラオを含め、他の民族と結婚するケースも目立つ。民族間結婚、居住地の隣接や混住、商売などによる日常的な接触により、ラタナキリの人びとは、母語のほかに、他のモン・クメール系の言語やラオ語を理解しあい、相手や文脈に応じて使用言語を切り替えながらコミュニケーションをとっている。たとえば、州都バーンルン在住のH氏（2014年当時38歳）は、父がパークセー出身のラオ、母はルムパット出身のラオとトムプゥオンの混血で、

3　モン（Mon）は、オーストロアジア語族の1つで、タイ系の民族が東南アジア大陸部に移動し定住する以前からこの地に住んでいた先住民族である。なお、モン（Hmong）族は、中国南部、タイ、ラオス、ベトナムなどの山岳地帯に住む民族で、モン・クメール系の民族とは区別される。

[図1-4] ストゥントラエンを流れるメコン水系と中洲

ルムパットで生まれた[4]。そして、クルンの母とプラーオの父のあいだに生まれた女性と結婚した。彼らには子供が2人おり、仕事や子供の教育の関係上、日常的にはクメール語を用いているが、ラオ語、クルン語、トムプゥオン語などでもコミュニケーションをとることができる。このようにラタナキリでは、多くの民族が日常的に交流し、それが言語使用にも現れている。

　それに対してストゥントラエンは、ラタナキリに比べるとモン・クメール系の人びととの日常的な接触は少なく、メコン川西岸に多く居住していたクゥオイ人も、自分たちの固有の文化をほぼ失って、現在はラオやクメールに同化したとされている。これらはほんの一例であって、ストゥントラエンとラタナキリの差異は多々ある。しかし、細部の検討はひとまずおき、本書では両州が文化的に切り離せない地域であるということを強調しておきたい。なお、プレアヴィヒアやモンドルキリにも、婚姻、耕作地を求めての移動や、ポルポト時代の強制移住などによって、ストゥントラエンからラオ人が移住する例も見られる。

　ストゥントラエンは、ラオス南部から流れてくる大河メコンと、その支流で国際河川にもなっているセーサーン、セーコン、スラエポックが走り[5]、メコン川下流域最大の支流水系が形成されていると言ってもよい［図1-4］。そのため、淡水魚やマングローブをはじめとする自然資源が豊富である。この流域で捕れる淡水魚「パーシーイー」は、魚身が甘くて美味しいとカンボジア国内でも有名であり、観光客を呼びこむ宣伝アイテムにもなっている［写真1-3］。また、メコン水系に多数見られる中洲は、居住地や畑地として利用され、人びとの重要な生活空間となっている。さらに同州は、他地域に比べて森林も比較的多く残っており、国道7号線を北上し、クラチエを越えてストゥントラエンに入ると、目前に森林が開けてくる。近年では伐採や土地の開墾が進み、森林減少が問題となっているものの、ラオスとの国境域（シェムパーン郡）やメコン川西岸

4　ルムパットはスラエポック川沿岸の地域で、もともとはトムプゥオン、ジャラーイ、プラーオなどのモン・クメール系の諸民族が点在していたところに、ラオが多く移住してきた。H氏の話では、かつてはルムパットしかまとまった集落はなかったという。
5　「セー（see）」はラオ語で川を意味し、セーサーンとセーコンは本来それぞれサーン川、コン川の意味である。ラオ人はこの意味で用いているが、カンボジアでは一般的に、クメール語で川を意味する「トンレー（tonlee）」という語をつけて、トンレー・セーサーン（セーサーン川）、トンレー・セーコン（セーコン川）と呼ばれている。なお、スラエポックはクメール語で、トンレー・スラエポック（スラエポック川）と言われる。本書では一般的な呼び方に従って、セーサーン川、セーコン川、スラエポック川と表記する。

第1章　ストゥントラエンのラオ──カンボジア北東部の生活世界──

[写真1-3] ストゥントラエン州都にあるパーシーイーのモニュメント（2007年7月14日撮影）

のコンポントム州との隣接地域（タラーボリヴァット郡）などには、現在でも森林が比較的多く残っている。

　ストゥントラエンの州都は、セーサーン川とセーコン川がメコン川と合流する地点にある［写真1-4, 1-5, 1-6］。行政区分は、2008年時点でセーサーン郡、シェムボーク郡、シェムパーン郡、ストゥントラエン郡、タラーボリヴァット郡の5郡、34区、128村であった［図1-5］。州地面積は11,092km²で、国土面積の約6％を占める。人口は少なく、国家全体の0.8％（11万1734人）であり、人口密度は24州中23番目（10人/km²）と低い［NIS 2008: 52］。ラオ人は、2008年の人口センサスによれば、ラオ語を母語とする者として、全人口の0.1％（約1万8000人）とされている［NIS 2009: 29］。しかし、日常的にラオ語を使用しているラオ人であっても、センサスの質疑応答では「（母語は）クメール語である」あるいは「クメール人である」と答えるケースが非常に多く、実際のラオ人の数はセンサスの数値よりもかなり多いと思われる。詳細なデータはないが、2008年に調査を行なったベアードやホーンによれば、州人口の約半数はラオ人であるという［Baird 2010a: 208; Houn 2008: 1］。カンボジアの中で、マジョリティのクメール人

［写真1-4］セーサーン川（手前）とセーコン川（奥）の合流地点（2017年1月5日撮影）

［写真1-5］セーサーン川にかかる高架橋（2017年8月26日）

第1章　ストゥントラエンのラオ——カンボジア北東部の生活世界——

[写真1-6] メコン川に建設中の高架橋（2015年完成）（2014年9月5日撮影）

[図1-5] ストゥントラエンの行政区分とKS村の位置

以外の民族集団が一州の大半を占めるというのは、この地域のほかに例がない。そのことがあまり知られていないという状況も含め、カンボジア北東部は非常に興味深い地域である。

ラオは、州の行政資料によると、「移民 (*con ontao proveeh*)」であり、クルン、トムプゥオン、ジャラーイ、クゥオイ、クラヴェーッ、プラーオなどのモン・クメール系の「少数民族 (*con ciet phiek tec*)」とは区別されている [Department of Culture and Fine Arts of Province 2005: 7, 34]。しかし、移民という分類はあくまでも行政上のものであり、人びとの自己認識とは区別して考える必要がある。実際のところ、私はこれまでに、自らを移民だとするラオ人に出会ったことがない。また、ラタナキリに居住する少数民族のあいだでは、ラオ人も少数民族として自分たちの側に含める文脈が少なからずある。一方で「ストゥントラエンのラオ」という自己認識は固定的でなく、センサス、NGOや役人との接触など、文脈によってはクメール人と自称することも多い。

1-4. ストゥントラエンの歴史

ストゥントラエンのラオ人の多くは、領土をめぐるクメール、タイ、ラオの諸勢力の競合、ラオスの内戦、良好な土地探し、フランス統治時代における軍隊動員要請からの避難など、複数の要因が絡みあう中で、ラオス南部から移住を繰り返してきた人びとである [Kev and Ly 2009: 430-431]。そして、1960年代以降、カンボジアが近代国家の形成を進めていく過程で、ストゥントラエンはカンボジアの一地方として組み込まれていった。[6] 本項では、これまで得られた限りでの、既存の研究資料と現地の人びとの語りをもとに、ストゥントラエンのラオ人の移動について概観したい。

現在では、カンボジアとラオスのあいだには双方にイミグレーション・オフィスが建てられ、国境によって人びとの往来が隔てられている。ストゥントラ

6 　カンボジアに限らず、東北タイのラオ人にも同様の出来事が起こっている。タイでは、近代国家形成のため、政府がラオ人の集住地を「タイの一地域」とし、東北の方角を意味する「イサーン」という語を定着させた [津村 2002：79；林 1998: 694-695]。

エンのラオ人も、カンボジアの身分証を提示して通行証を発行してもらい、コーンパペンの滝など国境域にあるラオス南部の「観光地」に訪れるようになっている。しかし、それもせいぜい数十年ほど前からのことにすぎず、かつては、国境の概念はなく、人びとはメコン水系を舟で行き来していた。今でこそ国道が整備され、ストゥントラエンからラオスまで陸路で移動できるが、かつては川を舟で渡る移動が一般的であった。川に国境がないように、人びとは自由に往来を繰り返していたのである。

1-4-1. ラオ人の南下

　ストゥントラエンにラオ人の勢力が拡大し、多数派を占めるようになったのは、16世紀頃とされている。もともとはモン・クメール系の諸民族が暮らしていたが、そこに、クメール、ラオ、シャム（現在のタイ）といった複数の王朝が、領土をめぐって競合し、趨勢を強めたり弱めたりしながら混住してきた。

　9世紀に興ったクメール人のアンコール王朝（802～1431年）は、12世紀を頂点に、現在のラオス南部や東北タイにまで領域を拡大した。もっとも、アンコール王朝が興る前のチェンラー時代（5～8世紀）から、今日のラオスとカンボジアの国境域にクメール人が居住し、チャムパーサック県のワット・プーなどの建設に影響を与えたとする見解も、クメール人側にあるが、いずれにせよ支配勢力が頂点に達したのはアンコール王朝であることは見解が一致している［Baird 2010a: 188］。

　この時代、ストゥントラエンもアンコール王朝の支配下にあり、モン・クメール系の原住民とラオ人のほかに、クメール人が居住していたとされる。シャムがこの地に進出してくるのはもう少し後のことである。12世紀には、中国南部からタイ系民族が南下を始め、13世紀には北部にラーンナー王朝が、中央部にスコータイ王朝が趨勢を強めたが、その勢力はストゥントラエン周辺域には届いていなかった。

　ラオ人の最初の統一王朝とされるのはラーンサーン王朝（1353～1709年）だが、その創設者であるファーグム王は、クメールの王朝で教育を受けたと言われている。ラーンサーン王朝は16世紀にはアンコール王朝を駆逐して勢力を拡大し、17世紀前半までには、ラオス南部からメコン川沿いにラオ人の移住が活発になった［Baird 2010a: 190; Escoffier 1997: 82-85］。そして1709年にラーンサーン王国

が崩壊すると、ラオスは、ヴィエンチャン、ルアンパバーン、チャムパーサックの3王国に分裂した。そして、ストゥントラエン周辺域は、1713年にチャムパーサック王国の支配下に置かれることとなった。

この時代のストゥントラエンの興隆に関わる伝承として、次のような説がある。18世紀初頭に、ヴィエンチャンの僧侶ポーン・サメックがラオス南部へ移動し、のちにストゥントラエンと呼ばれることになるシエンテーンの支配者（チャオ・ムアン）[7]になった。ポーン・サメックはその後、チャムパーサックを治めていた女王ナーン・ペーンから、彼女に替わって王座に就くよう求められたが、僧侶としての立場から辞し、その代わりに、1713年に、同じくヴィエンチャン出身のソーイ・シーサムットをチャムパーサック王に任命し、治めさせることとした。このシーサムットの治世下で、チャムパーサックの黄金時代が開花したと言われている。この時代、ラオス南部やストゥントラエンに居住していたクメール人は、南方に移動するか、ラオ人として同化していったとされている［Baird 2010 a: 188］。

また、フランス植民地時代の1913年に書かれたストゥントラエンの地誌によれば、ヴィエンチャンの僧侶コーン・サメック（上記のポーン・サメックと同一人物かと思われる）が、ソーイ・シーサムットとシエン・ペーンという2人の弟子を連れて南下し、シーサムットをチャムパーサックの王にしたのは上記の説と同じであるが、さらに、このシエン・ペーンにシエンテーンを守らせたとされている。その後シエン・ペーンは、シエンテーンのチャオ・ムアンとなった［Anonymous 1913: 23-24］。シエンテーンという地名も、初のチャオ・ムアンとなった彼の名前シエンに、当該地域のもともとの名前テーンからとったものであるという［Anonymous 1913: 24］。シエンテーンの地名の由来については複数の解釈があり、エスコフィエーによれば、シエンは見習僧のこと、テーンは取りまとめることなどを意味する。したがって、シエンテーンとは、かつて当該地域がラオの領土であった時代に、ラオの僧侶によって築かれた場所であるという[8]。また、北川香子によれば、シエン・ペーンという人物が上述したチャム

7 　ムアンは、タイ系の権力者がおさめていた「くに」を意味する。
8 　この解釈に従ってシエンを見習僧だとすると、それが僧侶の名前なのか、呼称なのかについて、エスコフィエーは言及していない。現地のラオ語でシエンは、見習僧が還俗したあとで、敬意を表してつけられる呼称である。また、テーンについても諸説ある。2007年に私が村びとに聞いたところにチャム

パーサックの女王ナーン・ペーンとも考えられるなど、上記の説はいくぶん変形された伝承の可能性もあるという。ただし、いずれにおいても、現在のストゥントラエンが、ヴィエンチャンやチャンパーサックと深いつながりを持った地域であることを示すものとして重要であることには変わりがない［北川2009：218-221］。

1-4-2. シャムの勢力拡大

　ところが、早くも18世紀後半、シエン・ペーンの跡を継いだ息子のサヤクマーンの治世には、シャムの侵攻により、チャンパーサックにおけるラオ人の支配が揺らぎはじめる。18世紀にシャムでラタナコーシン王朝が興ると、その勢力が現在のラオスやカンボジアに広がっていった。そして1778年には、チャンパーサックがシャムに従属することとなった［Baird 2010a: 190］。シャムは、1795年にはカンボジアのバッタンバン、シェムリアップ、シソポンの3州を併合し、さらに1814年には、ストゥントラエン（メコン川東岸、現在のラタナキリを含む）、ムループレイ（メコン川西岸）、トンレーロパウ（現在のコーン島周辺域）を併合した。シャムは1848年にはラオスのヴィエンチャンを陥落させたが、この時期に、ヴィエンチャンから東北タイへ、またチャンパーサックからはカンボジアのヴンサイ周辺の中洲へと、多くのラオ人が逃げたとされる［Escoffier 1997: 89］。

　なお、バンテアイミエンチェイのラオ人は、18世紀後半から19世紀半ばにかけてシャムの勢力が強まった時期に、ヴィエンチャンから東北タイへ逃げのびた人びとの末裔ではないかとも考えられる。2016年4月に人びとから聞いた話では、祖先はかつてヴィエンチャンから東北タイに移動して居を構えたのち、徐々に移動を続け、タイとカンボジアの国境アランヤプラテート（人びとはアランと呼ぶ）からカンボジアへやってきたという。

1-4-3. フランスによる植民地化とシャム、カンボジアの拮抗

　このように19世紀半ばまで勢力をふるったシャムであったが、19世紀後半になると、植民地勢力のフランスがインドシナ半島に乗りだしたため、シャム

よると、ストゥントラエンのラオ人の中には、テーンという名前の元見習僧がこの土地を納めていたことに由来するという者もいた。

の支配は脅かされるようになった。ビルマとマレーシアをいち早く抑えたイギリスに対し、アジアにおける拠点の確保に遅れをとったフランスは、中国内陸部への通商路を求めて、ベトナムを抑え、1887年にはハノイにインドシナ総督府を置いた。そして、ラオスとカンボジアについては、政治的駆け引きと軍事攻撃によって、シャムの勢力を抑えながら、徐々に支配下におさめていった。1863年には、シャムとベトナムに領土を分割されていくのを案じたカンボジアの王と条約を締結し、カンボジアをフランスの保護国とすることを、シャムに認めさせた。

　こうした動きに対し、シャムは、1885年頃、従属国であるチャムパーサックの国王をストゥントラエン地方に派遣して、主権を確保しようとした。このとき、ヴンサイ（現在はラタナキリの一地方）にチャムパーサックのラオ人を多数移住させたとされる［Baird 2010a: 191］。それに対してフランスは、シャムに軍事的な圧力をかけ、1893年には、メコン川東岸を割譲させ、フランス領ラオスとした。その領域は、サイニャブーリーを除く現在のラオス全域と、ストゥントラエンのメコン川東岸地域にあたる［図1-6］。さらにフランスは1895年に、アタプー、ストゥントラエン（現在の州都周辺域）、シェムパーンを「下ラオス (Lower Laos)」とし、首都をコーン島に置いた。そして1899年には、低地ラオスと「上ラオス (Upper Laos)」を統合し、ヴィエンチャンを首都とするラオスへと統一した［Baird 2010a: 192］。

　当時のストゥントラエンは、メコン川の東岸と西岸で統治権力が異なるという状況にあった。しかもその支配権力は、次に述べるように、フランス、タイ、そこに日本も加わった領土争いにより、めまぐるしく変化している。1904年、フランスは、ムループレイ、トンレーロパウ、そしてサイニャブーリーをシャムから割譲させた。それと同時にこのとき、カンボジアの要求を受け、フランスは、ストゥントラエンのメコン川東岸地域をカンボジアへ移譲した［図1-7］。このことは、ラオスの領土とストゥントラエンのその後の帰属を左右する、重要な出来事となった。このあたりは1895年にフランスがシャムから割譲し、ラオスに統括させていた地域であり、もしもこのときカンボジアに移譲されなか

9　また、本書の対象からは外れるが、1907年には、バッタンバン、シェムリアップ、シソポンもシャムから割譲している。

［図1-6］タイからフランスへの領土の割譲

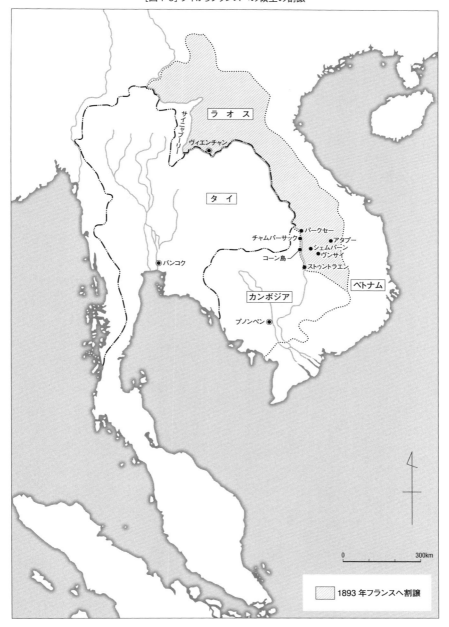

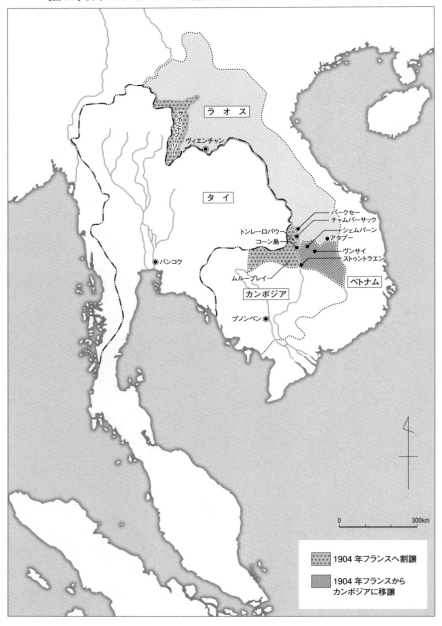

[図1-7] さらなるタイからフランスへの領土の割譲とフランスからカンボジアへの領土の移譲

ったならば、独立後、ストゥントラエンがラオスの一地方になっていた可能性もある。しかし、このときの移譲によって、ストゥントラエンはカンボジアの管轄下に組み入れられたのである。[10]この出来事は、当時のインドシナ総督ポール・ボー（在任期間1902～08年）が、植民地当局の許可なく実行し、1915年の視察まで露見しなかったとも言われている［Baird 2010a: 193］。ラオスは、地理学者グラボウスキーの言葉を借りれば、この時点でチャムパーサック南部地方を「突如、失ってしまった」ことになった［Grabowsky 2004: 210］。[11]当時、当該地域にはクメール人はほんの一握りの数しかおらず、川沿いはラオ人、山岳部はモン・クメール系の諸民族で占められていたとされている［Anonymous 1913: 25; Barid 2010a: 193］。[12]

ただし、ストゥントラエンの実際の管轄は、カンボジアに移譲されたのちも、フランスが完全に撤退するまでのあいだは、ラオ人に任されていた。1906年には、チャムパーサック出身で、前チャムパーサック王の孫にあたるヤー・チャオ・タムが、初のストゥントラエン知事に就任している。KS村の男性（2008年当時67歳）からも、「フランス統治時代は、州知事もラオ人で、行政資料にラオ文字も使われていた」という話をしばしば聞いたことがある。

1-4-4. チャムパーサックとのつながり

ストゥントラエンは、複数の勢力のせめぎあいによって統治体制が変わるな

10　ちなみに、カンボジアとタイの国境域にある遺跡プレアヴィヒア（タイ語では、カオ・プラヴィハーン）寺院は、その領有権をめぐって今日まで争いがある。1962年の国際司法裁判所の判決では、同寺院はカンボジア領にあるとされたが、その後も論争が続き、2008年に世界遺産として登録されると、タイ側の反発を招いて銃撃戦にまで発展した。争いの火種を抱えるこの寺院は、1904年にまで遡るならば、その時点ではカンボジア領として組みこまれていた。

11　しかし、クメール人研究者の見解を見ると、カンボジアへの移譲が突然だったとは言い切れない。サーリンによれば、カンボジアは、アンコール王朝時代に支配下におさめていた領土を、1893年からフランスがラオスに統括させたことに不満を抱き、領土の「返還」をフランスに求めていた。そして1894年には、当時のルアンパバーン領事官オーギュスト・パヴィによって、メコン川西岸（ストゥントラエンの西岸とコーン島周辺）の領土返還が提案された。しかし、その案はまとまらず、10年後の1904年まで先送りになった。そして1904年には、ラオスの管轄下にあったストゥントラエンがカンボジアに「返さ（*prokol*：借りたものを返す）」れた。しかし、カンボジア側が要求したメコン川西岸は認められなかった。そしてこのときカンボジアに移譲されたシェムパーンは、それまで属していたラオスから切り離され、カンボジアのストゥントラエンの一部に組み込まれた［Sarin 2004: 57-60］。なお、翌年の1905年に締結された協定において、カンボジアとラオスの国境が、トンレーロパウからメコン川東岸に引かれた［Sarin 2004: 75］。

12　ベアードによると、たとえば、1912年の時点でヴンサイにいたクメール人は、たった9人であったという［Baird 2010a: 193］。

かでも、チャムパーサックとの結びつきを持ち続けていた。1930年代には、チャムパーサックからボーカム、ボーケーオ（現在はラタナキリの一地域）への、探鉱を目的としたラオ人の移動が多数あったとされている［Escoffier 1997: 91］。このとき探鉱に押しかけたのは、チャムパーサックのラオ人だけではない。KS村の男性たちも、「フランス統治時代の、1930年代から40年代にかけて、ボーケーオに宝石掘りに行っていた」と私に語ってくれたことがある。その近辺にはモン・クメール系の諸民族の村々があったが、ラオの人びとは彼らともラオ語でコミュニケーションをとり、しばしば食事を共にしていたという。「ナム・パック（野菜の水）」と呼ばれるスープ料理は、ラオ人たちにも好評で、作り方を学び、現在自分たちでも作るようになっている。

　このように、既存の研究資料や人びとの語りを見ると、ボーケーオ周辺では、チャムパーサックのラオ人、ストゥントラエンのラオ人が集まり、モン・クメール系の諸民族とも良好な関係を築きながら探鉱に従事していたことが分かる。しかし、こうしたラオ人の移動も、1940年代に、鉱山の立坑が崩壊して100人ほどが犠牲になったことから収束していった［Escoffier 1997: 91］。ボーケーオでは現在でもわずかながら宝石が取れるが、私が2016年5月に訪れた時点では、ベトナム企業のゴム・プランテーションが一面を覆うなか、ゴムの樹のあいだを掘り起こす形で、ごく小規模に行なわれているのみで、探鉱者も、そのほとんどが、他州（プレイヴェーンやタケオ）から食いぶち探しにやってきたクメール人であった。

　また、1930年代から40年代にかけては、チャムパーサックがストゥントラエンを取り戻そうという動きもあった。1930年、ヤー・チャオ・タムの義孫にあたるチャオ・トーンバイは、モン・クメール系のプラーオの人びととともに、フランス、カンボジアの権力に反抗し、ヴンサイとストゥントラエンをチャムパーサックへ帰属させようと試みた。しかしこの反乱は実行前に発覚され、彼はチャムパーサックで捕えられてしまった。また、1945年には、当時チャムパーサックで影響力のあったブンウム殿下が、トーンバイにチャムパーサックへの帰属を依頼したものの、トーンバイは病気のため同年に死亡した。

　このように、ストゥントラエンのラオの人びとは、結局のところ、暴力的な行為に出ることなく、フランスとカンボジアの政治的決定をやりすごし、ラオ

であること、ラオの土地であることを公に主張することもなかった。しかし、私のように「ストゥントラエンのラオ」を意識してしまう外部者が敢えて質問をするならば、「ここはもともとはラオの土地だ」という答えが返ってくることが、今でも多い。2008年にベアードは、ヴンサイで、ヤー・チャオ・タムの曾孫にあたるチャオ・ナーン・キンカムと呼ばれる女性と面会している。そのとき、彼女は、「年配者たちは、この土地がラオのものだと言ってやまなかった」と語っていたという［Baird 2010a: 194］。

1-4-5. 日本の介入

　ストゥントラエンとチャムパーサックの結びつきについての説明が長くなったが、ここで話を戻し、ストゥントラエン周辺地域を支配した勢力がめまぐるしく変わっていた状況に関して、もう少し述べておきたい。
　1940年代、日本もインドシナの領土をめぐる抗争に関与していたことはよく知られている。日本は、1937年に始まった日中戦争により軍需が拡大したため、原料供給地としてインドシナに目をつけた。そして、1939年に勃発した第2次世界大戦で、1940年にフランスがドイツに敗北し、勢力が低下してくると、日本はフランスと協定を結び、インドシナに進駐した。するとタイも、1904年に「失った」メコン川西岸のチャムパーサック、サイニャブーリーの返還をフランスに要求し［図1-7を参照］、戦争になった。このとき、仲介に入ったのが日本であり、1941年には、日本の後押しによってタイが「失地」を一時的に回復した。そして、日本が撤退する1945年までのあいだ、タイが再び当該地域を支配することになった。
　このとき、ストゥントラエンやラタナキリを含むメコン川東岸はどうであったのか。上に述べた、1904年にフランスがタイから割譲させたのち、カンボジアへ移譲した地方である。それについての詳しい情報がないため想像の域を超えるものではないが、メコン川東岸はタイに返還されず、カンボジアに移譲したフランスの統治下のままであったのではないか。その理由の手がかりとなる情報としてたとえば、KS村の男性からは、「1940年代まで、メコン川の東側はフランスが、西側はタイが治めていた。たとえば、（メコン川に浮かぶ）中洲にしたって、私たちKS村はフランス、SY村やドーンパー（いずれもKS村より西側にあ

[写真1-7] 木舟からドーンパーを望む（2014年8月22日撮影）

るメコン川の中洲の村々）はタイだったんだ（タイが治めていた）」という話をよく聞いた。この語りからは、当時、メコン川の川幅の中間部で境界線が引かれ、中洲もそれによって支配者が異なる状況にあったことがうかがえる[写真1-7]。人びとは学校教育でもそのように習ったという。この語りが、19世紀後半のタイとフランスのせめぎあいを指すのか、日本が仲介してタイが失地を回復した1941年から45年までの状況を指すのかは定かではない。だが少なくとも、1940年代にもメコン川東岸はフランスが治めていたということは汲み取れる。このことからすると、当該地域はタイに返還されないままであった可能性はあるだろう。

　ここで、日本軍のインドシナ駐屯について付け加えておきたい。日本は、1940年に侵攻したのち、勢力が衰えていくフランスを押しのけ、1945年3月から5ヵ月にわたってインドシナを支配した。1945年3月9日から開始された「明号作戦」と呼ばれるものである。この時代に関する興味深い話を、KS村の人びとから聞いたことがある。1945年頃に、日本兵が村にやってきて、村びとの家屋に半月ほど寄宿していたというのである。「彼らは非常に規則正しく、川の字に並んで寝ていたかと思うと、朝早くにかかる号令で一斉に起きだし、

訓練のために出かけていく。私たちからは何も奪わなかった。食料も日用品も、全部彼らが自分たちで用意していた。彼らに危害を加えられたこともない。印象深いことと言えば、彼らがいつも『アリガト、アリガト』と言っていたことと、完熟のバナナを好んで食べていたことだ」などと、村びとは当時の様子について語っていた。そこで戦闘が繰り広げられたことはなく、軍事訓練などを行なっていたのではないかということであった。初めてこうした話を聞いたとき、本当に日本兵がKS村へやってきたのだろうかと不審に思ったのだが、私が日本人で、完熟のバナナを好んで食べているのを見るたびに、懐かしそうに当時の話をしてくれる者が複数いた。

　日本兵がやってきたルートや駐屯目的などについての詳細は分からないが、防衛省防衛研究所戦史研究センター戦史研究室室長の立川京一氏によると、1945年2月に、独立混成第70旅団の1個中隊がストゥントラエンに駐屯し、警備と仏印武力処理の準備を行なっていたという。また、同年3月9日の仏印武力処理の際には、上記の部隊と歩兵第29連隊の主力が、ストゥントラエンで作戦を行なっていた記録が残っているとのことであった［防衛庁防衛研修所戦史室1969：603, 637］。準備の内容について詳細は定かでないものの、上記の村びととの語りに照らすと、仏印軍の駐屯地を攻略するための研究や訓練を行なっていた可能性はある。

　ここまで、ストゥントラエンのラオの居住地域をめぐる統治権力の変遷について、ラオス南部からの移住が盛んになった16世紀から20世紀にわたって概観してきた。歴史を見ると、ストゥントラエンは、チャムパーサックと深いつながりを持った地域であることが分かる。しかし、領土をめぐって、クメール、タイ、フランス、日本といった複数の勢力がせめぎあう中で、ストゥントラエンはその時代の権力者の決定に流され、何度も恣意的に線引きがなされた。中でも1904年の領土の移譲は、実質的な統治体制はさておき、ストゥントラエンをラオスから切り離し、カンボジアへと編入していく重要な出来事であった。

1-4-6.「クメール化」政策のもとでの移住

　フランスが撤退して独立を果たしたカンボジアは、ラオスとの国境域を固め

るために、北東部の開発と「クメール化」を積極的に推し進めていった。そうした中で、ストゥントラエンの人びとの生活世界はどのようであったのだろうか。1945年3月に日本軍が進駐してインドシナを支配していたあいだ、カンボジアは、日本のサポートを受けて一時的に独立を宣言した。しかし、8月に日本が降伏し、インドシナから撤退すると、再びフランスの支配下に置かれた。そのフランスも、対ベトナム戦争（第1次インドシナ戦争）で疲弊し、1954年にインドシナから完全に撤退した。こうしたフランスの勢力低下の中で、カンボジアは、フランスの完全撤退に先立ち、ノロドム・シハヌーク王が中心となって、1953年に独立を宣言した。

その後シハヌーク王は王位を父に譲り、人民社会主義共同体（サンクム・リア・ニョム、通称サンクム）を結成して政権を握った。そして1950年代から60年代にかけて、近代国家の形成に乗り出した。このサンクム時代については、政情不安定な近隣諸国の中でカンボジアが最も平和な時期であったとされ、懐かしむクメール人の年配者も少なくない。しかしその一方で、ラオスとカンボジアの国境域においては、そうした平和的なイメージとは少々異なる側面があった。それまでタイ、フランス、ラオス、カンボジアが領土をめぐって争い、帰属が曖昧であっただけでなく、そもそもモン・クメール系の諸民族に始まり、ラオ、タイ、クメール、ベトナムが混住していた地域を、「クメール化（Khmerise）」[Baird 2010a: 195; Grabowsky 2004: 216-217]すべく、統一化政策が積極的に進められていったのである。[13] その政策は、移住、教育、言語の統一、地名の変更、州の分割などに及ぶが、詳細については分かっていない事柄も多く、ここでは現時点で私の知りえる限りで、いくつかの例を紹介するにとどめたい。

まず、移住については、国境域のモン・クメール系諸民族の立ち退きと、他州のクメール人の移住奨励という2つの動きがあった。前者はたとえば、ラオス南部とカンボジア北東部の山岳地帯にまたがって居住していたブラーオが、このとき、国境域から立ち退きを命じられ、セーコン川とセーサーン川沿いの低地に移住させられた[Baird 2010a: 195]。また、クメール人の移住については、政府から莫大な補償が出され、約600世帯のクメール人を移住させた[Escoffier 1997:

13　エスコフィエーは、この時代のシハヌークによる政策を「植民地化（colonisation）」の政策と称している[Escoffier 1997: 95]。

94］とも、1957年にクメール人300世帯をセーコン川沿いのシェムパーンに移住させ、そのうち100世帯あまりが定着したとも言われている［Baird 2010a: 196］[14]。その際に、水牛2組、牛1組、荷馬車1台、牛車1台、家屋の建材、土地、3年分の米などが支給されたという［Escoffier 1997: 94］。また、そのほかにも、国境域の警備のために、クメール人兵士の世帯も移住が奨励され、1962年には、プレイヴェーンなどからの移住者によって、オースヴァーイ村がつくられた［Baird 2010a: 196］。オースヴァーイは、ラオス南部コーンの滝に近い、メコン川東岸の陸地であり、現在もクメール人が多数を占め、クメール語が日常的に使用されている。私が2013年に訪れた際、クメール人男性から聞いた話では、1960年代に、かつてはカンプチアクラオム（下のカンボジアの意）と呼ばれていたメコンデルタから、多くのクメール人が招集され、オースヴァーイに移住してきたという。カンプチアクラオムは、現在はベトナムの領土であるが、今でもクメール人が多く居住している。オースヴァーイのクメール人の中には、メコンデルタからやってきたことを理由に、ポルポト時代にはベトナムのスパイとみなされ、酷い迫害を受けた者もいたという。また、同じくこの1960年代に、州都付近にもクメール人兵士の世帯が移住を促され、キロプラムバイ村が作られた［Baird 2010a: 196］。現在でもキロプラムバイ村には、クメール人世帯が多く居住し、ラオ人との婚姻も進んでいるものの、クメール語が日常的に使用され、寺院にもクメール人僧侶が止住する。

　さらに2000年代に入ると、耕作や商業の新天地を求めて、他州からクメール人が次々と押しよせて新生村が誕生している。ただし、近年の動きは1960年代の政策とは異なり、政府からの補償はなく、土地も売買されるのが通常である。現地の人びとからも、両者は区別して捉えられている。

　私の主観ながら、オースヴァーイやキロプラムバイを訪れて感じたことの1つは、ラオとクメールを明確に区分する排他的な性格を持つわけでは決してないものの、周囲をラオの村々に囲まれる中で、点々と、クメール人が多く集まる村があるということである。ストゥントラエンのラオは、昨今では、クメー

14　実際のところ、移住が定着するのは容易ではなかったようである。故郷から離れた遠隔地であること、マラリアの危険、ベトコンの存在やホーチミンルートへのアメリカの空爆の危険性といったベトナム戦争の影響など、定住を阻むいくつもの要因があったと言われている［Escoffier 1997: 94］。

ルの人びととも婚姻関係を結んだり、土地の売買を積極的に行なったりと、ラオもクメールもとりわけ意識せずに日常的につきあっている。しかしその一方で、「あの村は昔からクメールの村だ」と理解していたり、なにか悪い出来事があると「クメール人が来てから治安が悪くなった」などと言ったりもする。また、僧侶が他地域から異動してくる場合にも、クメール人の僧侶は、ラオの村ではなくクメール人の多く住む村を選ぶ傾向がある。その理由は、村びとや僧侶の話を聞いていると、言語の問題にとどまらず、僧侶の立ち居振る舞いや宗教実践に関する、ラオとクメールの捉え方や期待の微妙な違いも関係しているように思われる。

以上のようなカンボジア北東部における「クメールの村」については、現在も調査を継続中であり、60年代の出来事と比較しつつ、近年の動向を整理した上で、別稿で改めて取り上げたい。

なお、移住やフロンティア開発に関して、北東部に対するシハヌークの積極的な姿勢は、当時、彼が日本と締結した移民計画を含む取り決めからもうかがえる。日本は敗戦後、1951年にサンフランシスコ平和条約を結び、東南アジア諸国が第2次世界大戦中に日本から受けた損害に対して、賠償請求権を認めることになった。それに対してシハヌークは、1954年に、その請求権を放棄した。日本はその行為に感謝し、1955年にシハヌークが国賓として来日した際、日本・カンボジア友好条約を結び、キリロムと呼ばれる高原地域を都市化する計画と、主に日本の技術者や農民をカンボジアへ送り出し、農業技術の移転や土地の開墾に役立てるという移民計画を約束した［初鹿野2017］。いずれも5ヵ年プロジェクトで、移民については、1957年から毎年1万人ずつ、計5万人を移住させることになっていた。この条約締結後、シハヌークは、「日本人移民には、とりわけカンボジア北部の開発にあたってもらうことを期待する」と帰国後のコメントで述べたという。この「北部」とは、当時のストゥントラエン、クラチエ、コンポントムの北側とされており［初鹿野2017: 56］、現在のストゥントラエン、ラタナキリ、モンドルキリ、プレアヴィヒアにあたる。すなわち、日本人移民の行き先として想定されていたのが、ほかでもない北東部だったのである。この計画は結局、移民先の環境問題や、それに関わる膨大な出費の懸念、政策の優先順位の議論など、さまざまな要因で実現しなかった。しかし、

当時シハヌークがカンボジア北東部の開拓を積極的に進めようとしていたことがうかがえるエピソードとして興味深い。

1-4-7. 言語政策

　教育については、国境域をクメール化する戦略の中で最も重要な項目であり [Baird 2010a: 195]、言語の統一もその一環であった。他国との国境を明確にして国家を統合するために、一国家一言語一国民を原則とするのは、カンボジアに限らず、近代国家建設をめざす過程で一般的に見られることである。1960年代、シハヌーク政権は、首都近郊の諸州からクメール人教師を北東部に派遣し、学校教育でクメール語を徹底させた。フランス植民地時代にもクメール語の教育は行なわれていたが、当時はラオ語での教授も認められていた。たとえば、クメール人研究者ホーンが、2008年にストゥントラエン州都で調査を行なったところによると、フランス植民地時代、1904年にカンボジアへ移譲された直後は、クメール語教育は公的機関で行なわれていなかった。コムプンなどの州都近郊の村々でも、フランスからカンボジアに移譲されるまで、クメール語を教える学校はなかったという [Houn 2008: 35]。移譲後2～3年ののち、政府は徐々にクメール語が多少できるラオ人を役人に任命し、クメール語の教育を受けさせていった。また、1915年にプノンペンからクメール人教師が派遣され、ラオ人僧侶にクメール語を教え、普及を図ったという話もある [Houn 2008: 2]。

　しかし、シハヌークの政策によって、言語統制が厳しくなり、特に州都の学校では、ラオ語を一言でも話したら罰せられたという。教育機関以外でも、州都の言語統制は厳しく、市場ではラオ語を話した者に25リエルの罰金が科せられた [Baird 2010a: 196]。KS村においても同様の話を聞いたことがある。シハヌーク時代に初等教育を受けた50代 (2008年当時) の男性によると、それまでは寺院にラオス南部からラオ人僧侶がやってきて、ラオ語も教えていたのに、60年代以降は来なくなり、学校教育でクメール語のみが使用されたという。また州都ではラオ語の使用が禁じられ、話しているのが見つかったら25リエルの罰金が科せられたという話も同様で、同年代の女性の中には、ラオ語しか話せないため、市場でうっかりラオ語が出てしまったらどうしようと恐れていたと言う者もいた。ただし、KS村をはじめ、ヴンサイやシェムパーンなど、ラオ

人が多く居住する地方村落では、ラオ語の使用は禁じられておらず、ラオ語の識字教育は失われていったものの、日常会話ではラオ語を使用し続けていた。ラタナキリのモン・クメール系の民族も、クメール語よりもラオ語をよりよく理解し、ラオ人とのコミュニケーションにラオ語を使用する状況が見られる。私が2011年に聞いたところによると、彼らにとって、クメール語は学校教育とともに後から入ってきた言語であり、自分たちの母語以外で昔から日常的に使われていたのはラオ語であったという。

　学校教育ではクメール語が徹底され、家庭内では主にラオ語でコミュニケーションをとるという構図は、多少の変化を伴いながら、現在でもかなりの程度見られる。プレイヴェーン、スヴァーイリエン、タケオ、コンポンチャム、コンポントム、クラチエなど各州から、クメール人教師がストゥントラエンやラタナキリの初等教育機関などに派遣され、学校ではすべてクメール語で授業が行なわれている。そうしたクメール人教師が、地元のラオ人と結婚する例も非常に多い。たいていは男性がクメール人で、教師としてやってきて、ラオ人女性と結婚し、妻方居住を経て、近隣に独立した家を建てて、ストゥントラエンに定着する。

　また、ラオ村落での家庭内教育についても、昨今では、子供たちの就業や就職を考え、親が子供にクメール語で会話する村もある。その場合、ラオ語を話せるのは親・祖父母世代のみで、子供たちは、耳では多少聞けても全く話せないという状況にある。さらに、書き言葉について言えば、学校教育はもちろん、かつて行なわれていた寺院でのラオ文字の教育も途絶えてしまった。日常的に使用する文字としてのラオ文字は、一部を除いてストゥントラエンから消滅したと言っても過言ではない。

1-4-8. 地名の変更

　シハヌーク政権は、ラオスとの国境域をカンボジアにとどめておくために、ラオ人を「クメール化」し、ラオス南部のラオ人とカンボジア北東部のラオ人が異なる民族であることを明確にしておく必要があった。そのために取られたのが、上述してきたように、クメール人を大量に移住させることであり、クメール語、クメール文字による教育を通しての「クメール化」であった。それら

の政策に関連して、さらにここで州の分割と地名の変更について簡単に述べておきたい。

　まず州の再編成についてであるが、シハヌーク政権は、クメール化政策をより効果的に推し進めるため、北東部の分割を図った。1962年にはストゥントラエンの東部をラタナキリとして分離し、1965年にはクラチエの東部をモンドルキリとして分離している。したがって、現在のストゥントラエン、ラタナキリ、モンドルキリという区分は、この時代になされたものである。

　地名については、エスコフィエーが、集団のアイデンティティの重要な印として着目し、シハヌーク政権時代に変更された例を若干取り上げている［Escoffier 1997: 95-96］。たとえば、先に述べたようにストゥントラエンは、もともとはラオ語でシエンテーンと呼ばれていた。それが、シハヌーク政権下に、ストゥン（*stung*：川）トラエン（*traeng*：アシの一種）というクメール語に替えられた。現在、カンボジア内務省が発行する地図の表記も、ストゥントラエンとなっている。しかしストゥントラエンのラオ人も、昔からシエンテーンと呼ばれていたと認識している。現在でもストゥントラエンと呼ぶ機会は限られており、通常はシエンテーン、あるいは、さらにそれを崩した形でスンテーンと呼んでいる[15]。また、ラオスのチャムパーサックの人びとからも、シエンテーンという名前で知られている。

　同様に、郡名の1つであるシェムパーンも、もともとはラオ語でセーンパーンであったものが、クメール語に替えられている。こちらも諸説あるが、たとえば一説によると、セーンはチャムパーサック県南部にあるシーパンドーンの町の名前ムアンセーンを指し、パーンはその町の創立者の名前であるという［Escoffier 1997: 95］。私が2015年にシェムパーンで行なった調査でも、祖先がシーパンドーンの中洲から移住してきたため、故郷と同じ名前をつけたという例が複数あった（たとえばドーンローン村）。エスコフィエーは名前の由来について詳細は述べていないが、このような状況からすると、彼の解釈は、ストゥントラエンのラオの移動の経緯を示すものとして重要である。ただし、当該地域の

15　スンテーンが、ストゥントラエンのストゥンを発音しやすいように崩した言い方なのか、それともシエンから来ているのかについては、人びとも意識していない。しかし、人びとは常に呼びやすい発音へと、実践の中で変えていく傾向がある。

村びとのあいだでもセーンパーンの原義の解釈は複数あるようで、たとえば、シャムとクメールの戦闘の時代に、シャム側の司令官パーンと副司令官セーンの名前をとって、セーンパーンと呼ばれたとする者もいる［CEPA2007：77-78］。しかしいずれにせよ、シハヌーク時代に、クメールに敗北したシャムが一目散に故郷へ逃げ帰ったという意味で、クメール語のシェムパーンに取って替えられたという点は、おおかた共通している。

このように、ストゥントラエンもシェムパーンも、1960年代にラオ語からクメール語へ改称された例であるが、改称の方法に着目すると、1単音節ごとに、似通った音をあてていることが見てとれる。意味はと言えば、ラオ語とクメール語で全く異なっている。つまり、音の類似に基づく改称である。それに対して、音ではなく意味の類似で改称する場合がある。たとえば、ラオ語のナーカサン（*naa khasang*：柑橘系の果実Feroniella Lucidaの田んぼ）村は、クメール語のスラエクロサン（*srae krosang*：柑橘系の果実Feroniella Lucidaの田んぼ）村に、ドーンパー（*doon phaa*：仏陀の中洲）村はコップレァッ（*koh preah*：仏陀の中洲）村へ、などといったように、1単音節ごとに意味を合わせて改称している。

このような地名のクメール化は、州名、郡名、区名、村名に及び、現在の地図はすべてクメール文字で表記されている。しかし一方で、クメール文字を用いながらも、ラオ語の音と意味が残されている地名が多くある。たとえば、シェムパーン郡のドーンローン村は、2001年に内務省が発行した地図では ដូនលោង (*doon loong*)［Ministry of Interior 2001: 3394］、セーサーン郡のコムプン村は、គំពូន (*komphun*) と記されている［Ministry of Interior 2001: 3348］。クメール語ではラオ語の声調を表せないため、クメール文字での表記は、ラオ人の発音とずれていることがしばしばあるが、いずれも、ラオ語の音と意味を踏襲した名前である。ドーンローンのドーンは中洲の意味で、ローンは不明だが、上述したようにシーパンドーンにある故郷の名前をそのままつけたとされる［写真1-8, 1-9］。コムプンは、かつて金がたくさんとれたことから、カムプーン（*kham phuun*：金が山積みになる）と呼ばれていたが、世代を経るごとに、カムプン、コンプンと、呼びやすい形に

16　CEPAの民話集によれば、「風に飛ばされるかのように走って、こっそり故郷に帰った（ルゥォチ・ロット・パーン・チューン・タウ・スロック・ヴニュ）」となっている［CEPA2007：78］。ただし、クメール語には「パーン」という単語が見当たらない。ラオ語の音を残し、クメール語の「パウン（風に吹き飛ばされる）」の意味合いで使っているのではないかと考えられるが、詳細は不明である。

[写真1-8] ドーンローンへの渡し船にクメール文字で書かれた村の名前（2015年8月25日撮影）

[写真1-9] ドーンローンに住む親族に会いに川を渡る人びと（2015年8月25日撮影）

変えられていったという (2015年8月、コムプンの60代男性による話)。

　このようなラオ語の音と意味を残した地名は数多くある。たいていの場合、地形や動物などに関連するラオ語の名前が[17]、クメール文字によって表記されている。また、一度はクメール化したもののラオ語に戻された例もある。たとえばラタナキリのヴンサイは、シハヌーク時代にクメール語のヴィラチェイ（勝利の意）に替えられたものの、その後、再びヴンサイに戻され、現在の地図でもヴンサイと記載されている。このように、クメールの地名化は、試みられたものの、徹底しているとは言い難い。

　そのことは、実際にストゥントラエンの人びとが地名をどのように呼んでいるかという点からも明らかである。まずラオ人は、クメール語とラオ語の双方の地名を理解し、必要に応じてクメール語を用いるものの、基本的にはラオ語の呼び方を用いている。たとえば、先にあげたスラエクロサン村については、通常はラオ語のナーカサンと呼び、クメール人との会話で必要がある場合にのみ、スラエクロサンと呼ぶ。次にクメール人はと言えば、基本的には、クメール語で表記されたとおりに呼ぶ。つまり、クメール語の音・意味を伴って改称された地名についてはクメール語で呼び、ラオ語の音・意味が残されたもののクメール文字で表記された地名については、文字に従って呼ぶ。ただし、後者の場合、声調が意識されないため、ラオ人の発音と異なることも多い。また、ストゥントラエンに居住するクメール人やNGO関係者の中には、もともとラオ語の地名であったことを認識している者も少なくない。たとえば、CEPA (Culture and Environment Presentation Association) のクメール人スタッフは、ストゥントラエンの中洲の名前のほとんどがラオ語であるとして、その理由について、「かつての時代、カンボジアのストゥントラエン州は、長年にわたってラオの統治下に置かれ、ラオがこのあたりまでやってきて、中洲に名前をつけたからである」と述べている [CEPA2007: 42][18]。

---

[17] ラオ人が移住して住みはじめた際に生息していた動物の名前をつけたり、大きな樹の名前をつけたりする。一例をあげると、「サーンロム（象が転ぶ）」という村があるが、その名前は、ラオ人が移住してきた頃にいた象が穴にはまって転んでしまったという出来事からつけられているという (2008年、KS村の男性の話)。

[18] また、民話集にはクメール語の地名も併記される場合があるが、それについては、村びとにスタッフがたずねると、人びとがラオ語からクメール語に訳してくれたという [CEPA2007：94]。このやりとりの記述は、1960年代に地名をクメール語に改称した際のやり方を示しているようで、興味深

文字だけを見れば、確かにクメール語に統一されている。しかし実際には、ラオ語の音と意味を残したり、ラオ語で呼ぶなど、「ラオの名前」であることも多い。その意味では、地名のクメール化は徹底していない[19]。カンボジア北東部の地名については、現在調査中であり、オースヴァーイのように村立当初からクメール語の地名もあれば、ラタナキリにはモン・クメール系の諸言語の地名もある。これらを含め別稿で改めて取り上げたい[20]。

1-4-9. 現在におけるラオスとのつながり

　以上に見たようなシハヌーク政権下のクメール化政策は、徹底していなかったにせよ、ラオス南部のラオ人とストゥントラエンのラオ人を隔てる1つの節目になった。KS村の人びとの語りによれば、ラオス南部のラオ人との往来は、1960年代以降、急激に減ったという。それまでは、親族の往来、食物の交換・売買はもちろん、僧侶がラオスからやってきてストゥントラエンの寺院でラオ文字やラオ語の経を教えることもあったという。それが現在では、国境でパスポートや通行証の管理がなされたり、双方にまたがる森林で木材の密売取締りが強化されたりと、物理的かつ社会的な壁も作られている。また、往来が減るにつれ、「われわれストゥントラエンのラオ」から「北のラオス」を区別するなど、人びとの認識の上でも両者が差異化されてきている。

　とはいえ、全く行き来がなくなったわけではない。ラオス南部のコーン島周辺域でも、シエンテーンについてはよく知られており、魚類や物品の売買も小規模ながらなされている。メコン川のシーパンドーンからストゥントラエンの流域にかけては、パーシーイー（淡水魚の1つ）が生息しているが、それぞれが

い。つまり、クメール人の調査員が「クメール語では何と呼ぶのか」とたずね、それに対してクメール語を理解するラオ人が、意味の類似するクメール語に翻訳して答えた可能性がうかがえる。

19　1世紀にわたってタイに統治されていたにもかかわらずタイ語の地名はほとんど残されていないカンボジア北西部（バンテアイミエンチェイ、バッタンバンなど）と比べても、北東部におけるラオ語の地名は興味深い。フランス統治時代には、ラオスはインドシナ領の「単なる付け足し」[スチュアート - フォックス2010：48]で脅威とならなかったと考えられているし、仏教政策や言語についても、タイの影響は排除しようとしたが［笹川2009］、ラオスは問題にされていなかった。

20　国民国家を形成するために中央政府が地名の変更をする例は、もちろんカンボジアに限られたことではない。隣国タイでも、1899年に、東北地域の「ラーオ・カーオ」州（現ウボンラーチャターニーを中心とする州）が「ターワン・オーク・チアン・ヌア（東北）」州へと改称された。そして1901年には、この名称が長すぎるとのことで、パーリ語・サンスクリット語源のイサーン（東北）に改称されている［田中2006: 163-164；矢野2008: 15, 57］。

互いの居住地域でとれること知っている[21][写真1-10, 1-11]。また、ラオスとの国境域にある中洲コッルゴーの人びとの中には、ポルポト時代に、パークセーやアタプーの親族、友人のもとに逃れたという者もいる[Kev and Ly 2009: 431]。さらに、こんな話もある。2015年12月にラオス南部のシーパンドーン付近の村で、ストゥントラエン出身の年配男性(当時71歳)に出会った。彼は10代で結婚して子供もいたが、ポルポト政権時代が終結したのち、1980年に、今までどおりラオスの親族を訪問したところ、彼らがカンボジアの政情を案じて彼をそこにとどまらせ、新たにラオスの女性と結婚させたという。しかし、50〜60年経った現在でも、ストゥントラエンの妻と子供に時々会いに行っているという。このように、ラオス南部とストゥントラエンはつながりが全く失われたわけではないのである。

1-4-10.「他者」との対人関係

また、ストゥントラエンのラオのつながりは、ラオス南部のラオにとどまらない。先に述べたが、1930年代から40年代にかけては、ボーケーオでの探鉱において、モン・クメール系の諸民族とも食事を共にすることがあったり、彼らとラオ語でコミュニケーションをとっていた。ラオ人はかつてより、モン・クメール系の諸民族とも、衝突することなく良好な関係を築いてきたのである。

さらには、こんな話もある。1930年代、ビルマのシャン地方からも、「コラ(Kola)」と呼ばれる人びとが移住してきていたという。彼らは耕作地を求めて移動を繰り返し、セーサーン川左岸のバーンポンと呼ばれる村に居住地を構えていたとされる[Escoffier 1997: 91-93]。彼らが何者であったのか、はっきりとは分からないが、調査の過程で、1つの可能性を示す事柄があった。2016年に、私はストゥントラエンのセーサーン川沿いの村コムプンで、1940年代に「ビルマ人」から上半身に刺青を彫ってもらったという男性に会ったことがある。当時は、成人男性の証として上半身に刺青を入れていたという[写真1-12]。それを聞いたとき、ビルマのシャン州に拠点を置くタイ・ヤイのことが浮かんだ。

---

21 双方とも相手のほうがたくさん捕れると思っているのだが、実際のところ、近年ではストゥントラエンでの漁獲量は激減し、他州のクメール人からも需要が高まっているのと相俟って、値段も高騰している。

［写真1-10］ストゥントラエンの市場で売られるパーシーイー（2017年1月5日撮影）

［写真1-11］ラオス南部キナークの市場で売られるパーシーイー（2016年1月3日撮影）

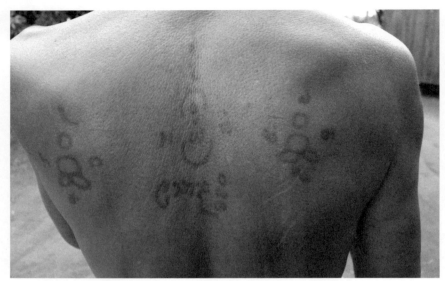

［写真1-12］「ビルマ人」に彫ってもらったという刺青（2015年8月30日撮影）

　タイ・ヤイは、ラオ人と同じタイ・カダイ語を母語とする民族で、呪術的力に優れ、悪霊除けの入れ墨にも長けていると言われている［田辺2010: 23-24］。市場を転々と歩きまわって商売していたとされているので、この男性の言う「ビルマ人」も、シャンからストゥントラエンまでやってきたタイ・ヤイであった可能性も考えられる。エスコフィエーの記述にあった、コラと呼ばれる人びとが移住してきたとされるバーンポンは、現在ラタナキリのヴンサイ付近にあり、コムプンとはセーサーン川でつながっている。詳細は不明であるが、少なくとも、この出来事からは、ストゥントラエンのラオがビルマからの外部者とも柔軟につきあっていたことがうかがえる点で重要である。

　これらはほんの一例にすぎない。先に挙げたように、1945年に日本軍が半月ほど村にやってきたときも、事情を探ることも過度に世話をすることもなく、寄宿を受け入れた。ポルポト政権崩壊後にベトナム軍が侵攻してきてからは、2年余りにわたってベトナム兵士がラオ村落に滞在していたという話も聞く。このように、私がこれまでに知りえたいくつかの事例を見る限りでも、ストゥントラエンのラオは、自らが移動すれば移動先で出会った他者と共食や協働をし

ながら関係を築き、相手が移動してくれば受け入れるという姿勢で、衝突することなく、さまざまな他者とつきあってきたのである。また、先に述べた、クメール人の村の人びととのつきあい方などからもうかがえるように、ある程度の影響を与え合いながらも、完全に相手に同化することはないという点も重要である。本稿では、主に一村落内部の事例を扱うが、こうした基本的な姿勢が、村落内の人間関係にとどまらないものであることを前提として述べておきたい。

1-4-11. ポルポト政権時代の経験

　これまでに何度も断片的に触れてきたが、最後にここで、ポルポト政権時代（1975～79年）におけるカンボジア北東部の状況について、若干ではあるが示しておきたい。本書はポルポト政権時代の生活経験やその後の「復興」を中心に扱うものではない。また、他州と同様に、カンボジア北東部にあっても、たとえば州都近辺と地方村落との違いや、メコンデルタ出身のクメール人村落、モン・クメール系の村落、ラオ村落など、出身やエスニシティが異なる場合に状況が違ったりと、当時の経験には地域差があり、一様に述べることはできない。しかも、現在の日常生活において、ポルポト政権時代の出来事や人間関係について、現地の人びとが語りあうことは、それほど多くない。別の話の流れで断片的に触れることはあるが、話の中心になる機会は、こちらが敢えて質問をしない限り、ほとんどないと言ってよい[22]。そのため、詳細を述べるためには、より意識的な調査が必要となろう。

　エスコフィエーによれば、ポルポト政権時代にも、シハヌーク政権とは異なる方法ではあるものの、北東部において民族の同化政策がとられたという［Escoffier 1997: 100-102］。たとえば、シェムパーンでは、4つの民族集団（ラオ、クメール、ルーン、クラヴェーッ）がオーノノーンと呼ばれる場所に集住させられて、灌漑建設に従事し、協働共食の中で民族的差異の薄弱化が図られた。彼は一例として次のような村びとの語りをあげている。「私たちは一緒に白米（ここでは、うるち米の意味）を食べた。もち米は禁じられた。ラオ語を話すのは禁じられ、

22　それは北東部に限らず、どの州にも当てはまることではある。しかし、バンテアイミエンチェイ州のクメール村落では、私が滞在をはじめたとき、多くの村びとが、ポルポト時代やその後の内戦について、こちらが質問をしないにもかかわらず、小一時間にわたって語ってくれたことが何度もあった。こうしたことがストゥントラエンの村では全くなかったので、強く印象に残っている。

衣類を織るのも、黒のユニフォームとタイヤで作られたサンダル以外の物を身に着けるのも許されなかった…」[Escoffier 1997: 100-101]。この語りを受けてエスコフィエーは、ポルポト時代にもち米の栽培が禁じられた結果、もち米からうるち米へと、ラオの伝統的な主食が変えられたとしている[23]。また、女性たちは、ラオの民族衣装「シン（*sin*）」を織るのもやめてしまい、その後、当該地域で織物は復興せずに廃れてしまったという。また、他州と同様に僧侶は強制還俗させられ、仏像も破棄されたとともに、ラオ語の貝葉「バイラーン（*bai laan*：上座仏教の経をはじめ、教訓や占いなどがヤシの葉に書かれたもの）」も捨てられたという。このようにエスコフィエーは、この時代に、民族を差異化する諸要素が消されてしまったと述べている。

　しかし、他州における悲惨な出来事に照らすと、ストゥントラエンにおいては統制が比較的緩かったのではないかと考えられる語りも、少なからず耳にした。もちろん、ポルポト政権時代の経験には、ストゥントラエン内でも地域差がある。強制移住と集団の再編成、それに続く集団農業や強制結婚、仏教寺院の破壊と僧侶の強制還俗、こうした出来事それ自体は、程度の差はあれ共通して見られる。しかし、集団内の人間関係や食生活の有様、暴力的な行為の有無、クメール・ルージュの監視員との接触など、細部の事柄は、これまで私が断片的に話を聞いただけでも、かなり多様である。たとえば、KS村の人びとからは、移住はさせられ「クロム（*krom*：集団、グループ）」[24]が編成されたが、概して、「クメール・ルージュや南方から移住させられてきたクメール人とも、良好な関係を築いていた」であるとか、「私たちのクロムでは、1人も死者が出なかった」とか、「山盛りの米飯というわけにはいかなかったが、（他州のように）粥しか食べられないという日は1度もなかった。米飯を食べていた。また、土地が肥沃で、栽培すればなんでも収穫でき、トウモロコシだってサトウキビだって、

23　ラオスでは主食としてもち米が食べられていることが知られている。しかし、ストゥントラエンのラオは、現在、もち米ではなくうるち米を主食としている。いつから、なぜ、うるち米に変えたのかについては、人びと自身もよく分からず、祖父母、曾祖父母の頃から既にうるち米を栽培して食べていたという。エスコフィエーは、ポルポト政権時代のもち米栽培の禁止が1つの契機になったと指摘しているが、主食の変化は、米の流通、身近に手に入るクメールのもち米が硬いという嗜好の問題なども関係するため、3年余りのポルポト政権時代の禁制のみが理由とは言えないように思われる。
24　クロムはグループや集団を表すクメール語であり、ラオスでは用いられない。先に述べたように、ストゥントラエンのラオは、行政、教育、法律、交通機関などに関する用語についてはクメール語を用いる傾向がある。

なんだってたくさんとれた。漁もして、当時は魚も豊富だったから、食べるものにはさほど困らなかった」などという話も聞いたことがある。クロムの統制は、村びとから選ばれた代表と副代表によってなされており、人びとの生活は彼らの差配に依っていた。それでも状況は一様ではないが、たとえば、クメール・ルージュの監視員が月に1度程度しかやってこないクロムでは、統制が緩やかであったようである。

　言語についても、バンテアイミエンチェイではラオ語の使用が禁じられたようであるが［Kev and Ly 2009: 453］、ストゥントラエンでは厳しい統制はなされず、日常的にラオ語を使用し続けていた者が多い。実際、2016年4月にバンテアイミエンチェイのモンコールボレイに居住するラオプゥオンの女性R氏（当時40代）から聞いた話では、ポルポト時代までは家庭でもラオ語で話していたが、その時代にラオ語の使用が禁じられクメール語に切り替えてからは、そのままクメール語を用いるようになった。そのため、現在では、聞いて理解することはできるものの、ラオ語を話すことはできないという。彼女を含め、現在のモンコールボレイでは、ラオの血を引く者たちのあいだでも日常的にクメール語が用いられている。このように、カンボジア北西部では、ポルポト時代の言語統制が後の世代にまで強い影響を与えたようである。しかし、北東部においては、クメール・ルージュや他地域からのクメール人移住者とのコミュニケーションではクメール語に切り替えるものの、ラオ同士ではラオ語を用いるなど、人びとが臨機応変に対応しており、統制の影響は一時的にとどまった可能性がある。

　とはいえ、クメール人村落のオースヴァーイではベトナムのスパイと見られて虐殺が行なわれたり、州都に集められた若者らがタイ国境の難民キャンプに逃れ、故郷を長期にわたって離れることになった者もあるなど、当時の経験はさまざまで、丹念な調査に基づく記述が必要であることは言うまでもない。

　以上述べてきたように、ストゥントラエンのラオは、移住先の先住民であったモン・クメール系の諸民族とも良好な関係を保って村落を築きあげて以来、タイ、フランス、日本、クメール、ベトナムなど複数の勢力の争いに巻き込まれ、次いではカンボジア国家の政策に取り込まれ、さまざまな他者と接しながら特有の生活圏を作りあげてきた。また祖先の出身地であるラオスとのつながりは、世代を経るごとに弱まり、少しずつ形を変えながらも、完全には切れて

いない。本書で取り上げる調査地KS村も、このような特色を共有するストゥントラエンのラオの一村落である。

1-5. ストゥントラエンのラオ語

　カンボジア北東部で日常的に使われている言語についても、ここで簡潔に述べておきたい。それは、ラオスの首都ヴィエンチャンのラオ語とは、声調も使用される単語もかなり異なる。また、ラオス南部であっても、パークセー、チャムパーサックとも異なる部分が多い。さらに南下して、カンボジア国境に近いコーン島周辺域まで来ると、かなりの類似性が見られる。たとえば、シーパンドーン最大の中洲コーン島の集落、ムアンコーンやムアンセーンのラオ語に関して次のようなことがあった。

　2015年12月から2016年1月にかけて、私はストゥントラエンのラオの友人たちとともに、コーン島周辺域、チャムパーサック、パークセーで調査をしたことがある。そのとき友人の1人は、ストゥントラエンのラオ語とラオスのラオ語について、次のように言っていた。「パークセーまでは、なんとか理解しあえる。でも、ヴィエンチャンになると語彙も違うから、理解するのが難しい」。彼は、コーン島周辺に、ストゥントラエンから移住した親戚が住んでいるため、わりと頻繁に行き来し、ついでにパークセーの市場にまで買い物にでかけたりもしている。そのため、彼の語りは、ストゥントラエンのラオ語とラオスのラオ語の違いを実体験として述べたものであると言える。また、パークセーを訪れたとき、ヴィエンチャン出身で、パークセーの女性と結婚して妻方居住するようになったラオ人男性と知り合ったが、彼は、ストゥントラエンのラオ人たちの言葉について、「ムアンコーン、ムアンセーンに似ている」と述べていた。

　しかし、違いも少なからずある。たとえば「なに」に当たる言葉は、ラオスでは「ニャン（*nyang*）」と言い、ストゥントラエンでは「イサン（*isang*）」と言う。「どうしたの」という表現も、ラオスでは「ペン・ニャン（*pen nyang*）」となるが、ストゥントラエンでは「ペン・イサン（*pen isang*）」となる。「大丈夫です」「なんでもない」といった頻繁に使われる表現も、ラオスでは「ボー・ペン・ニャン

（*bo pen nyang*）」だが、ストゥントラエンでは「ボー・ペン・イサン（*bo pen isang*）」となる。この「イサン」という語彙は、現在のラオスでは使われなくなっている。また、ストゥントラエンでは、行政、教育、乗り物、交通機関などに関する語彙は、クメール語が用いられており、ラオ語でなんと呼ぶか知らない者も多い。たとえば、学校は「サーラー（*saalaa*）」（ラオスでは「ホーン・ヒエン（*hoong hien*）」）、法律は「チュバップ（*cbap*）」（ラオスでは「コット・マーイ（*kot maay*）」）と呼ばれている。

　また、カンボジア北東部のラオ語であっても、地域によって微妙な違いが見られる。おおまかに、ラオスとの国境沿い、シェムパーン、ラタナキリでは、コーン島のラオ語と似ている部分が多いのに対し、ストゥントラエン州都以南のメコン川沿いの村々は、語調が強かったり、単語によっては母音が異なったり、単語そのものが違うこともある。それは、前者が現在でもコーン島周辺の人びとと往き来しているのに対し、後者の地域はラオスとの往来がかなり限られてきていることとも関連していよう。

　上記はほんの一例であり、カンボジア北東部のラオの言語的な特徴を明らかにするためには、より詳細な調査と分析が必要となるが、いくつかの例を通して少なくとも、カンボジア北東部はラオスとカンボジアが入り混じった地域であることが見てとれよう[25]。

1-6. 調査地 KS 村

1-6-1. 移住の経緯

　次に KS 村の人びとの移住の経緯や現在の生活状況について、概観したい。50〜70代の年配者たちによれば、村びとの祖先は、先に述べたムアンコーン、ムアンセーン周辺からやってきたという。いつ頃ラオスから南下したのかは定かでないが、メコン川沿いに移動して、まずは現在のストゥントラエン州都付近にやってきた。そして1910年代頃には、土地を求めてさらに川を下り、州都から30kmほど離れた KS 村の中洲へ来た。そのときの5世帯が、村の草分け

---

[25] なお、先住民族であるモン・クメール系の諸言語は、ラオ語のなかに日常的に混じることは見られないが、地名などに定着している場合もある。

になったとされている。

　漁撈を生業の1つとしていることもあるのだろうが、ラオ人は河畔に居住地を構えるのを好む傾向にある。出身地とされるムアンコーン、ムアンセーンも中洲であり、ストゥントラエン州都も、かつてラオ人が多く移住してきたとされるヴンサイも、セーサーン川の沿岸にある。KS村の人びとも同様に、川に沿って移住を続けてきた。ストゥントラエンやラタナキリのラオは、一般的に、まずは中洲に根を下ろし、徐々に対岸の陸地に移動していく傾向が見られる。KS村の人びとも、かつてはメコン川の中洲で生活し、農作物を栽培したり、漁撈を営んでいた。当時、対岸の陸地は森林に覆われており、シカ、イノシシ、ウサギなどのほか、人びとの恐れるトラも生息していたという。また、人びとは舟で川を渡っては森に分け入り、狩猟採集もしていた。そして、往来を繰り返しながら徐々に土地を切り開いて水田を作り、作業小屋を建て、田植えや稲刈りの時期になると荷物を持って舟で川を渡り、小屋に寝泊まりをしては農作業に従事していたという。

　現在の村がある陸側に生活拠点を移しはじめたのは、フランス統治時代も終盤の1950年代頃からである。徐々に中洲から陸地へと移住していったのだが、その背景について村びとはさまざまに語る。たとえば、人口が増えて中洲では手狭になったため、自発的に移動したという者（60代男性カムサイ）もいれば、1940年代にやってきた日本兵が、稲作のために往来を繰り返す村びとを見て、陸地への移住を勧めたという者（70代男性シエン）もいる。シハヌーク政権時代の1960年代までは、陸地の居住者は15世帯ほどであったが、そののち先例を見ながら次々と開墾し、移住が進んだという。かつては、開墾して継続的に使用することで土地を取得できた。そうして移住が進み、最後まで中洲に残ったのは3世帯だという。その1人である80代の女性ブンヘーンは、陸地を開墾するための労働力がなかったため、中洲に残っていたが、1970年近くになって米軍が爆弾を落としてきたため家が破壊されてしまった。それで、近親の土地を購入して陸地に移動したという。

　現在、中洲に家屋はなく、KS村の人びとが菜園や畑として利用している［写真1-13］。ただし、かつての中洲での生活経験は、人びとの空間認識にも浸透している。たとえば、人びとは、稲作の作業が一区切りして水田から家へ帰るとき、

[写真1-13] 菜園の手入れに対岸の中洲に向かう村びと（2010年3月11日撮影）

「中洲へ帰る（*pai doon khun*）」と言う。これは、稲作のために中洲から陸へ移動して農繁期を過ごし、一連の作業を終えたら中洲に戻るといった、かつての経験が、身体感覚や表現に受け継がれていることを示している。このように中洲は、利用方法こそ変化しているものの、現在でも人びとの重要な生活空間の一部である。なお、この中洲は、2008年10月7日の測定時点で全長2790mほどあったが、雨季と乾季の川の水位の増減によって、全長や幅が変化する。測定時は雨季の終盤で水位が高かったが、乾季になると浸水面積が減って、中洲の全長が若干大きくなる。雨季になると、内部に沼ができて漁場となる。乾季に入って水が引きはじめた土地は栄養分に富んでおり、恰好の菜園となる［写真1-14, 1-15］。

1-6-2. 村びとの環境認識

　KS村の人びとは、自然物、建造物、生活経験などに合わせて、村内の地理や方角を認識している。村は「バーン（*baan*）」と呼ばれ、メコン川に沿って南北に細長く形成されており、全長10kmほどである。村内には川と並行して村道が敷かれ、人びとの家の多くは、この村道沿いに建てられている。また、支

［写真1-14］乾季に作られる川岸の菜園（2008年1月8日撮影）

［写真1-15］雨季に中洲にできた沼を筏で渡る（2007年9月29日撮影）

第1章　ストゥントラエンのラオ——カンボジア北東部の生活世界——

[図1-8] KS村の地図

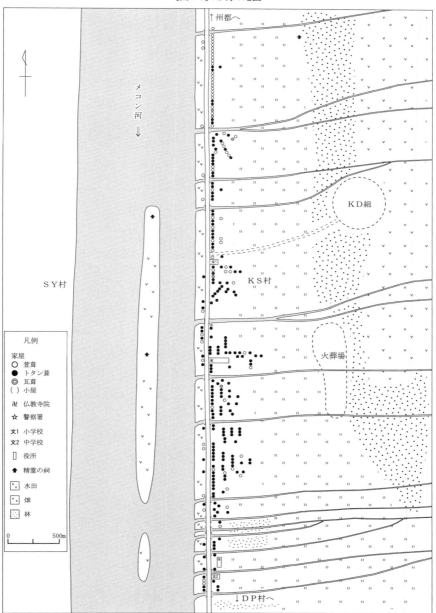

流には14本の橋が架けられている［図1-8］。この橋は2008年当時すべて木製であったが、2015年より工事が着手され、2016年までに、そのうちの2本がコンクリート製に替えられた。かつての交通手段は、村内の移動も州都などへの移動もすべて手漕ぎの舟であったが、次第に、エンジンを搭載したカヌーが加わった。そして、村道ができ、橋が架けられると、陸地を歩くようになり、そのうち自転車やバイクが使われるようになった。さらに、橋がコンクリート製になると、自動車の往来も容易になり、村びとの中にも自動車を所有する者が出はじめている。

　村の西側には川、東側には水田とそれに続く林がある。現在では林の多くは開墾されて畑として利用されている。また、死者が出たときに火葬するのも林を切り開いた場所であり、このような、村ではないが林でもなく、水田や畑としても利用していない場所は、総じて「外（nook）」と呼ばれている［写真1-16, 1-17］。[26] 南北は、村の境界、中洲、寺院の位置などによって次のように区分されている。村の北にある精霊の祠の周辺が「村の先端（hua baan）」であり、メコン川西岸やその周辺の中洲、あるいは州都などから移動してきたクメール人やクゥオイ人が多く住んでいる。それより少し南は「中洲の先端（hua doon）」、さらに南の村の中心部が「寺院の周辺（theev vat）」である。そして寺院より南は総じて「南の村（baan tai）」と呼ばれるが、さらに区別が必要な場合には、そのうちの、中洲の南端が「村の尾（haang baan）」、そして村の最も南にある水田周辺が「菩提樹の田んぼ（naa phoo）」と呼ばれている。かつて人びとが中洲から陸地へ移動してきた頃、「菩提樹の田んぼ」には、その名前の通り水田しかなかった。しかし徐々に人口が増えるにつれ、家分けをした子世帯が、親の世代に占有した「菩提樹の田んぼ」の土地に家を建てて住みはじめている。

　村の中心部には、人びとの信仰する上座仏教の寺院（vat）が建てられている。人びとが中洲に住んでいた頃は、儀礼などで集うための講堂のみで、本堂や庫裏はなく、必要に応じて州都などから僧侶を招いていたが、陸地に移動したのち、本堂と庫裏を備えた寺院が建設され、僧侶が止住するようになった。はじめに陸地に移動してきた15世帯は、この寺院の周辺に居住し、人口が増える

26　火葬のための常設の施設はない。死者が出ると、儀礼的行為によって「外」のいずれかに火葬場所を定め、丸太を集めてきて積み重ね、松明を燃やす。

［写真1-16］「外」に火葬場を作り棺を運びこむ（2008年1月20日撮影）

［写真1-17］松明を燃やして火葬する（2008年1月20日撮影）

につれて南北に居住地を広げていった。

　なお、村の建造物として、寺院の北には小学校と村の警察署があり、村の南端には中学校、区の警察署と区役所がある。南端の施設は、区を同じくする隣村DP村の人びとも利用している。そのほかKS村には雑貨やバイクのガソリンなどを売る小さな商店が数件ある。常設の市場や食堂はなく、農作物、食料加工品、酒などを売ったり、米麺や粥などの軽食を販売する際には、商店の店主に託したり、家の前に屋台を出したり、歩き売りをしたり、あるいは買い手が作り手の家に買いに行くといった方法をとっている。

　また、2008年当時、小学校の東方に伸びる道が建設中であり、その奥にKDクロム（krom）と呼ばれる集団が居住していた。彼らは、2000年頃より、プレイヴェーン州やコンポンチャム州などから移住してきたクメール人たちであり、世帯数が満たないため当初はKS村の一部とされていた。KS村の村長によれば、村となるには50以上の世帯数を必要とする。KDは当時37世帯しかなかったため、クロムにとどまっていた。

1-6-3. 世帯とエスニシティ

　KS村の世帯数は、2008年当時、266世帯（1470人）であった。ここで言う世帯とは、現地語の「クオサー（khuosaa）」にあたり[27]、基本的には核家族を単位とする行政上の概念である。それに対して日常生活では、先に述べた家を意味する「フアン（huan）」が社会関係や宗教実践などにおいて重要な単位となり、基本的には家計も同じくする[28]。たいていは1つの家に1世帯であるが、中には親世帯と既婚の子世帯が1つの家に同居することがある。その場合、行政上は2つの世帯とされるが、日常の活動においては1つの家として共に行動する。

　世帯構成は、寺院の周辺の43世帯を例にとると、おおまかに夫婦家族、核

27　クオサーはクメール語の「クルオサー（kruosaa）」が転じたものであり、現地の発音に沿って翻字を当てている。ラオス語の「コープクア（khoop khua）」は、ストゥントラエンのラオでも使用されることがあるが稀である。

28　先行研究では、世帯と家の区別や、家が同じだと家計も同じか否かについて議論があったが、これまでのところは文脈に応じて定義される傾向にある。たとえば高橋は、世帯を含む概念として家を捉えている［高橋2001: 222-223］。小林は、家を同じくしても、「ボントゥック（bontuk：積載、仕事、責任、責務、重荷）が一緒である」場合は家計を共にする世帯であり、そうでない場合は、家が同じでも世帯は異なるとしている［小林2011: 93］。

[表1-1] KS村における43世帯の世帯構成とエスニシティ

番号	人数	世帯構成	エスニシティ		出身地	
			世帯主	世帯主の妻	世帯主	世帯主の妻
1	9	拡大家族	ラオ	ラオ	KS村	KS村
2	5	核家族	ラオ	ラオ	KS村	KS村
3	5	核家族	ラオ	ラオ	KS村	KS村
4	3	核家族	ラオ	ラオ	KS村	KS村
5	5	核家族	ラオ	ラオ	KS村	KS村
6	4	拡大家族	ラオ	ラオ	他村	KS村
7	4	核家族	ラオ	ラオ	他村	KS村
8	4	核家族	クメール	ラオ	他州	KS村
9	4	核家族	ラオ	ラオ	ラオス	KS村
10	4	核家族	クメール	ラオ	他村	KS村
11	2	夫妻家族	ラオ	ラオ	KS村	KS村
12	3	核家族	ラオ	クメール	KS村	他州
13	3	核家族（夫は死去）	（ラオ）	ラオ	（KS村）	KS村
14	3	核家族	ラオ	ラオ	KS村	KS村
15	8	拡大家族	ラオ	ラオ	KS村	KS村
16	8	拡大家族（母は死去）	ラオ	（ラオ）	KS村	（KS村）
17	5	直系家族（父は死去）	（ラオ）	ラオ	（KS村）	KS村
18	6	拡大家族	ラオ	ラオ	KS村	KS村
19	7	核家族	ラオ	ラオ	KS村	KS村
20	8	核家族	ラオ	ラオ	他村	KS村
21	12	核家族	ラオ	ラオ	KS村	KS村
22	6	核家族	ラオ	ラオ	KS村	KS村
23	3	核家族	ラオ	ラオ	KS村	KS村
24	7	核家族	ラオ	ラオ	KS村	KS村
25	5	核家族	クメール	ラオ	他村	KS村
26	5	核家族	ラオ	ラオ	他村	KS村
27	5	核家族	ラオ	ラオ	KS村	KS村
28	6	核家族	ラオ	ラオ	KS村	KS村
29	4	直系家族（父は死去）	ラオ	ラオ	KS村	KS村
30	8	拡大家族	ラオ	ラオ	KS村	KS村
31	3	核家族	ラオ	ラオ	KS村	KS村
32	5	核家族	ラオ	ラオ	他村	KS村
33	7	核家族	ラオ	ラオ	KS村	KS村
34	7	核家族	ラオ	ラオ	他村	KS村
35	8	拡大家族	ラオ	ラオ	KS村	KS村
36	4	核家族	ラオ	ラオ	KS村	KS村
37	6	核家族	ラオ	ラオ	他村	KS村
38	3	核家族	ラオ	ラオ	KS村	KS村
39	6	核家族	クメール	ラオ	他州	KS村
40	4	核家族	ラオ	ラオ	他村	KS村
41	4	核家族	ラオ	ラオ	KS村	他村
42	2	夫妻世帯	ラオ	ラオ	KS村	KS村
43	7	直系家族（夫は死去）	（ラオ）	ラオ	（KS村）	ラオス

出所：調査に基づき著者作成

[表1-2] KS村の43世帯における世帯類型（2008年）

	種類	世帯数	割合（%）
A	夫婦家族	2	4.7
B	核家族	31	72.1
C	直系家族	3	7.0
D	拡大家族	7	16.3
E	単独	0	0.0
	合計	43	100.0

出所：調査に基づき著者作成

家族、直系家族、拡大家族、単独といった、5つのタイプに分類できる［表1-1］［表1-2］。夫婦家族は、子供ができなかった世帯と、再婚して夫婦のみで暮らす世帯の2世帯（4.7%）である。最も多いのが核家族で、31世帯（72.1%）である。直系家族は、親、祖父母、曾祖父母などと同居する世帯で、3世帯（7.0%）ある。拡大家族は、傍系親族が同居する世帯で、7世帯（16.3%）ある。このように見ると核家族の割合が多いが、つい最近まで親世帯と同居していたが経済的余裕ができて独立した場合もあり、また、傍系親族が同居する場合も考えられる。

　エスニック構成については、その多くがラオ人で、国家のマジョリティであるクメール人はKS村において少数派というのが特徴である。シハヌーク時代に隣村から移住してきたクメール人男性チャンター（50代後半）によれば、当時のKS村にクメール人は10世帯ほどで、大半はラオ人であったという。2008年のデータを見ると、全世帯のうち、夫妻ともにラオ人の世帯（A）が203世帯（76%）と最も多く、夫がクメール人で妻がラオ人の世帯（B）が30世帯（11%）、夫妻ともにクメール人の世帯（C）が22世帯（8%）、夫がラオ人で妻がクメール人の世帯（D）が7世帯（3%）、夫がクゥオイ人で妻がクメール人かラオ人の世帯（E）が4世帯（2%）となっている[29]［表1-3］。

[表1-3] KS村の世帯主夫妻のエスニシティ（2008年）

	夫	妻	世帯数	割合
A	ラオ	ラオ	203	76%
B	クメール	ラオ	30	11%
C	クメール	クメール	22	8%
D	ラオ	クメール	7	3%
E	クゥオイ	クメール／ラオ	4	2%
		合計	266	100%

出所：調査に基づき著者作成

世帯内で日常的に使用されている言語に着目すると、一般的

---

[29] クゥオイ人はモン・クメール系の民族で、かつてメコン西岸に多く居住していた。今もカンボジア北部から東北タイにかけて多い。KS村の男性にもクゥオイ人がいるが、かつてメコン西岸から渡ってきたという。彼らを含め現在の世代はクゥオイ語を話すことができず、通常はクメール人と自称しているという。伝統的に象使いが多く、東北タイのスリン近郊のクゥオイ人の村バーン・タクラーンは象祭りの中心地として有名である。

にAとBはラオ語を、CとDはクメール語を用いている。つまり、妻がラオ人であればラオ語を、妻がクメール人であればクメール語を用いる傾向がある。

また居住地の選択に関しても特徴が見られ、ラオ人は川を下って移動し、川沿いに住むのを好むのに対し、クメール人は州都などから陸路で移動し、陸地に定着する傾向がある。2008年当時、夫妻ともにクメール人の世帯（上述のC）は、ほとんどが村の先端に居住している。その一帯は、ラオ人が移住したあとに、州都や隣村からやってきたクメール人が多い。それに対し、クメール人であっても夫妻の一方にラオ人を含む世帯（上述のB、D、E）は、夫妻ともにラオ人の世帯（A）の居住地に混住している。

1-7. KS村の人びとの暮らし

次に、KS村の生活世界をクローズアップし、時間の捉え方、生業、住まい、信仰、言語などについて概観する。

1-7-1. 暦と生業

村びとの多くが従事している生業は、稲作、畑作、漁撈である。「何をしているのか（*het isang*）」と生業についてたずねると、たいていは、「田を作り、畑を作り、魚をとる。それだけさ」などと返ってくる。ほかにも、学校の教師、警察官、区の役人、保健クリニックのスタッフなど、給料のある仕事に就く者（*khon het kaan*）や、商店の経営、縫製、乗合トラックの経営、脱穀機や精米機などの農業機械の貸し出し、水力発電機の経営、自転車やバイクの修理などの商売をする者（*khon haa kin*）もいる。そのほかに、農閑期などに酒の醸造をしたり、米麺や漬物類を作って販売したりもする。また、豚、牛、鶏、家鴨などの家畜の飼育も行なって、現金が必要なときに売却するなどしている。近年では、村落生活においても現金の需要が高まり、自分たちの労働を現金収入に結びつけようとする者が多くなっている。

ただし、その場合であっても農業や漁業との兼業であることが多く、食生活の基盤となる米と魚、そして食生活に彩りを与えるさまざまな農作物などは、

自分たちの労働を投じて得るのが前提とされている。そこでここではひとまず、稲作、畑作、漁撈に絞って見ていく。これらの生業は、暦、気候、河川の水位などに応じてなされ、人びとの生活リズムを作りだしている。また、村びとが行なう儀礼も、生業のサイクルと関係している。さらには、人びとと自然のかかわりが色濃く現れるという点でも、これらの生業への着目は重要であろう。

まず簡単に、暦と気候について言及しておきたい。人びとの生活リズムを規定する最も重要なものは、月の満ち欠けである。年中行事、精霊祭祀、入安居・出安居（後述）をはじめとする仏教儀礼は、太陰暦に照らして行なわれる。ひと月は、新月から満月に向かっていく上弦の15日間と、満月から新月に向かっていく下弦の15日間に分けられ、上弦15日が満月、下弦15日が新月である[30]。現地語で上弦は「オーク・マイ（ook mai）」、下弦は「ヘーム（heem）」と呼ばれ、それぞれ何日目にあたるかを、陰暦の日にちを意味する「カム（kham）」で表す[31]。たとえば、上弦5日であれば、「オーク・マイ」の「ハー・カム（ハー haa: 5）」となる。年配者をはじめ村びとの多くは、その日が何日であるかを、このような太陰暦に基づいて数えている。また、上弦、下弦の8日目と15日目は、上座仏教の戒律日にあたり、「ワン・シン（van sin）」と呼ばれ、寺院に詣でたり、僧侶から聖水を浴びたりする重要な日とされている。以上に加えて、曜日も人びとの行動選択に不可欠で、農耕儀礼、結婚式や葬式などの日取りは、それらを考慮してなされる。

月の数え方は、現在は外部の影響により、西暦に従うこともあるが、その場合には、「西洋の1月（duan nung falang）」など、「西洋の（falang）」という表現を加えて区別する[32]。なお、新年は太陰暦の5月（西暦の4月）にあたり、KS村では「5月（duan haa）」が新年と互換的な意味あいで用いられることがある。

気候は熱帯モンスーンで、西暦の5月下旬頃から10月下旬頃までが雨季、11月初旬頃から5月上旬あたりまでが乾季と大別される［表1-4］。また、乾季のうち12月から1月までは、気温が1年で最も低下する時期であるため寒季と呼び、2月から4月までの気温が最も上昇する時期を暑季と呼ぶこともある。

30　ただし、ひと月が29日の場合が年に6回あるため、その場合は14日目が満月あるいは新月と考えられている。
31　カムは、現地のラオ語では、上記の他に夕方の意味でも用いられる。
32　ファラン（falang）は、直訳ではフランスの意味であるが、西洋一般を指すことが多い。

第1章　ストゥントラエンのラオ――カンボジア北東部の生活世界――　　85

[表1-4] 季節のサイクルと漁撈のサイクル

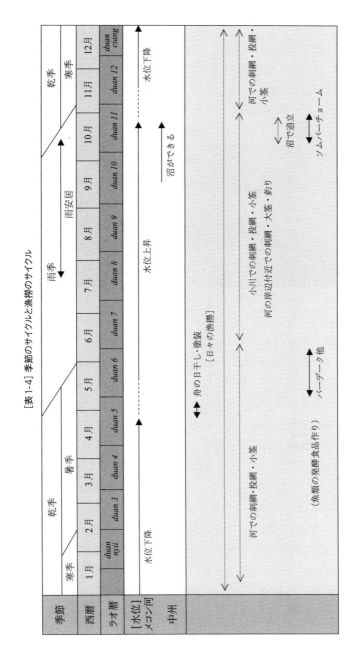

［写真1-18］乾季にできるメコン川の砂洲（2010年3月11日撮影）

　このような気候の変動に応じて、メコン水系の水位も増減を繰り返す。KS村では、メコン川のような大きな河川は「セー（*see*）」、小川は「フアイ（*huay*）」と呼ばれており、雨量によっては、それぞれ6月頃から11月頃にかけて水位が上昇し、洪水をひきおこす年もある。土地が低いところでは水田が浸水して稲作にも影響が出る。また、居住地や寺院の境内にも水が入ると、村びとや僧侶が村内を舟で移動することもある。水位が低下しはじめるのは、降雨量が極端に減る11月中旬頃からであり、新年にあたる4月には最も下がり、メコン川のあちらこちらで砂洲（*haat*）が見られるようになる［写真1-18］。

　人びとの生業は、このように暦や気候、水位の増減に合わせて行なわれているのだが、概して、村びとはどの季節もそれぞれ作業があって、暇を持て余すことはない。新年をはじめとして1年の流れをおおまかに示すと、次のようになろう。新年が過ぎると徐々に雨が降りはじめる。すると人びとは、降雨の状況に応じて稲作の準備を始める。また、5月には集中的に漁をして、1年分のパーデークを仕込む。そして6月中旬から下旬にかけて、本格的に稲作を開始する。そのあいだに手の空いている者は、畑で雨季の野菜を植える。そして、

第1章　ストゥントラエンのラオ——カンボジア北東部の生活世界——　　　87

[写真1-19] 湯沸かしに使われる蒸し器（右）（2014年8月19日撮影）

　田植えが一通り終わると、小休止をはさんで、今度は畑で乾季の野菜の作付けにとりかかる。そうこうしているうちに、稲が早生種から実りはじめるので、収穫作業に入る。こうした一連の農作業のほかに毎日、朝夕に漁をして、その日の食材や販売のための魚を捕る。このように、人びとの生活を見ていると、ゆったりと時間を使いながらも、日々なにかしらの作業をしている。それも、ストゥントラエンがメコン水系と肥沃な土地に恵まれていることに拠るところが大きい。

1-7-2. 稲作・畑作・漁撈
　KS村の稲作では、うるち米ともち米が栽培されている。しかし、主食はうるち米で、栽培量や種類が多いのに対し、ラオの伝統的な主食とされてきたもち米は、ストゥントラエンでは、粽、カオラーム（竹筒にもち米を入れて蒸し焼きにした菓子）、甘味などに加工されたり、農繁期の朝食に蒸したりする程度で、食される頻度は少ない。また、本来もち米を蒸すための蒸し器は、各家に1つは必ず言ってよいほどあるが、もっぱら湯沸かしに使われている [写真1-19]。

稲作は基本的には天水依存の水稲耕作であるが、畑地での陸稲栽培も補助的になされている。陸稲は早生種で、一番早く収穫できるうえ、浸水などで水稲が不作の場合に備えての保険ともなる。ただし陸稲は硬く、香りも水稲に劣ると言われている。一方、水稲は、硬いものから柔らかいもの、香りが強いものなど、さまざまな種類が栽培されている。ストゥントラエンのラオは、一般的に、柔らかい米を好む傾向にあるが、麺を作るには硬い米が必要であるし、たまには硬めの米も食べたくなったりすると言って、複数の種類を栽培している。また、不作の危険に備え、早生種と晩稲種の双方が作られている。

　水稲耕作の流れは次のようである。5月下旬頃、まとまった雨が降りはじめると耕起をし、畔の修繕、苗代づくりと続く［表1-5］。2000年代初頭までは水牛で田おこしをしており、耕起を始める前に、「クワン (khvan)」と呼ばれる水牛の魂を強化する儀礼を行なう。[33] また、耕起の直前の木曜日には、大樹の下の土を起こして水田に模した区画を作り、そこに鎮座しているとされる田の主に捧げものをし、農耕の開始を報告する。そして、6月中旬までには苗代に播種し、その後の雨量と苗の成長を見て、田植えを開始する時期を決める。早ければ7月中旬から、遅くとも8月中旬までには田植えを始めるが、その際まずは、先に述べた大樹の下の区画に数本の苗を植える［写真1-20］。そこに、米倉から運んできた稲の魂クワンが宿るとされており、稲刈りの際も、まずはこの区画から行なう。

　村びとの話によると、2005年頃までは、田植えの時期になると、ほとんどの家が、調理道具を携え、家畜を連れて、水田の小屋に移動し、作業が終了するまでそこで生活をしていたという。明け方の涼しい時間帯に、男性が水牛に引かれながら田をならし、準備の整ったところから女性や子供が田植えをしていく。一段落着いたら朝食で、一休みしたら午前中のうちにできるだけ田植えを進め、午後は天候や水田の様子を見ながら、作業を続けたり、早めに切り上げて夕食の準備をしたり家畜の世話をしたりする。そして夕食をとったら翌日の作業に備えて早めに休む。かつてはこのような生活のリズムが、田植えの時

---

[33] クワンは、後述するように、人間の身体に宿る魂のことであるが、水牛や稲にも宿るとされている。なお、現在では水牛に代わって耕運機を用いる世帯が多くなっているため、このような水牛の魂を強化する儀礼も行なわれなくなってきている。

第1章　ストゥントラエンのラオ──カンボジア北東部の生活世界── 89

[表1-5] 稲作のサイクル

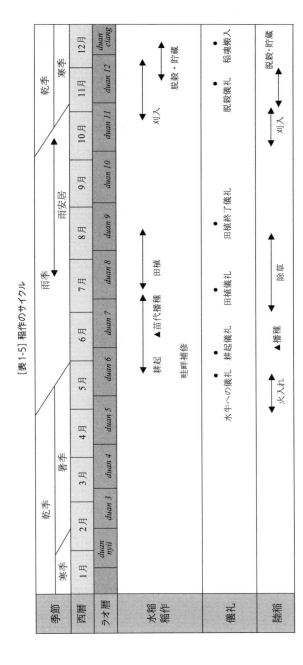

［写真1-20］田の主が住む樹の下に作られる水田（2008年8月7日撮影）

期に一般的であった。しかし、近年では、家財が増えたので泥棒が入るのを恐れたり、換金作物栽培を並行して行ないたいなどの理由から、水田での寝泊まりをやめ、その日の作業が一段落すれば帰宅する者が多くなった。移動手段としてバイクを所有する家が増え、水田まで短時間で楽に往復できるようになったのも、そうした傾向を促している。

　稲作は、基本的には家を単位として行なわれるが、人手不足や水田の状況によっては、労働交換がなされる。特に田植えは短期集約的に労働力が必要となるため、自分たちの水田の状態が悪い場合には、他家の田植えを先に手伝い、のちほど労働力を貸してもらうということがよくある。そしてなんとか8月中旬頃までに田植えを終えると、作業の終了を田の主に報告し、豊穣を願う。こうして稲作が一段落すると、近隣の家々が集まって、「カオプン（*khao pun*）」と呼ばれる米麺を作り、寺院の僧侶に寄進して祖先に報告するとともに、村びと同士で祝う。[34]

34　カオプンは、うるち米で作られる麺である。簡単に工程を述べると、次のようになる。数日前に米を水に浸しておき、それを石臼で挽く。それが終わると水を切り、今度は唐臼で搗き、生地をま

稲作に一区切りがつく頃には、上座仏教の雨安居入り（後述）となり、それに関連する儀礼が行なわれる。また村びとは、そうした儀礼の準備や参加をしながら、畑で乾季の作付けを行なう。雨季には、トウモロコシ、ナガインゲン、キュウリ、ニガウリ、トウガン、カボチャ、キャッサバ、トマト、ナスなどが栽培されるのに対し、乾季には、トウモロコシ、緑豆、ゴマ、タバコ、クズイモ、菜類などが植えられる[表1-6]。10月下旬になると、雨量が減り、徐々に稲の収穫に入るため、その前に畑の作物の植えつけを終えておく。なお、果樹（ライム、オレンジ、ザボンなどの柑橘類、バナナ、マンゴー、ジャックフルーツ、シュガーアップル、サポジラなど）や香菜類は、季節を問わずに随時、畑地のほか、屋敷地の周辺や川辺などで栽培されている。これらの作物は、基本的には自家消費するが、他家へおすそ分けしたり、販売したり、儀礼時に僧侶へ寄進することも多い。また2000年頃からは、換金作物として、カシューナッツ、豆類（大豆、黒豆など）、キャッサバ、そして徐々にゴムの栽培も始められるようになった。[35]

10月下旬になると、降雨が少なくなり、もち米、黒米、うるち米の早生種の順で、徐々に稲が実りだす。村びとは、ちょうどその頃に行なわれる祖先供養の儀礼「ブン・プチュム」（後述）を終えると、稲刈りにとりかかる。中には、稲刈りの前に、無事に収穫できるよう、田の主に捧げものをして祈るとともに、僧侶を水田に招いて儀礼（sangkhathaan）を行なう家もある。そして、11月下旬には晩稲種の刈り入れも終え、それぞれを天日干しして乾燥させたあと、12月上旬までには脱穀し、米倉へ貯蔵する。[36]

また、脱穀は、かつては手で稲穂を板に叩きつける方法であったため、人手が必要で、声をかけて集まってもらい、大勢で夜を徹して行なわれた。酒を飲

とめ、沸騰した湯に入れて茹でる。こうしてできあがった生地を、穴の開いた押し出し器に入れて、沸騰した湯に生地を押し出し、麺状にする。それを笊で掬い取って、手で絞りながら、食べやすいサイズに輪状に整えていく。このようにカオプンづくりは、生地を作るところから始めるため、手間のかかる作業である。それにもかかわらず、KS村の人びとは億劫がる様子もなく、農耕の節目ごとはもちろん、食べたくなったときや現金収入が欲しいときなどに、米麺をよく作っている。なお、カオプンづくりが村びとの価値観や社会関係と結びついている点については、拙稿で紹介している[Yamazaki 2014]。

35　キャッサバは自家消費用にも作られているが、換金作物用とは別種である。
36　米倉へ貯蔵する際には、稲のクワンを驚かせないようにしながら連れていくのだが、そうした儀礼的な行為は現在ではほとんど見られなくなっている。

[表 1-6] 畑作のサイクル

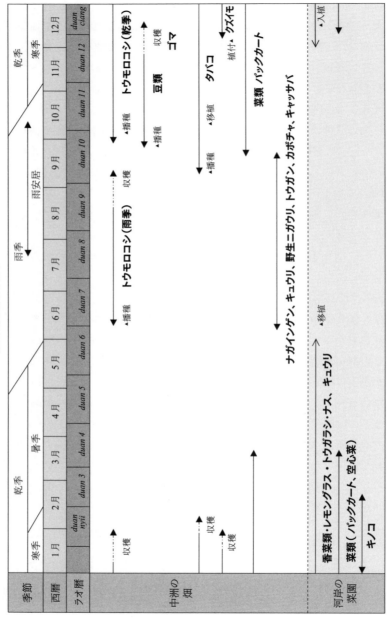

み、歌を掛け合いながら、豊穣の祭りのようであったという。それはまた、若い男女が作業を共にする中で結婚相手を探す機会でもあった。数年前まではこうした脱穀が一般的に行なわれていたが、現在は1、2世帯を除いて行なわれなくなり、機械を用いた少人数で短時間の脱穀に代わっている[37]。作業の始まる前と終わった後に、手伝いに来た者に食事を提供して共食はするものの、かつてのようではないという。村びとの中には、「手による脱穀」は重労働だが楽しかったと、かつての脱穀を懐かしむ者も多い。

　以上のように、農作業は、暦や気候に応じて、そして節目ごとに儀礼を行ないながら進められる。それに対して、毎日のようになされる漁撈においては、とりわけ水位の増減が重要となる。村びとは早朝と夕方に、さまざまな筌、刺網、投網を用いて漁をする。乾季のあいだは、メコン川の水位が低いため、刺網や小さな筌をしかけたり、投網をしたりして、メコン川での漁が盛んに行なわれる［表1-4参照］。ところが、雨季に入って水位が上昇すると、メコン川では、岸辺で小規模に刺網をしたり、大きな筌をしかけたり、あるいは釣りをする程度になり、それに代わって、支流での漁が多くなる。また、10月中旬から1ヵ月程度、中洲にも水が流れ込んで内部に沼ができるため、そこに数名で網を持って入り、小魚を追い立てて捕るというような漁も行なわれる。さらには、田植えの時期になると水田にも水が張って魚が捕れるため、子供たちが田植えをしながら手づかみで捕まえることもよくある。

　捕れた魚の多くは自家消費用で、基本的にはその日の家の食事にあてられる。しかし、大きな魚が捕れた場合や、大漁に恵まれた場合などには、親しい間柄にある家に分配したり、村の内外で販売したりする。かつては魚が豊富にとれ、舟を漕げば魚が飛び跳ねて、自ら舟に入ってきてくれるほどだったという。パーデークも、今では高級魚となったパーシーイーで作られることも少なくなかったらしい。それが近年ではどんどん魚が捕れなくなり、小魚ですら1匹もかからない日もある。パーデークにいたっては、パーシーイーはおろか小魚であっても、1年分保存するだけの漁獲量がなく、満足に作れない家々も増えてきた［写真1-21］。また、こうした中で市場での魚の値段は高騰し、逆に恰好の現

37　とはいえ、機械による脱穀では粒が欠けてしまうため、種籾として残しておくものだけは、手で脱穀する場合が多い。

[写真1-21] パーデークを仕込む（2016年5月19日撮影）

金収入源となるため、大きな魚が捕れれば、自家消費や他家への分配を控え、販売にまわすようにもなっている。魚が捕れなくなった理由については、村びともよく分からないという。ただ、中国やラオスなどのメコン川上流でダムが造られてから、水位の増減が季節を問わず不定期になって魚がいなくなったと話す者もいる。

　漁をする者にジェンダーに関するタブーなどはないが、一般的に男性が多い。男性は幼い頃から父親に連れられて漁に出かけ、木舟の漕ぎ方、刺網・投網・筌の扱い方などを学ぶ。そして結婚適齢期にでもなれば、同年代の男性と連れだって漁に出ることも少なくない［写真1-22］。漁ができるようになることは、男性にとって、一人前として社会的に認められることでもある。ある家では、

[写真1-22] 朝の投網漁にでかける男の子（2016年5月16日撮影）

誰よりも遅起きだった男の子が、夜明け前にいち早く起きだして、懐中電灯を頭につけて川に降りていくようになった姿を見て、「彼はもう一人前だよ」と母親が嬉しそうに話していたこともあった。なお、結婚すれば、女性も夫とともに漁に出て、舟を漕いだり刺網にかかった魚をとったりもするが、未婚の男女が2人で漁をすることは、恋愛関係にあることを周囲に曝けだす恥ずべき行為とされる。このように、漁は日課のようになされる生業であると同時に、舟で川を移動するのを周囲から見られ、男性の成熟や男女の関係が社会的に判断される機会でもある。

[写真1-23] 木造高床式の家（2007年11月20日撮影）

1-7-3. 住まい

次にKS村の住まいについて、家の特徴、家を基本とする親族の考え方、居住形態や財の相続などについて、一般的傾向を概観する。

1-7-3-1. 家

KS村の家は一般的に木造の高床式で、床面が地表面よりも高くなっている[写真1-23]。ただし、商店や、結婚後に親世帯から独立して建てる初期の家などは、土間式の場合もある。屋根は切妻式で、素材としては、現在はトタンが最も多く、次いで茅、最も少ないのが瓦である[図1-8参照]。瓦葺きは涼しく見ためもよいとされているが、現在では値段が上がり、手に入らなくなっている。茅葺きも涼しいが、葺き替えの手間がかかるし貧相に見えるとされている。

[写真 1-24] ラオの一般的な家（2016年8月31日撮影）

それにひきかえトタンは、熱が逃げずに暑いものの、値段が手ごろで、葺き替えの手間もいらないし、それなりに立派に見えるということで、使われることが多くなっている。

　家の内部は、居間、寝室、台所に分かれており、外に開かれたバルコニーも作られる場合が多い [図 1-9, 1-10, 1-11] [写真 1-24]。居間は最も広い空間で、居住者が日常の作業をするほか、客を迎えたり儀礼を行なったりする。寝室は、木製のドアや布製のカーテンで区切られており、内部には小窓が設けられている。また、家主夫婦の寝室か居間の東側には、仏壇が置かれていることが多い。台所は、原則として家屋の南か南東に作られ、さらにその内部の南側に炉が置かれる [写真 1-25]。北側に台所を作ってしまうと、居住者が病気になったり災厄に見舞われると言い伝えられている。この台所の方角は就寝時の頭の向きとも関連し、頭を南側にするのは死者のみで、通常は北か東に向けて寝る[38]。また、

---

[38] ラオの家とは対照的に、クメールの家は、北側に台所が作られていることが多い。コンポンチャム州のスクンで聞いた話によると、寝るときは頭を南に向けるという。北に向けて寝ると病気にかかったり災厄がふりかかったりするらしい。理由はラオと同じであるのに方角が逆というのは興味深い。なお、コンポンチャムやプレイヴェーンなどからストゥントラエンに移住してきたKDクロムの

[図1-9] 村びとの家の平面図

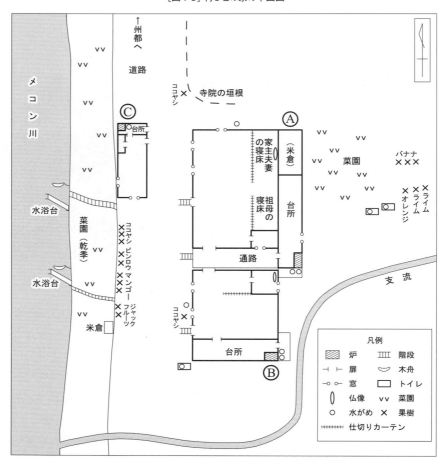

モーン家Ⓐ・マラー家Ⓑ・クア家Ⓒ
注1）Ⓐ家の米倉は高床式の住居床下部分に位置する
注2）通路と接するⒷ家の扉は以前は開閉可能であったが現在は常時閉じられている
注3）Ⓐ家とⒷ家の台所から張り出した部分は屋外である
注4）3家以外の家屋は省略した

クメール人の家も、北側に台所を作っているケースが多い。

[図1-10] 一般的なラオの家（前面図）

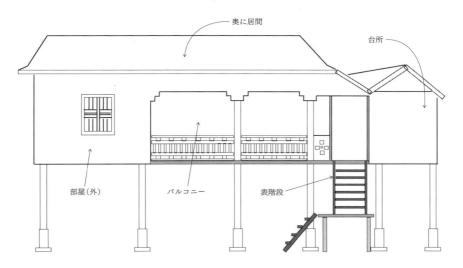

[図1-11] 一般的なラオの家（側面図）

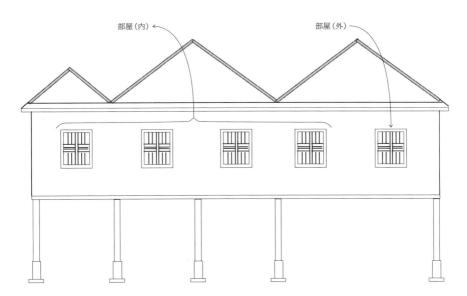

[写真1-25] 台所とかまど（2015年8月21日撮影）

　台所は床上の空間の中で最も低い位置に作られるのだが、それもこうした信仰と関係している。

　次に、家の外に面した空間に目を向けてみる。台所からは屋外に張り出した小さなバルコニーがあって、炊事用の水瓶を置き、食材の洗浄、魚肉の下処理、食器洗いなどを行なう［写真1-26］。開放的であるため、作業をしながら道行く者が見えたり、相手から話しかけられたりする。

　家の階段はたいてい2つあり、1つは居間にかけられる表階段、もう1つは台所にかけられる裏階段である。裏階段は簡易な梯子で、居住者が炊事や水汲みなどで頻繁に利用する。また、親密な間柄にある者は、裏階段から上がってきたりもする。一方の表階段は、立派な木材で組まれ、儀礼、僧侶や遠方からの客を迎える場合などに利用される。ただし僧侶は、儀礼のために招かれるときは表階段を上がるが、散歩などで村びとの家に寄るときは裏階段を利用することが多い。

　床下は、開放的で風通しもよいため、日中の暑い盛りに村びとが過ごす空間となっている。床上は暑いので上がらず、柱にハンモックをかけて休憩をした

第1章　ストゥントラエンのラオ——カンボジア北東部の生活世界——　　101

[写真1-26] 台所のバルコニー（2015年8月20日撮影）

り、寝台などを置いて座り、おしゃべりしながら過ごす［写真1-27, 1-28］。また床下には、自転車、バイク、農具、漁具なども置かれている。家の周囲の敷地には、米倉とトイレが1つずつ設置されているほか、さまざまな野菜や果樹が植えられている。クメールの屋敷地の多くは雑草が抜かれて「綺麗に」土が見えているのに対し、ラオの場合は雑草とともにさまざまな野菜などが植えられて「鬱蒼と」しているように見えるのが特徴的である。また菜園はメコン川の水位が下がる乾季にのみ、川岸の斜面にも作られる。なお、家には通常、木舟が1隻あって、メコン川に浮かべてある。それは朝夕の漁に用いられることはもちろん、対岸の中洲に菜園や畑を作っている家は、その往来にも利用される。

　家は、老朽化した場合はもちろん、居住者の出入り（たとえば誕生、婚入、婚出、出戻り、死）などによって、増改築される。また、近隣の家々との関係によって、壁が作られたり近道ができたりする。隣家とのあいだに壁が作られたモーン家とマラー家の例をあげよう。モーンとマラーは姉妹で、モーンの家は祖母が結婚したときに建てられ、2人とも未婚のあいだは同居していたが、マラーが結婚すると、隣に家を建てて独立した。図1-9のⒶがモーン家、Ⓑがマラー家であ

［写真 1-27］床下でビンロウジを噛みながらおしゃべりする女性たち（2015年8月29日撮影）

［写真 1-28］床下で酒を飲む男性たち（2016年9月2日撮影）

第1章　ストゥントラエンのラオ——カンボジア北東部の生活世界——

[写真1-29] 隣接するモーン家（左）とマラー家（右）（2007年8月8日撮影）

る [写真1-29]。両家のあいだには通路があって、マラー家にはその通路に出られる扉の跡がある。村びとの語りによると、かつてその扉は開閉ができ、互いの成員が頻繁に行き来していたという。ところが、あるとき両家のあいだに緊張する出来事があり、マラーは家の内側から扉に釘を打って閉ざしてしまったらしい。

　この件について、私がモーンやマラーから話を聞いたことは一度もない。しかし、モーンは、「私も彼らのお父さん（モーンの夫のこと）も、彼女（マラー）の家には上がらないよ」とたびたび私に話していたことがある。そう言われてみると確かに、彼女たちがマラー家に上がる様子を見たことがなかった。一方のマラーも、祖母が生きていた頃は、彼女に会いにきたり世話をするためにモーン家に上がることはあったが、頻繁ではなかった。この閉じられた扉が、過去に両家のあいだで何らかの対立や摩擦があったことを示しているように見えた。とはいえ、床下でおしゃべりしたり、屋外でともに調理をするなど、日常的には緊密につきあっている。このような関係のあり方は、本書のテーマであるラオの対人関係の特徴を示すものとして重要であり、後の章で掘り下げることとしたい。

また、居住者の出入りによって増改築がなされるという点でも、モーン家は好例である。モーンの家が祖母の結婚の際に建てられたことは既に述べたが、その後、モーンが結婚したときに、南東に台所が増設された。モーンの娘クアが結婚すると、独立して向かいに小屋を建てて住みはじめた［図1-9の◎］。その後、クアには4人の子供が生まれ、末息子が中学校に上がるころまでは、その小屋に住んでいた。しかしそのあいだ、夫の稼ぎを貯め、少しずつ建材を購入していた。そして、2009年には父母と話し合った上で、モーン家を取り壊し、その敷地に新築を建てて、父母と再び同居することを決めた。2010年末から工事が始まり、モーン家は柱が少しずつ取り除かれ、縮小されていった。2013年初頭に新築が完成するまでの2年あまりのあいだ、モーン家は台所が解体されたり、居間を半分にしたりと、徐々に小さくなっていったが、完全に壊すまで居住者は依然としてそこに住み続けていた。炉は地面に移され、台所の壁となっていた板を移して囲み、簡易な台所が作られた。また、居間の床板は、新築の家の床下に並べ、人びとが日中過ごす台として再利用されることになった。2013年3月には新築が完成したので、モーン家は完全に取り壊されたが、床下の台は現在でもそのまま使われている。

　このように、家は、人びとの関係性や居住者の出入りによって、容易に作り変えられるという流動的な性格を持っている。それはラオに限られたことではないが、木造高床式という構造も、増改築の容易さと関連していると思われる。

1-7-3-2. 同じ家に住む者

　ラオ村落では、家が生産活動や宗教活動の単位となっている。同じ家に居住する者は、「ユー・ナム・カン・キン・ナム・カン（*yuu nam kan kin nam kan*：共に住み、共に食べる）」と呼ばれる共住共食の関係にある。同居者は1つの米倉に貯蔵されている米を、1つの炉で煮炊きして、分かち合って食べるものとされている。また、舟を共有して漁をし、捕らえた魚も分かち合って食べる。さらに、その家が稲作、畑作をやっていれば、作業を共に行なう。このような意味で、同じ家に住む者は、「ヘット・ナム・カン・キン・ナム・カン（*het nam kan kin nam kan*：共に働き、共に食べる）」と呼ばれる協働共食の関係でもある。

　また家は、村での社会関係の基本であって、たとえば労働交換や相互扶助、

[写真1-30] 食施当番の札（2007年10月19日撮影）

村道や木橋の補修、分担金の拠出なども家を単位としてなされる。さらには、僧侶への寄進や祖先祭祀も家ごとになされるのが通常である。KS村では、2006年から僧侶への食施に輪番制がとられており、当番の家に木製の札が回されていた［写真1-30］。当番となった家では、朝昼の1日2回、新しく炊いた米飯と、調理したおかず、甘味などを弁当箱に入れて、寺院に寄進しに行く。また、家の精霊への祭祀や願掛けなども、家ごとになされる。たとえば、2008年にカンボジアとタイの国境域で、プレアヴィヒア寺院をめぐり対立が激しくなったとき、村びとの中に兵士として派遣された親族がいるということで、願掛けを行なった家が2、3軒あった。モーンの妹マラーはその1人であった。彼女たちの末弟は軍医で、以前はマラー家に同居していた。既にKS村を離れてシェムリアップで結婚していたが、当時プレアヴィヒアに派遣されたらしいという情報が入った。モーンをはじめキョウダイはみな弟の安否を案じていたが、願掛けをしたのは、弟が同居していたマラー家のみであった。このことからも、儀礼は基本的には同居する者が行なうものとされていることが見てとれる。

なお、結婚によって子世帯が親世帯から独立し、家分けすると、生業、社会

関係、宗教実践の単位も家ごとに分けられる。ただし、上述したように、稲作や畑作は、水田や畑の分与がただちにはなされず、家分けの後も一定期間もとの家と共同耕作を続けることもある。しかしその場合でも、家分けによって炉は別になり、日々の食事は家ごとになされ、農作物や魚の与え合いは、家から家への分配として捉えられるようになる。また、独立した家を持つことにより、村での協働作業や、寺院での寄進に、家として参加していくことは言うまでもない。

1-7-3-3. 親族のとらえかた

家はラオの親族関係にとっても重要である。ラオを含めタイ系諸族は、一部の例外を除き、親族が双系的で弛緩的であるとされてきた［綾部1959: 97］。KS村でも同様に、出自集団はなく、親族関係が双系的に広がっている。そうしたなか、同じ家に住み、養育しあう親子とキョウダイが親族の基本となる。とりわけキョウダイのような横の関係は重要であり、それは次のような親族名称や親族のとらえかたにも表れている。

キョウダイは、一般的に「ウーアイ・ノーン（*uuay noong*：姉・年下のキョウダイ）」と呼ばれる。それはたとえば、イトコを「ウーアイ・ノーン・チー・ドーン・ムオイ（*uuay noong cii doon muoy*：祖母を1つにする姉・年下のキョウダイ）」と呼ぶなど、他の親族名称の基礎となる。また、キョウダイの呼称は、血のつながりのない友人同士などでも用いられ、血縁関係に縛られない。そのため、実のキョウダイであることを示す必要がある文脈では、「ボンクート（*bongkeet*：血のつながった）」という単語をつけて、「ウーアイ・ノーン・ボンクート（*uuay noong bongkeet*：血のつながった姉・年下のキョウダイ）」と表現することすらある［山崎2010］。

親族もキョウダイ関係が基本となり、「ピー・ノーン（*phii noong*：年上のキョウダイ・年下のキョウダイ）」と呼ばれる。このうち、血縁が近ければ「ピー・ノーン・カイ・カイ・カン（*phii noong kai kai kan*：近いキョウダイ）」、あるいは「ピー・ノーン・トー・エーン（*phii noong too eeng*：自分のキョウダイ）」、血縁が遠ければ「ピー・ノーン・カイ（*phii noong kai*：遠いキョウダイ）」とされる。また姻族も、「ピー・ノーン・カーン・ミア／カーン・プア（*phii noong khaang mia / khaang phua*：妻方の／夫方のキョウダイ）」と呼ばれる。夫妻のあいだでも、「アーイ（*aay*：兄）」、「ノーン（*noong*：妹）」とキョウダイの名称で呼びあう。このように、いずれの呼称にお

いても、キョウダイ関係が軸となっている。

　このような親族関係にある家々のあいだでは、訪問、食物交換、労働交換など、日常的なやりとりが密である。しかし、血縁関係になくても、家同士がやりとりを頻繁に行なっていると、「ピー・ノーン」として扱われることが少なくない。こうした意味で、ラオの親族は、血縁の近さのみならず、家と家のやりとりの緊密さが重要となる。この点について、詳細は後の章で述べることとしたい。

1-7-3-4. 居住形態と財の相続

　居住形態は妻方居住が多い。上述の表1-1で取り上げた43世帯のうち、31世帯（72.1%）は妻方居住である［表1-7］。ただし、結婚後しばらくのあいだは妻方の両親の家に居住するが、経済的に余裕ができたり、妹が結婚するのを機に、独立して家分けすることが多い。そのため、老齢の父母の面倒を見るのは、最後まで家に残った末娘となるのが一般的である。なお、夫方居住は3世帯（7%）と少なく、妻方に住めない事情があったり、職場から遠いなどの理由で選択される。

　家、屋敷地、水田、畑、家畜などの財の相続は、男女の区別なく、子に均等に与えられる。しかし、子供たちの生活環境や経済事情などが考慮され、必ずしも均等にならないこともある。また、息子は結婚すれば家を出て、妻方の家に入って水田や畑を耕作することになるため、女性よりも親からの配分が少ないことがある。また、家と屋敷地は、最後まで残って父母の世話をする娘に与えられる。

　このように、親族は双系的に広がりながらも、妻方居住や、娘による家や土地の相続が多く見られることから、家は女性と強く結びついていると考えられる。また、家と家とのあいだでは、キョウダイをはじめ横のつながりが重視されるのに対し、家と土地は、母と娘という縦のつながりが強く

［表1-7］KS村の43世帯における居住形態（2008年）

居住形態	世帯数	割合
妻方	31	72.1%
妻方→別居	6	14.0%
妻方→夫方	0	0%
夫方	3	7.0%
夫方→別居	2	4.7%
夫方→妻方	1	2.3%
合計	43	100%

（注）小数点第2位は四捨五入
出所：調査に基づき著者作成
注1）妻方→別居、夫方→別居とは、離婚などによって妻方／夫方の家から別居したケースを指す。
注2）夫方→妻方は、夫方の家に同居したのちに妻方の家に移動したケースを指す。

見られる。後の章で詳しく述べるが、日常的な場面でも、女性は家と結びついており、調理、水汲み、家の掃除、家畜の世話など、家の周辺で作業することが多い。このように家が女性と結びついているだけに、結婚適齢期の女性が異性の家に遊びに行ったりすれば家の恥として陰で批判されることもあるなど、女性の言動が家の社会的評価に結びつきやすい。男性はと言えば、家に縛られないため、遠方への長期にわたる漁や出稼ぎなどにも積極的に出ていくし、たとえ異性と問題を起こしても女性ほどに家が叩かれることはない。

　このように、家と女性の関係は、ネガティブな側面があるが、積極的な側面も併せ持っている。女性は家を持つことにより、他家との関係を構築、調整し、男性や村の活動をも方向づけるような社会的な力を発揮しうる。このような家と女性の関係の両義性は、本書のテーマの1つでもある。

1-7-4. 信仰

　KS村で信奉されている宗教は上座仏教だが、人びとの日常生活は、土着の精霊信仰や、タブー、吉凶の占いなどとも深く結びついている。

　土着の精霊信仰の1つに、「ピー（*phii*）」に対する信仰がある。ピーは、霊的存在のことであるが、文脈によって祖霊であったり、悪霊や餓鬼を意味する場合がある。ピーは、敬意を払われると同時に畏怖される対象でもある。病気がなかなか治癒しなかったり、不慮の事故や不幸に見舞われたとき、人びとはピーの仕業ではないかと考え、占師に見てもらい、祖霊がなんらかの不満を抱いているとなれば祖先祭祀を行なう。また、祖霊が伝えたい事柄があるために、子孫の身体に異変をもたらすこともある。たとえば、KS村の20代の男性は、幼い頃に頭に奇妙な瘤ができ、民間治療も医薬も試したものの効かなかったため、占師に見てもらった。すると、祖母のピーが彼を心配しているとのことであったので、祖霊に捧げものをしたところ、治ったという。また、人びとに悪さをする不特定多数の悪霊も多い。悪霊は、自殺、事故、他殺など、不意に死んだ者が、成仏できずに家や村、寺院などを浮遊しているものとされている。村びとが階段から落ちたり、バイクで事故にあったりすると、悪霊の仕業なのではないかと噂され、お祓いをしてもらう。また、人びとはピーの侵入を恐れるため、タブーを守ったり、予防策を講じたりしている。たとえば、赤子に美

しい名前をつけると、ピーに連れ去られるため、「水牛の子」とか「ネズミ」などと呼んで、本当の名前を隠したりする。

　このようなピー信仰は、先に述べたクワンと呼ばれる魂の信仰とも関連している。人間の身体には、クワンが宿っており、それがしっかりと身体につなぎとめられていれば健康でいられるが、身体を離れてしまうと病弱になり、ピーにも侵入されやすくなってしまう。クワンは些細なことで驚いて、身体を飛び出してしまう。そのため、たとえば人びとは事故などにあうと木綿糸を手首に結んで、クワンを呼び戻し、身体にとどまるように話しかけたりする。

　曜日も、村びとの日常の行動に配慮されている。たとえば、木曜日は非常に美しく良い日であり、農作業の開始、儀礼の実施、遠方の外出に適しているとされる。一方、火曜日は、火のように熱いので良くないとされ、外出や農作業の開始には適さない。ただし、火曜日は硬くて強いので、商売に出れば成功し、試験を受ければ合格すると言われている。さらに、曜日の選択は死者を弔う儀礼においても重要とされており、たとえば、火葬は木曜日か日曜日に行なうため、それに合わせて葬送儀礼の日程を組む。それ以外の曜日では、死者が成仏しなかったり、子孫に災厄がふりかかるなどといった危険があると考えられている。

　また、村、中洲、水田など、人びとの生活空間には、それぞれ土地を守る精霊がおり、定期的に精霊祭祀が行なわれる。中洲の北端と中央、および村の北端には、村の精霊の祠（*hoo taa daa*）がある［図1-8参照］。70代の村びとたちによれば、中洲に居住していた頃は、村の精霊を畏怖し、嵐が来たり洪水になったりすると、供物を捧げ、また新来者が住みはじめれば報告していた。ところが、陸地へ移住し、仏教寺院が建設され僧侶が止住するようになると、村びとの信仰は、村の精霊から仏教へと強く傾いたという。それでも、現在でも年に2回、陰暦3月上弦3日と6月上弦6日になると、中洲にある祠の前で祭祀が行なわれている。また、メコン川が氾濫したり、溺死、舟の事故などで死傷者が出ると、村の精霊に供物を捧げて怒りを鎮め、安全を祈願することもある。このほかにも、屋敷地や水田は、土地の主（*cao khoong din*）によって守護されていると考えられており、家の新築や稲作の過程で彼らに供物を捧げて報告している。

39　村の精霊と仏教は対立すると考えられており、僧侶やアーチャーン（112ページ参照）などは祠に近づかない。

［写真1-31］寺院の木鐘（2007年11月17日撮影）

　次に、KS村における上座仏教のあり方について概観したい。寺院は村びとの宗教活動の中心であり、僧侶への食施や仏教儀礼などが行なわれる。境内には、仏像が安置される本堂、僧侶の生活空間である庫裏、儀礼や食施がなされる講堂、食施のタイミングを知らせる木鐘、村の集会所などがある［**写真1-31**］。また、メコン川沿いに納涼小屋もあり、2008年当時は木造であったが、老朽化したためコンクリート製に再建された。

　僧侶は、出家によって世俗を離脱した者で、身分証は無効となり僧籍に入る。妻帯も生産活動も禁じられているため、彼らの生活基盤は村びとからの食施によって支えられている。また、僧侶の食事は朝と昼の2回で、正午以降は断食となり、水分とタバコ以外はとってはならないとされる。僧侶が身に着ける衣

［写真1-32］先輩の僧侶が袈裟のまとい方を教える（2011年7月11日撮影）

類は、袈裟のみで、山吹色、臙脂色、海老茶色をした布を、女性の筒型スカートのように巻きつける［写真1-32］。

　村びとにとって、僧侶への寄進は「アオ・ブン（*ao bun*：功徳を積む）」と呼ばれる積徳行である。食施によって、僧侶が生活の糧を得ると同時に、村びとは功徳を積むことができるのである。功徳を積めば良い転生ができると信じられているため、人びとは積徳行に熱心で、日々の食施をするとともに、仏教儀礼のたびに食事や袈裟、ろうそくなどを僧侶に寄進する。それは個人の積徳であると同時に、僧侶による儀礼的行為を通して、祖先に功徳を送る行為でもある。[40]

---

[40] ここで言う祖先は、父母、祖父母、曽祖父母の3世代くらいまでを指す。村びとは白紙に彼らの名前を記して供物とともに僧侶に寄進する。祖先は、村びとがそれを燃やして出た煙で、自分の名

儀礼の遂行には、僧侶のほかに、「アーチャーン・ワット（aacaan vat）」と呼ばれる職能者の存在が欠かせない。アーチャーンとは、仏教、死、精霊などに関する宗教的知識に秀でた男性全般を指し、アーチャーン・ワットは仏教に関する職能者である。[41] 彼らは、たいてい4〜5年以上の出家経験を持つ男性で、仏教知識や誦経にも秀でており、僧侶を招いたり、寄進の受け渡し、儀礼時の誦経などを担い、村びとと僧侶を仲介する。2008年の調査当時は、マックがアーチャーンの長を、カムサイとトンリーが副アーチャーンを務めていた。村びとが儀礼や病気などで僧侶を招きたい場合には、いずれかのアーチャーンのもとに行って話をする。それを受けたアーチャーンが僧侶に伝えて招くという流れになっている。また、アーチャーンのほかに寺委員と助役もおり、女性も含めて数人が村びとの投票によって選出される。委員と助役は、寺院での儀礼の準備や、建造物の建設計画・準備、食施方法の計画・実施などを担うが、アーチャーンのように僧侶を招いたり、誦経することはない。[42]

上座仏教において1年のうち最も重要な期間は、陰暦8月下弦1日から11月上弦15日までの雨安居で、現地では「パンサー（phansaa）」と呼ばれる。この3ヵ月は、僧侶にとっては外泊をともなう遠出をせずに、一ヵ所にとどまって修行をする期間にあたる。出家の年数も、何回にわたる雨安居を僧侶として過ごしたかによって数えられ、初めて会う僧侶たちが、「いま何回目の雨安居ですか」と挨拶代わりにたずねあったりもする。また、この期間は在家者にとっても重要で、結婚式を控えたり、いつも以上に積徳行に励んだりする。陰暦8月下弦1日の入安居（khao phansaa）にろうそくや袈裟などを僧侶に寄進し、11月上弦15日の出安居（ook phansaa）には、竹で舟を作って、そこにろうそくと線香を灯して川に流すという灯篭流し（lai hua fai）も行なわれる。

また、雨安居のあいだは、上弦15日と下弦15日のたびに、寺院の講堂で「ラップ・バート（lap baat）」と呼ばれる寄進が行なわれる。その前日は村びとが「カオトム（khao tom）」と呼ばれる粽を作って、翌日の儀礼で捧げる（第5章で詳述）。

前が呼ばれたことを知るという。
41　ストゥントラエンでは、たいていの場合、アーチャーンと言えばアーチャーン・ワットを指すことが多い。本文でも、アーチャーンと言う際は上座仏教に関する職能者を意味するものとして用いる。
42　2008年当時は、寺委員長が1名、寺委員が4名、そのほか助役が10人弱であった。寺委員のうち2名が女性で、他はすべて既婚の中高年男性であった。

また、出安居が近づく頃、陰暦10月下弦1日から15日までの15日間は、カンボジアで最も盛大な儀礼の1つ、「ブン・プチュム (bun phcum)」が行なわれる。それは、祖先や餓鬼を供養する儀礼で、KS村では期間中の朝昼2回、村びとが豪華な食事を準備して寺院に集い、僧侶に寄進する。ラオスで「ホー・カオ・パダップ・ディン」(飾地飯供養祭) と呼ばれる儀礼に類似するが、KS村をはじめ現在のストゥントラエンやラタナキリのラオ村落では、カンボジア式に則って行なわれている。その他、新年の儀礼や、僧衣を奉献する「カティン儀礼 (bun khathin)」、万仏節、仏誕節などがある。これらは村全体で行なわれる仏教儀礼であるが、そのほか、婚姻儀礼、葬送儀礼、招福儀礼や祓災儀礼など、家単位でなされる儀礼にも僧侶が招かれる［表1-8］。

　このような積徳行や儀礼の遂行に僧侶は不可欠であるため、自村の寺院に僧侶が止住しているか否かは、村びとの関心事の1つである。出家は、出身村に限らず男性であれば誰でも可能であり、親族やアーチャーンが出家を促す場合もあれば、僧侶を他村から招く場合もある。2007年から2008年にかけての調査期間中、KS村の寺院に止住する僧侶は7人であった[43]。そのうち、比丘 (khubaa) は4人、沙彌 (neen) は3人であった。比丘は227戒を授かる一人前の僧侶で、沙彌は10戒しか授からない見習僧と位置づけられる。得度式の盛大さも異なり、沙彌出家には授戒師1名がいればよいとされるのに対し、比丘出家には最低5人の比丘の出席が必要であり、村びとたちの準備も大掛かりになる。また比丘は、雨安居の経験年数で計算される出家歴が長いほど地位が高い[44]。寺院には住職を1人たてるが、たいていは最も出家歴の長い僧侶がつく。KS村では、2007年時点で出家歴29年のワン僧侶 (77歳) が住職を務めていた。

　なお、寺院は、宗教活動の場であるほかに、集会や祭りなど、村の社会活動や娯楽の場所にもなる[45]。また、寺院周辺の家々にあっては、近隣へ行く近道として境内を横切ったり、牛や水牛の放牧、稲やキャッサバなどの農作物を日干ししたりする場所として利用したりもする。このような点から見ると、寺院は村びとの日常空間の延長線上にあるとも言える。

43　7人とは、私の滞在期間中に2人が還俗し、1人が新たに出家した状況を含んでいる。
44　相手との身分の違いによっては言葉遣いや態度にも配慮する。
45　ラオ村落の社会構造を提示した綾部恒雄によれば、寺院こそがラオ村落の社会統合の軸ないしは象徴であるが、それは宗教のみならず、政治、社会、娯楽の中心でもあるとされる［綾部1959: 107］。

[表1-8] 儀礼のサイクル

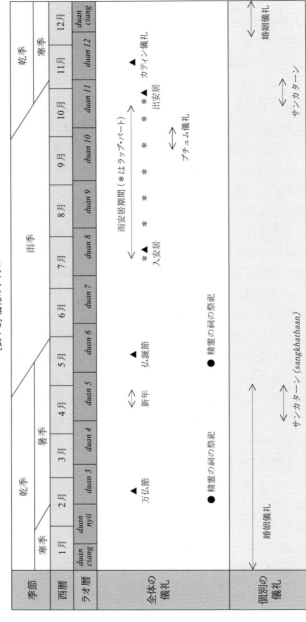

(注1) ▲は仏教儀礼、●はそれ以外の儀礼を示す。
(注2) 葬送儀礼は偶発的であるため未記入であるが、KS村で重要視される儀礼の一つである。
出所：調査にもとづき著者作成

1-8. 村外とのつながり

　最後に、KS村の日常に見られる村外とのつながりについて述べておきたい。本書では、ストゥントラエンのラオが築く対人関係の有様を、人びとの感情の動きにも着目して記述することを第一の目的としているため、一村落をクローズアップする。それゆえ、あたかもストゥントラエンのラオが閉鎖的な社会であるかのような印象を持たれるかもしれない。しかし、先に述べたストゥントラエンを取り巻く歴史からも見てとれるように、KS村をはじめ、ストゥントラエンのラオの生活世界は閉じられたものではない。そこで、ここでまずKS村が村外の他者とどのようにつながってきたか、現在の状況、および将来のつながりの可能性について、簡単にまとめておきたい。

　タイ、フランスをはじめ、ストゥントラエン周辺域にさまざまな勢力が拮抗してきたことは先に述べたとおりであり、人びとがかつてから多様な他者と接触してきたことは想像に難くない。また、1940年代にインドシナへ日本軍が進駐した際に、KS村の家々に日本兵が半月ほど寄宿していたり、ポルポト時代崩壊後のベトナム傀儡政権下（1979～93年）にあっては、2年余りにわたってベトナム兵がやってきていた。日本兵は短期間であったためか、「アリガト」程度の日本語しか記憶されていないが、ベトナム語については多少の会話ができる者もいる。また現在では、州都の川沿いを中心に、ラタナキリの東部に接する国境などから移住してきたベトナム人が住んでおり、ラオ人と結婚するケースも少なくない。そして、クメール人については、1960年代のクメール化政策に基づく移住や、派遣教師の定着などのほか、2000年以降、土地購入・換金作物栽培・食いぶち探しなどを目的とする移住が続き、州都はもちろん地方村落においても、日常的なやりとりや結婚などが常態となりつつある。

　たとえば、KS村に作られたKDクロムはその好例である。故郷で土地が手狭になったなどを理由に、土地を探してやってきては、村びとと土地の売買交渉を進め、うまくいくと親族を呼び合って移住してくる。とはいえ移住の単位は小規模のため、複数の地域から親族関係にない者が寄せ集まって住んでいるという特徴がある。そして、たいていの場合、キャッサバ、コショウ、カシュ

ーナッツなどの換金作物栽培で生計を立てている。このようなクメール人の移住について、KS村の村びとは次のように語る。

「90年代だな、その頃になって（ストゥントラエンの）人口が急激に増えた。それまではここにはあまり人が住んでいなかった。周囲はすべて森だったんだ。寺院だってほんの少数だった。（ところが）90年代の終わり頃になって南からクメール人がやってきて土地を獲得していった」(2007年8月12日、カムサイ)

「南から来たのはすべてクメール人だった。コンポンチャム、プレイヴェーン、コッコン、タケオ、スヴァーイリエン、クラチエ（すべて州名）。たとえばね、スミコはこうして今1人でここ（KS村）に来ているけど、そのうち親族を呼び、彼らがごっそりこちらへ移り住むようにね、クメール人が徐々にやってきて増えていったのさ」(2007年8月12日、モーン)

この語りからは、クメール人の移住に対する冷ややかな見解がうかがえるが、かといって否定するわけでもなく、状況を冷静に受け止めつつ、新たな他者と状況に応じて接してきた様子も見てとれる。実際のところ、近年では移住してきたクメール人との結婚も少なくない。たとえば、2008年当時20代のラオ人女性は、以前はクメール人との結婚に否定的であったにもかかわらず、2010年12月にKDクロムのクメール人男性と恋に落ち、結婚した。彼女の母親は、自分たちが子供の頃は、母も祖母もラオ以外の者とは結婚させなかったといって、はじめはクメール人との結婚に否定的だったという。ところが最近では、子供たちが選んだのであれば強制することはできないと考えるようになり、娘の結婚を受け入れた。

また、クメール人との結婚に前向きな者もいる。私が調査を開始した当初、KS村の区長チェイが娘の結婚式の際に強い口調でこんなことを言っていた。「あと100年もすれば、ラオなんてすべてなくなりクメールになる」。彼は、かつて軍人としてストゥントラエンにやってきていたタイ人の父とラオ人の母とのあいだに生まれ、両親が離婚してからは母親のもとで育てられた。そして彼自身はラオ人女性と結婚し、3人の娘と2人の息子をもうけた。そのうち長女と長男は、いずれも他州のクメール人と結婚し、村を出ていた。私が話を聞いたのも、次女とコンポンチャム州出身のクメール人の結婚式のときであった。チェイが言うには、クメール人と結婚すればクメール語が堪能になって、就学

や就職に有利であるという。区長は、州都の役場やNGOなど外部との窓口であり、クメール人や他の民族との接触の機会が多いため、そうした役柄が彼の発言や子供たちの結婚相手の選択に影響を与えていた可能性は否定できない。しかし、彼の例はいくぶん極端とはいえ、子供たちの将来を願って、クメール人との結婚に前向きな村びとは少なくない。

さらに、村びとを取り巻く生活環境の変化に伴い、人びとは、クメール人のみならず、さまざまな他者と接するようにもなっている。歴史学者ブルディエが、昨今のカンボジア北東部を指して「欲望の対象（object of desire）」と述べたように［Bourdier 2009］、観光資源や土地に目をつけた海外企業や政府の観光政策、NGOなどがストゥントラエンやラタナキリに多数の事業を展開している。河イルカ鑑賞や特産品、「辺境の村」でのホームステイなどを目玉にしたエコツーリズムが提唱され、海外からの観光客も多く見かけるようになった。また、企業がゴムやコショウのプランテーションのために土地を買い取ったり、仲介業者が買い付けに来ることを見込んで、大豆、キャッサバ、カシューナッツなどの換金作物栽培に、村びとが積極的に従事するようにもなっている。労働力や経済力がある者の中には、稲作を放棄して畑作のみに切り替える者もいる。こうしたことにより、人びとの生業のリズムが変わったり、競争や妬み、経済的な格差などが以前よりも露わになってきている。本書で取り上げる事例には直接的には関連しないものの、KS村の日常生活も、このような村を超えた社会情勢に取り込まれていることは指摘しておきたい。

もちろん、日常的にも村外とのかかわりは随所に見てとれる。州都からNGOスタッフがやってきて、寺院の講堂に村びとを集めてさまざまな集会を開いたり、選挙活動や年中行事的な儀礼には役人も訪れる。また、村びとが州都に出ていくことも多い。市場での買い物、役所の手続き、親族や友人の訪問など、さまざまな理由で村びとはしばしば州都に出る。かつては、カヌーを所有する2〜3世帯が、KS村と州都を結んでメコン川を往復運航していた。しかし、橋や道路が整備されるにつれ、カヌーは乗合トラックに取って代わられた。2008年の時点で、乗合トラックは2世帯が1台ずつ所有し、経営していた。運行は基本的には1日1回で、運賃は往復3000リエル（1ドル＝約4000リエル）。朝6時頃に所有者の家を出発して、まずは村の南へ進んで隣村DP村まで行き、乗客

を乗せ終わったらUターンして北に戻り、北側の乗客も乗せて、州都に向かう［写真1-33］。所要時間は1時間程度。州都の停車場で村びとを降ろし、市場での買い物や役所での用事などを済ませるのを待って、遅くとも11時には州都を出て、昼過ぎに村に戻ってくる［写真1-34］。乾季はほぼ毎日運行するが、雨季や農繁期は、経営者の稲作作業、川の氾濫、橋の状態などによっては運休となることが多い。また、近年ではバイクを所有する世帯が増え、乗合で時間のかかるトラックよりも、自分たちの都合に合わせて30分程度で行ける自家用のバイクを利用する者が多くなってきた。

　また、州都までのあいだに複数架けられている木造の橋は、老朽化が進んで破損しているものがあり、トラックやバイクの運行を阻むことが多かった。しかし、そのいくつかがコンクリート製に替えられると、村内外の人びとの移動がより活発になった。村びとは換金作物栽培などで得た現金収入で、バイクや車を購入し、観光や遠くの親族への訪問にも出かけていくようになった。また、他地域からも、就学・就業・旅先などで知り合った友人たちが遊びにやってくることも増えている。2010年頃からは、豚肉や鶏肉・野菜・お菓子などの食料品を売る行商人がバイクで朝方にやってくるようになった。たいていは、プレイヴェーンやスヴァーイリエンなどから食いぶち探しにやってきたクメール人で、メコン水系の魚の漁獲量が激減して食料確保に困った村びとは、彼らから豚肉などを購入してしのぐことも多くなった。

　また、僧侶については、村びととは異なる僧侶同士のネットワークを持って、他地域の寺院を訪問したり、一定期間にわたって寺院を転々としたりと、機動性が高い。村の儀礼や、結婚式・葬送儀礼などで、他村に招かれることはしばしばである。たとえば、隣村のDP村には、寺院に止住する僧侶がいないため、儀礼にあたってはKS村の僧侶を招くことが多い。また、儀礼の文脈だけでなく、村びとが親族や友人を訪ねるのに似て、僧侶も他の寺院にいる知り合いの僧侶を訪ねることがよくある。KS村の寺院にも、しばしば他の寺院から僧侶が「遊びに」やってきていた。

　なお、一般的に、若者世代のほうが年配者よりも頻繁に村外に出ていく傾向がある。KS村には教育機関が中学校までしかないので、高校からは州都に通う。その場合、毎日家から通学する者は稀で、たいていは州都にいる親族や知

第1章　ストゥントラエンのラオ──カンボジア北東部の生活世界──　　119

［写真 1-33］州都に向かう乗合トラック（2007年8月10日撮影）

［写真 1-34］州都での買い物を済ませて乗合トラックに乗り込む村びとたち（2007年8月11日撮影）

人の家に居候させてもらう。中途退学者も少なからずいるが、近年は高校までは終了し、村に戻って結婚するまでのあいだ、両親の農作業を手伝う者がほとんどである。中には成績優秀で奨学金をもらい、首都の大学や教師育成学校へと進学する者もいる。また、しばらく家にいたあと、州都や他州へ出稼ぎに出る者もいる。1960年代までは、ラオ人の親族関係や縁故で、ラオス、タイ、ラタナキリで、木材加工や探鉱などに従事するケースが多かったが、1990年代以降は、出稼ぎ先としてラオスやタイを選ぶ者は減り、国境域での木材加工や、州都でのホテル建設工事、クメール人移住者の家の新築工事、他州の高架橋の建設、プノンペンでの日雇い労働などに従事する者が増えている。また、少数ながら、就学先や婚姻先で得た情報などが基となり、マレーシアや韓国へ出稼ぎに出る場合もある。

第2章
ハック・カン
―親密な間柄を築く―

　村びとは常日頃から家間関係に配慮しながら生活している。そして、家の訪問、食物や労働力の交換といった直接的なやりとりによって、ハック・カンの間柄を築こうとする。ラオ村落は、そのハック・カンを基盤とする家間関係が網目状につながることによって成り立っている。そのつながりには、家主たる女性が中心となって、他家とのあいだに親密な関係をとりむすぶことが重要である。本章では、家と家のハック・カンがどのように築かれるのかについて、女性の役割を含めて記述する。

2-1. 家の境界と女性

2-1-1. 家の境界

　まず、相互行為の単位となる家について、その境界と、女性との結びつきを示しておきたい。家の境界は、女性が独立した家を持つことで交換関係のスタートラインに立てるという点で重要である。

　ラオの家は、壁という物理的な境界のみならず、災いや悪評をある程度くいとめうる、社会的な境界を持っている。それはまず、家が家の守護霊 (*phii huan*) の庇護下にあることからも分かる。それは、一般的には妻方の父母、祖父母、曾祖父母などである。[1] 祖霊は子孫を守ると同時に、子孫を戒める存在でもあるという二面性を持っている。婚入、婚出、離婚、死など、成員が出入りする節目には、祖霊に報告しなければならない。また、成員が喧嘩をしたり、タブ

---

[1] ただし、仏教儀礼で供養するのは妻方と夫方双方の故人である。双方の祖先の名前を白紙に記入して僧侶に捧げ、燃やしてもらう。それによって供物と功徳を祖先に送ることができると考えられている。

[写真2-1] 家を冷やすため新年に僧侶の聖水を浴びる（2008年4月16日撮影）

ーを犯したなどで、家の安寧が揺るがされると、祖霊の怒りを買い (phit phii)、成員の誰かが病気になったり怪我をしたりする。また逆に、成員の病が長期にわたって治らないと、祖霊が不満を抱いていると解釈されることがある。病にかかると、伝統薬や民間治療を試し、最近では地域のクリニックや医薬に頼ることも多いが、それでも回復しないと、占師のもとに行って、何が病をもたらしているのかを占ってもらう。そして、祖霊が関係している場合には、捧げものをして (sen phii)、病からの回復を願う。その際、供物は先代から同種のものでなければならないとされ、豚であれば豚を、鶏であれば鶏を捧げ続ける。

また、家の境界は、常に家を冷やし (hai yen)、災いを祓って、平穏に保つよう配慮されることによっても示される。ラオにとって熱い (hoon) ことは、身体、家、出来事など、あらゆる物、事柄にとって悪い状態を意味する。身体の不調や災厄は、熱さと結びつけられ、家にふりかかった災いを振り払うために、聖水を浴びて家を冷やしたり、出来事のほとぼりが冷めるまでは行動を控えようとする。たとえば、成員の安寧を祈って、新年には、家を冷やすために僧侶を招いて誦経してもらう [写真2-1]。また、たとえば、家鴨がある程度の高さま

で飛ぶと家に災いがふりかかると考えられており、飼いはじめるとまず羽の一部を断つ。万が一羽を断つ前に家鴨が飛んでしまった場合には、すぐさま、災いを祓う儀礼が行なわれる。また、悪霊が家に入ってくるのを防ぐため、階段にサボテンをぶらさげて結界を張ることもある。

　さらに家は、他家からの悪評をとどめたり、怒りや妬みなどのネガティブな感情を他家から伏せておく境界でもある。村びとは、しばしば不都合な事実を他家から隠す。情報を伏せておくことは、「スガット（*sgat*：静かな）」あるいは「スガット（・アオ）・ワイ（*sgat (ao) vai*：秘密にしておく）」と言い、人びとは他家に情報が漏れてしまわないよう気を配っている。もちろん、親子やキョウダイのあいだでは、家分けしたのちも情報が共有されることが多い。しかし一般的には、独立した家を持つと明らかには言わなくなるとされている。

　このことは村びとが、不満を抱えていても、何の問題もないかのように相手と会話を交わそうとすることからも分かる。たとえば、次のような出来事があった。2010年4月、モーンの次女クアの経営する乗合トラックが橋から転落し、乗客に重傷を負わせてしまった。それによって、クア家は重症者に病院への搬送費と治療費を支払うことになったが、乗客の態度や一部の親族の反応に不満を抱いていた。一方、怪我を負った村びとやその親族たちも、クア家をはじめ、モーン家について快く思っていなかった。それを噂で伝え聞いたモーンは、娘に次のように諭したという。

　「母さんはあなたの姉さん（クアのこと）に、言わせなかった（相手に直接怒らせなかった、の意味）。母さんは、『やめなさい、子供よ、ウーイ（説得や念を押すときの表現）。言わないのよ』と言った。隠しておきなさい。母さんはこうも言った。『彼らが話してきたら、（あなたも）話しなさい、子供よ、ウーイ』。母さんは、あなたの姉さんに（相手と）会話するように言った。（そのほうが）良い。私たちはこの中に［掌で胸を叩く］（不満や怒りを）置いておく。（中略）私たちは、こうだよ、よくするんだよ、子供よ。彼らがしゃべるなら、（私たちも）口をひらく、口をひらく、口をひらく。私たちはこの中に置いておく。誰にも分からせないよ、この中は。誰もこの中は見えないよ、これが…良いんだよ」（2011年7月12日、モーン）

　この語りからうかがえるのは、他家には本心を隠して、いつもどおり会話を

して、いつもどおり接する、という見解である。こうした考えは、モーン家に限らず、村びとに一般的に見られる。

　たとえば、上記の事故で重傷を負い、モーン家やクア家と対立してしまったブンニーは、相手方が不満を抱えつつも平静を装っていることを知っていた。2010年12月に、私がブンニーに会いに行くと、事故の話になった。彼女は、クアたちが事故の件について何か話して聞かせたかとたずねた。そこで、私があまり多くは知らないと言うと、彼女は、やっぱりといった表情で次のように言った。

　「私だってあなたの父と母（カムサイとモーンのこと）に話したのよ、あの類の話（ブンニーが病院で治療を受けているあいだに、親族が治療費の支払いをクアに求めたこと）を（親族から）聞いたから。（でもあなたがカムサイやモーンから）聞いていないのならそれはそれで。彼らはあなたに話さない。彼らはとことん隠してる（sgat）…。彼女（クアのこと）は誰にも彼女の問題を知られたくないんだよ。彼らは隠しておいてる（sgat vai）。口裏合わせて隠しておいてる。ほら、あなたが来た（私の再訪のこと）って、あなたに何を聞かせたかって（治療費に関するもめごとについて何も語らない、の意）。ただ『事故があった』って言っただけでしょ。彼女たちは隠してるんだよ」（2010年12月29日、ブンニー）。

　ブンニーはクアたちの会話を直接聞いたわけではない。しかし、この語りからは、こういう状況であれば彼女たちが都合の悪い情報を伏せるであろうことを知っている様子がうかがえる。その口調は、クアたちの沈黙を批判しているようであるが、一方で、家の過失は他家から隠すものであるという村びとたちの了解事項を確認しているようにもとれる。もちろん、この例のように、情報を隠せば他家から噂をされやすい。しかし少なくとも、事実はあいまいなままにしておけるし、噂が決定的に関係を壊してしまうこともないのである。

2-1-2. 家と女性の結びつき

　このような家の境界は、とりわけ女性と深い関連がある。たとえば、結婚後

2　実のところ、私はモーンとクアから、治療費の支払いについて聞いていた。しかし、その語りにブンニー家に対する悪口が含まれていたので、このときのブンニーとの会話では何も聞いていないかのようにふるまった。

の妻方居住、娘への家の相続、祖先が妻方であること、祖先祭祀が女性を中心に行なわれることなどを見ても分かる。また、リーダー、長、所有者などを意味する「ナーイ (naay)」という敬称は、年配女性に対してつけられる。さらに、「メー・フアン (mee huan：家の長)」と呼ばれる家主も女性であり、村びとが「～家」と呼ぶ場合、家主の名前がつけられることが多い。一方、「メー・クオサー (mee khuosaa：世帯の長)」と呼ばれる世帯主は男性であるが、こちらは行政単位としての意味合いが強く、外との窓口になるものの、家計や財を管理したり、生産活動をはじめ成員の行動に対する発言権は、女性が持っている。

　従来の東南アジア研究では、こうした状況を女性の経済的自立性と捉えてきた [Evans 1990; Ireson, C. 1996: 21-22, 101; Potter, H. 1977: 101][3]。しかし、さらにここで強調したいのは、家主をはじめ女性の言動が、家の内部にとどまらず、家間関係をも左右するという点である。家主たる女性が、他家との交換をするか否かが、家間関係にとって重要となる。もちろん、男性が家間関係に全く関与しないというわけではないが、男性は女性に比べてより暴力的に緊張をうみだしたり、直接的な対立をするという点で、女性とは異なるかかわり方をする傾向がある。また、家と家の関係の調整において、男性は比較的弱い立場にある。[4] このことは次のような男性の語りからもうかがえる。

　1990年代以降、「女性の権利」を広報するNGOが、村々で集会を開いて指導に当たるようになった。それに関連し、KS村の区長チェイが「女性の権利や家庭内暴力については、NGOが入ってきてかなり改善された」（2010年12月26日）と私に語ったことがある。それは役人が一般的に持つ見解で、女性の潜在的な弱さを強調しているように思えた。しかし、別の機会に、村の20代の男

3　ラオスのラオ人を対象とする研究者グラント・エヴァンスは、東北タイのラオ人社会について「女性中心のシステム (female centered system)」と名づけたハインス・ポッター [Potter, H. 1977] の定義をひきながら、ラオ人の集団が女性を中心とした性格を持っていることを指摘している [Evans 1990: 125, 131]。また、キャロル・イアーソンも、国家的規制の弱さ、妻方居住の傾向、女性を通した家や土地の継承、家計を担い経済活動の中心となる点などをあげ、ラオ人女性が一定のステータスを有しているとと述べている。そして、「世帯、寺院、村落の形式上の長は男性であったとしても、あるレベルでの女性の権威は複数の世帯間や村落内において明らかである」と指摘している [Ireson, C. 1996: 21-22, 100-101]。

4　ただし、家間関係における男性の位置は、既婚か未婚かによっても異なる。既婚男性は、基本的には妻方に居住し、妻方の親族の意向に従う傾向が強い。それに対して、未婚男性は、家間関係から比較的自由に行動する傾向がある。

[図2-1] ホームと夫方のキョウダイ関係

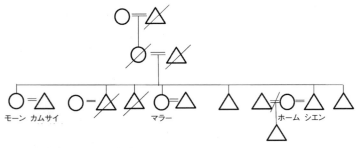

出所：調査に基づき著者作成

性ニュムは「最近は『女性の権利』とか言ってるけど、何が女性の権利だ。男性の方がよっぽど弱い。見てごらん。夫は何か言ってるか。見ていて可愛そうなほど妻から（文句を）言われてる。夫は何も言わない。彼の家じゃないからさ」（2011年1月3日）と私に言っていた。この2人の見解を照らし合わせると、身体的には弱さを強調される女性が、男性の行為を方向づけうる社会的な強さを持っていることがうかがえる。しかも、その女性の強さは、家によって保障されているかのようである。

　そこで以下に、女性と家の結びつきが見てとれる2つの事例を取り上げたい。1つめは、女性は家を持つことで、家間関係の起点に立ち、親世帯から独立して村の中で新たに関係を築いていくというものである。ここでは、村外者が結婚により村での生活を始めたが、家を独立して初めて、他家との交換関係に組み入れられていき、その結果、村びととのぎこちなさが解消されていった例を紹介する。

[事例2-1] 新来者の同居と家の独立

　ホームは州都出身の30代前半のラオ人女性で、モーンの弟シエンの妻である [図2-1]。彼女は既婚で息子もいたが、離婚し、息子を連れてラタナキリ州のゴム・プランテーションで働いていた。そこでシエンと知り合い、事実上の結婚をした。そして、数年後には労働環境が厳しくなったため、仕事をやめた。ホームにキョウダイはおらず、父親は死去し、母親は

州都で再婚したため、彼女の居場所がなかったという。そこで、親族も知り合いもいないものの、夫方のキョウダイを頼ってKS村にやってきた。

　2007年10月22日、ホームは夫の姉マラーの家で同居を始めた。マラーはモーンの妹であり、モーン家の隣に家があり、そこに未婚の弟も同居していた。マラーはシエンの結婚も父親違いの子供がいることも、直前まで知らされておらず、呆れた様子であったが、彼らを受け入れ、食事を提供し、生業を共にするようになった。しかし、ホームはマラー家にいるあいだ中、ずっとこわばった表情をしており、寡黙で、村びととすれ違っても挨拶すら交わさなかった。モーン家に上がっておしゃべりをすることもなかった。そのためか、周囲の村びとから、「彼女（ホーム）は誰に対しても何にも話さない。彼女は頭が悪いに違いない」（レン）と噂されていた。

　ところが、私が村を去る2008年12月までの約1年のあいだに、ホームの表情は見違えるように明るくなり、行動も活発になり、自発的に村びとと会話をするようになった。モーンに対しても「姉さん」と親族名称で呼び[5]、毎日のように家を訪れるようになった。こうした変化は、ホームとシエンがマラー家での同居をやめ、独立した家に住みはじめたことと少なからず関連がある。

　ホームたちはまず、マラー家の向かいに簡易小屋を建てて住みはじめ、さらに2008年3月7日には、モーン家の裏手に家を建てて移り住んだ。その後、家の周辺にバナナ、カラシナ、キャッサバなどを栽培し、収穫しては料理や甘味を作って、マラー家やモーン家に分配するようになった。その頃、彼女は「この村（KS村）は良い。皆が分配しあっていて良い。ラタナキリは違った。近所なのに皆まわりのことなんて気にもかけず、作った物は自分たちで食べるだけ。ここはそうじゃない」と私に嬉しそうに語っていた。また、ホームの分配に応じてモーンたちも、美味しい料理を作ったときなどには、ホーム家にも分配するようになった。寡黙で無表情という噂を伝え聞いていたモーンは、「（あの頃は）彼女はまだ勇気がなかったのだ」とホームをかばうような発言をするようになった。そうしたなか、他の村びとからも、無口で無愛想という陰口はなされなくなったようであった。

5　親族名称で呼ぶことは互いが親密な関係にあることを示す［山崎2010: 144］。

この事例からは、村外の女性は、家を独立することによって初めて、村びとと関係を築いていくことができるということがうかがえる。ホームは、マラー家に寝泊まりし、食事も生産活動も共同であった頃とは異なり、家の独立後、挨拶、家の訪問、食物交換を頻繁に行なうようになった。ここに、独立した家を持つことが村落における関係構築の前提となっている様子が示されている。
　2つめの事例として次に、女性が家を持つことで、悪評からある程度守られ、家間関係をより円滑に維持できるという点を取り上げたい。女性は、離婚、駆け落ち、恋愛沙汰、姦通など、異性との関係について悪評を立てられると、恥をかき、名を失いやすい (*sia suu, sia naa*) とされている。村には「純金の男性 (*phuusaay kham nam sip*)」という格言がある。[6] 純金が火にかざしても変色もせず美しいままであるように、男性も、婚外の性交渉や離婚をしても悪評を立てられにくい。すなわち、男性は過ちを犯しても名を失いにくいとされている。この格言は女性によって語られることが多いのだが、女性は金どころか何もなく (*phuunying bo mii isang*)、恥が周囲に広まって悪評をたてられやすいということが含意されている。
　たとえば、駆け落ちや離婚によって名が穢れるのは常に女性であると考えられている例として、49代の女性ヨーンの語りを取り上げたい。

[事例2-2]女性の名の喪失

　2010年12月27日、村内を散歩中にヨーンに出くわし、立ち話をした。久しぶりの再会で、私が日本に帰国しているあいだに、近所の男性が結婚したという話に端を発し、KS村の結婚方法や女性のみが名を失うという話に転じていった。通常であれば、男性側の両親が女性側の両親のもとに行き、子供達の結婚に合意を得たのち、婚資や婚姻儀礼の日取りなどについて話し合う。そして双方の両親が参加のもとで、婚姻儀礼を執り行なう。ところが、いずれかの両親が反対していると、子供同士で駆け落ちしてしまうことも少なくない。その場合に名を失うのは女性であるという。失うのは女性だけなのかと私がたずねると、ヨーンは次のように言った。
　「失うのは女性だよ。男性は失わないよ。失わない、男性は。失うのは

6　同様の格言はクメール語にもある (*proh miah tek dop*)。

第2章　ハック・カン──親密な間柄を築く──

女性だよ。だって女性の、私たちの心でしょ。もし好きでないなら私たちが、彼ら（の性器）を（女性の陰部に）当たらせない。そしたら男性だって勇気はないよ」

　彼女は、このように名を失うか否かは女性自身の心がけにかかっているとほのめかした上で、さらに女性の陰部に鍵をかけるという喩えを用いて、問題の非は常に女性に帰せられることを次のように示した。

「ほら、鍵みたいにさ。あなた（女性のこと）がそれを入れさせないんだ。私たち自身の鍵だよ。もし私たちがそれ（男性の性器のこと）を挿させ（*theeng*）なければね［陰部付近に手を当てて示す］。もしやつが入ろうとしたら、私たちは…鍵をかけておく。挿すなら私たちが鍵をかけるから、彼らだって勇気がないよ」

　ではもし鍵を開けてしまったらどうなのかと私が口をはさむと、

「開けてしまったら、女性が…。だからさ、名を失うのは女性なのさ。でも男性はどうってことない。何をしたって…男性は、ウー（前に言ったことを若干訂正するときの表現）（男性だって）非難されるし言われるよ。でも、あれじゃない。多くは言われない。彼らは『普通だよ。普通』って（言われるだけ）。（それに比べて）『女性は、ンーンー（言葉を選んでいるときの表現）、陰部（*hii*）だって、女性だ（*hii*は女性にあるのだから非も女性側にあるの意）。もし女性がさせなければ、男性だってできないよ』って（言われてしまう）。そのとおりよね。もし2人が好きあってい（てこういうことになっ）たならば、名を失わないよ、男性は。女性が失ってしまうことになる」と言った。

　そこでまた私が、何をしても女性だけ名を失うのかとつぶやくと、彼女はそうだと言って、さらに出産による穢れに触れながら、男女の差異を強調した。

「（非は）なんであろうが女性のだよ。男性はなにがあっても良いままだ。子供ができたって私たち（女性の身体だけが穢れる）。女性の名は失われてしまうよ。子供ができたら終わりだよ、もう美しくない。男性は、彼らは美しいまま。（しかも、）女性は、自分の身体を守ることができる。（それなのに）もし私たちが変なことにうつつを抜かしたら、身体が美しくなくなって、私たちが良くないって言われてしまう。名を失うよ。そうだよ、男性だよ、

楽なのは。男性は、年配者が言うには『純金の男性』、ずっと美しい。どこに落ちたって依然として男性で、依然として美しいまま。女性は、あなた、子供ができたら『定年』で、蹴り飛ばして捨てられる。蹴って蹴って、別れられる。犬だって食べたがらないよ」(2010年12月27日)。

　この語りからは、女性が異性との関係について周囲から非難されやすく、名を失いやすいことが強調されている。駆け落ちすれば、事実はどうあれ、女性が男性の求めに軽はずみに応じてしまったのが悪いと陰口される。つまり、異例の結婚は、男性が女性に強いた可能性があったとしても、常に女性の考えの甘さに結びつけられる。離婚にせよ、男性は身体が穢れず、その後に再婚しても周囲からそれほど言われないのに対し、女性は出産によって身体が穢れ、美しさもなくなり、あらぬ噂を立てられるため再婚がしにくい。たとえ再婚してもまた離婚を繰り返すものと考えられている。「犬だって食べたがらない」という上記の表現は、こうした女性の立場を示すものである。犬は、排泄物を食べたり、母子かまわず性行為をするなどの点で、喩えにおいては強い侮辱の意味で用いられる。

　このように女性は、落ち度がなかったとしても、他者の解釈や評価によって名を穢されてしまいやすい。また、女性の名の喪失は、家の名を穢すことでもある。もめごと、離婚、恋愛沙汰、不義をはじめ、家に恥をもたらすような情報は、他家に知られると脚色されたり、思わぬ方向に解釈が転じて、家に悪評をもたらしかねない。そのことは、次の語りからも見てとれる。

[事例2-3] 解釈による情報の歪曲
　2011年7月12日、モーン家の台所でモーン、カムサイ、リーンと私で朝食をとっていたとき、マニット (50代の女性) は情報通であるといった話題が、カムサイから出された。するとモーンがすかさず、おしゃべりな者に対する批判を始めた。
　「マニットとタリー (マニットの夫) は、ものすごい口が達者なんだ (*paak pen si taay*)。もし私たちが『これくらい』話したとしたら、『あれくらい [腕を大きく広げてどのくらい彼らがおしゃべりであるかを強調する]』話す (大げさにたくさ

んしゃべるの意)。ヌパン(40代女性)だって同じだよ。オーイ(失望や驚きを表す表現)、おしゃべりだ(*paak laay*)。(モーン家に)来て、私たちと(面と向かって)話をするときは…」

「嘘がうまい(*khii tua keng*)」[リーンが横から声を差し挟む]

「オーイ、オーイ。こんなだよ、ヌパン家は。(口が)甘い。ものすごく甘いこと言う(*paak vaan*)。でも、家(モーン家)から出ると、言うのは、シー、良いことじゃないんだよ」

モーンの語りは、このようなマニットやヌパンに対する批判に始まって、さらに、情報が他家に流れると事を荒立てられるという一般的な話になった。ちょうどモーンの子供や甥姪に度重なるように問題が起こっていたときであったので、彼女はそれらを念頭に置いて私にこう言った。

「私たちが(悪いことをしたと)言ってるんじゃない。私たちは、『私たちは良い』って言ってるんだよ(*hao dii*)。私たちは(非難されるようなことは)なにもしていない。(だから)私たちは『良い』って言ってる。それなのに、家々が、この村の家々が、彼らが(出来事を)知った途端に、私たちを『良くない』って言うのさ。1人に話すとその人がまた他の人に話すという具合に、どんどん広がっていく(*vao too too kan*)。彼らが、私たちは『良くない』って言うんだ。私たちはなにも知らないのにだよ。それなのに、彼らが根も葉もないことを流してしまうんだ。そうさ、最近、母さん(モーンのこと)は心配事ばかりだよ。何が疲れるって、オーイ、なにかを(ここでは、家の成員や近親の問題のこと)言ってしまったら、恥ずかしい」

この語りにあるように、好ましくない情報は、第三者からの解釈によって曲げられる可能性を持っている。「私たちが『これくらい』話したとしたら、『あれくらい』話す」というのはまさに、ほんのさわりだけであっても、脚色されて大げさになることを示している。また、対面状況では同調していても、他家では当事者について悪口を言うというヌパンの例からは、たとえ自分たちに非がなくても、周囲の解釈によって非難されうることが見てとれる。そのため村びとは不都合な情報をできるかぎり家でとどめようとしたり、曖昧なままにしておこうとするのである。実際、次のような出来事があった。

[事例2-4] 離婚にかかわる秘密と暴露

　ソーイ家の娘リムは、2008年の時点で28歳の既婚女性で、5歳になる息子がいた。しかし、夫とは5年ほど前に離婚したため、母の家（ソーイ家）に同居していた。しかし、リムはもちろん、ソーイ家の者は離婚したことを隠していた。ソーイの兄にあたるカムサイも、リムが離婚したのかどうか確信を持てない様子であった。それに対して、リムの弟サヴィも2回ほど離婚していたが、こちらについては情報が伝わっていた。実際、2008年10月17日に私とカムサイが別の用事でソーイ家を訪れたとき、ソーイや娘たちがサヴィの離婚について話してくれたことがあった。しかし、リムについては誰も触れなかった。

　私がリムの離婚について聞いたのは、2010年12月29日のことだった。当時、彼女は母の敷地に自分の家を建設中であった。その日、私が近くを散歩していると、完成間近になった家に上がっていたリムから手招きされ、バルコニーに腰を下ろしておしゃべりをすることになった。そのとき、私はリムをからかって「息子と2人で住むのには随分大きな家ね」と言ったところ、彼女は深刻そうな面持ちになって、小声で次のように言った。「シー。あなたにだけ話す (*book*) からね。シー。実は、私は夫とは離婚してるの。息子が7ヵ月のときに」。それを聞いた私は、「えっ。そうだったの」と声をあげてしまった。すると彼女は、「ンッ」と口に人差し指を当て、目を床下にやった。このとき床下では、カムサイの息子を含む数名の男性が作業していた。リムは、彼らに聞こえないように私を制したのである。そして、「誰にも言わないでね、親族にはまだ言っていないのよ」と念を押し、次のように続けた。

　「（夫は）クメール人よ。南（他州のこと）から来たクメール人だった。彼は（私と）離婚して、別のクメール人女性と結婚して南に住んでる。シー。離婚したけど、近親にすら隠してきたわ。軽蔑される (*khao beng gaay*) かもしれないから。でももし自分の家があれば、侮辱されない。だから、お金を貯めて自分の家を建てたかった。仕立てをしてお金を貯めて、まわりが遊びに行ってもついていかずに、せっせと貯めてきたわ」[**写真2-2**]

第 2 章　ハック・カン——親密な間柄を築く——　　133

[写真 2-2] リムの家（右）（2010 年 12 月 29 日撮影）

　この事例では、ソーイ家は家をあげてリムの離婚を隠していたが、リムの家が完成するというタイミングで、沈黙を破って語りはじめた。もちろん、このリムの発言が、離婚について初めてなされたものであるかどうかは分からない。情報を既に知る家々が、口裏を合わせてモーン家には隠していた可能性もあれば、モーン家も分かっていながら私には知らないふりをしていた可能性もある。この事例のみでは、それは不明である。しかし少なくとも、女性が男性以上に周囲からの評価を気にかけ、不利な情報を家でとどめようとする傾向や、家を持つことで女性が悪評から守られうるということは見てとれる。

　男性であれば、恥をかいても名を穢されにくく、出家によって恥を多少なりとも払拭できる。たとえば、2011 年 7 月に、20 代の男性フォーイが他村の女性と性交渉を持ったという噂が流れた。そのとき彼は、父母の助言に従って 3 日ほど出家した。彼の出家の理由についてまわりから噂されることが全くなかったわけではないし、彼の普段の行ないが良かったことも事を荒らだてられずに済んだのかもしれない。しかし、少なくとも私は、彼に関する噂を聞かな

った。それに比べて女性は、異性との関係について、まわりも目を光らせており、何か問題が起こったときに男性のように出家することもできない。そのかわりに女性は、家によって、名を失う危険性を最小限にとどめながら、他家との関係を調整し続けるのである。

　以上のように、本節では、女性は家を持つことで交換関係を築きはじめること、また、家を持つことによって悪評に真正面からつきあわずにすむことを例にとり、家と女性の結びつきを示してきた。この点を踏まえ、次節では、女性を中心とする家と家の関係構築に重要とされる、ハック・カンのあり方について取り上げる。

2-2. 家と家の親密な間柄

2-2-1. ハック・カンの概念

　まずハック・カンの意味について、ここで改めて確認しておきたい。それは、養い (*liang*) あい、護り (*thuu*) あう関係であり、たとえば、2008年当時65歳の男性マックによれば、「(相手から)ハックされていれば、どこに行っても、どこにいても、死ぬことはない」と言う。この語りからは、人びとが、生死にもかかわる重要な交換関係としてハック・カンを重視していることがうかがえる。ポルポト時代に、所属する集団内で死者が出なかったことについて、ハック・カンと結びつけて捉える人も少なくない。たとえば70代の女性タートによれば、「あのとき私たちはM村に行かされたけど、ポルポト兵もみんな私たちとハック・カンだったから、誰一人として死ななかった。みんなで(米や野菜を)作り、みんなで分けあって食べた。ひもじくはなかった。ポルポト兵だって悪い仕打ちをしてこなかった」と言う。

　ハック・カンを表す行為は、村落生活においては家を単位としてなされ、個人の言動も、基本的には家の見解として受け止められる。ただし、家分けした親子やキョウダイのあいだでは、ハック・カンの相手を共通に持つことが多く、ある家との緊張が、その親子、キョウダイの家々にも波及する場合がある。

　また、村びとは、どの家と親密な間柄であるかを、贈与や訪問を通して折に

触れて確認している。次の事例に見るように、個人間の贈与に見える行為も、家同士のこれまでの関係と、今後の期待の中で解釈される。

［事例2-5］贈与する相手の選択

　私は、州都や首都に出かけると、パン、薬、衣類など、村では手に入りにくいものを買い、お土産として村びとに渡していた。購入時には贈る相手をおおまかに決めているのだが、たいていの場合、そのとおりにはならなかった。というのも、お土産を見た家主が、「これは○○家にあげてね」などと、穏やかながらも贈与の相手について念を押すからである。

　2007年12月上旬、私はモーンに知られないようにして、ハーイ家の娘ナー（28歳の女性）にお土産を渡したことがある。ところがすぐにモーンに知られ、12月6日には次のように諭された。「そんなに彼女たち（ハーイ家）にあげなくていい。スミコは彼女たちをハックしてるかもしれないけれど、あっちはこっちをそんなにハックしてない。ハックしてたとしてもほんの少しだけよ」。

　この発言は、私の行動を制すると同時に、村びとが物の贈与をあくまでも家同士の関係の中で捉えていることを示していた。家主はたいてい、これまでどの家から何をもらったか、どんな料理を分配されたか、どの家の誰が労働を提供してくれたかなどを、記憶している。過去に受けた贈与によって、記憶の中に「返礼リスト」が作られているかのようである。そして、何かを分配するとなると、それをもとに贈与する相手を決める。

　この出来事は、私の失敗談にすぎないものの、個人の行為に見える贈与も、家間関係で捉えられることを示している。贈与は、家と家のこれまでの交換のあり方と、今後の関係を期待する中でなされるものなのである。モーン家とハーイ家のそれまでの関係を知らなかった私は、ナーという個人に贈与したつもりであった。ところが、モーンにとって私の行為は、「あっちはこっちをそんなにハックしていない」というように、モーン家とハーイ家の問題として捉えられていた。

　また村びとは、ハック・カンの間柄にあるか否かによって、親族関係の濃淡

[図2-2] モーンとブンニーの親族関係

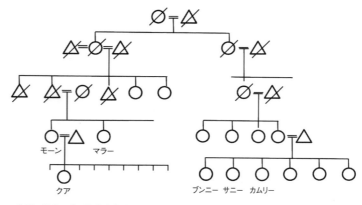

出所：調査に基づき著者作成

を認識している傾向がある。もちろん、近親であればハック・カンが当然視されるが、血縁関係が遠くなればなるほど、血のつながりよりもハック・カンの間柄にあることが対人関係において強調される。たとえば、モーンとブンニーの例がある。2人は遠縁の親族にあたるが［図2-2］、私がモーンにブンニーとの親族関係について聞くと、親族ではないと言い、「親族ではないけど、親族のようにハック・カンしてきた」と説明することがあった。両者は、幼い頃から一緒に遊び、食料の調達にでかけたり、生業を助けあってきたばかりか、互いに結婚してからは、それぞれの子供たちを含めて、家同士が頻繁に食べ物や労働力を交換しあってきた。そうした交換関係の継続が、血のつながり以上にハック・カンの間柄を強調する発言につながっているようであった[7]。

さらに、血縁関係になくても、ハック・カンの間柄にあれば親族のように扱われることもある。たとえば、モーン家とペット家は、血のつながりはないが、頻繁に食物を交換していた。それについてモーンは、「ペットは親族じゃないけど、いつも私たちに（食物を）くれる。近親以上にハック・カンしている」とよく述べていた。これらの例を見ると、ハック・カンの間柄こそが、血のつな

7　ラオ人の関係性が、生物学的なつながりよりも、食物交換などによって常に負債を残しながら築かれることは一般的に知られている。たとえばハイは、ラオス南部のラオ人の養子に着目し、養女の死における養女と親の関係性について論じている［High 2011］。

第2章　ハック・カン──親密な間柄を築く──　　137

[写真2-3] 通りすがりに声をかけあう女性たち（2014年8月23日撮影）

がりを超えた対人関係の広がりをつくりだすのに重要であることが分かる。

2-2-2. ハック・カンをあらわす相互行為

　ハック・カンは、成員が家を訪問しあい、食物や労働力を交換するなどといった相互行為によって具現化される。中でも重要なのは、挨拶（*thaam kan*）、家の訪問（*haa kan*）、食物交換（*hai kan*）、労働交換および相互扶助（*sooy kan*）である。これらのうち、家の訪問と食物交換が最も重要であり、労働交換や相互扶助は、それらを基盤に築かれた関係のもとでなされることが多い。以下で、それぞれの具体的な内容について説明を加えたい。

2-2-2-1. 挨拶

　挨拶は、相手の作業や目的地などについて「たずねる（*thaam*）」ことを意味する。たとえば、道端で出会ったときや、家を通りかかったときなどに、相手に向かって声高に短くたずねる [写真2-3]。問いかけは、「どこに行くのか」、「どこに行ってきたのか」、「何をしているのか」、「手に持っている物は何か」、「何を作って食べるのか」、「（稲は）よく実ったか」、「魚は大漁か」、「病気は良くなっ

たのか」、「儀礼はどうだったか」など、移動先、作業の内容、持ち物、料理、生業の進捗状況、体調、儀礼の様子など、文脈に応じて多岐にわたる。それらのうち、「どこに行くのか」、「どこから来たのか」という質問が最も一般的である。ただし、相手の行き先を知っている場合などには、より具体的な質問がなされる。たとえば、相手が移動先から帰村したときには、「いつ帰ってきたのか」、田植え期に相手が遠くへ歩いていくのを見れば、「(水田に) 水はたくさんあるか」、「(田植えは) もうすぐ終わるか」、「どのくらい田植えができたか」などとたずねる。

　このような問いかけに対する応答は、必ずしも事実と合致していなくてもよく、何らかの言葉を返すことが大切である。何か問題があって無視をしようものなら、「よそよそしい (*khii khuy*)」、「もったいぶっている (*thvee luk*)」と陰口されたり、緊張を助長することになりかねない。

2-2-2-2. 相互訪問とおしゃべり

　互いの家を訪問することも、ハック・カンを確認しあう重要な行為である。中でも家主 (*mee huan*) の訪問が、家の見解を代表するものと捉えられることが多い。たとえ他の成員が相手方を訪れていても、家主が訪問しなければ、その家間関係は良好でないことがよくある。

　また、家の訪問にはおしゃべり (*soo kan*) がつきものである。40代以上の女性であれば、訪問先でビンロウジを噛みながらおしゃべりをする。ビンロウジを噛むことは「キアオ・マーク (*khiav maak*)」と呼ばれ、家を訪ねておしゃべりをすることを示す慣用句としても使われる。たいてい一家に1つはビンロウジを噛むための材料と道具――ビンロウジ、キンマ (コショウ科の植物)、石灰、香木、タバコ、はさみ、石灰を塗るための棒など――が入った籠や容器がある。それを傍に置いて、まずははさみでビンロウジや香木を切って口に入れやすいサイズにする。そしてキンマを1枚取り出して石灰を塗りつけ、ビンロウジや香木を包んで折りたたむ。それが済んだらタバコをつまんで手でくるくると丸めて歯にこすりつけ、折りたたんでおいたキンマを口に入れて噛みはじめる。このキアオ・マークは、嗜好品を楽しむことであると同時に、家同士のハック・カンを認識しあい、強化する行為としても重要である [**写真2-4, 写真2-5**][8]。

8　キアオ・マークの方法や道具については、拙稿で紹介している [山崎 2014]。

第2章　ハック・カン——親密な間柄を築く——

［写真2-4］家を訪れビンロウジを嚙みながらおしゃべりをする女性たち（2013年8月21日撮影）

［写真2-5］ビンロウジとともに嚙む木片をハサミで断つ（2013年8月21日撮影）

家を単位として行なわれる儀礼への参加も、日常的な訪問があってこそである。村びとは、儀礼にどの家の誰が来てくれたかを、よく記憶している。儀礼で労働提供をしてくれるかどうかは二の次で、まずは家に来たかどうかが重要である。たとえば、先に述べた2010年4月に起きた乗合トラックの事故で、ブンニーが重傷を負ったとき、彼女は意識が朦朧となりながらも、どの家の誰が見舞いに来てくれたかを覚えていた。たとえば、モーンが見舞いに来なかったことについて、「私が怪我をしたとき、モーンは一度もやってこなかった。カムサイは来てくれた。彼はずっと来てくれてる（がモーンは来ない）」と言っていた。また、2010年12月5日にブンニーの夫が他界し、葬儀が行なわれたときも、モーンは参加せず、娘のリーンだけをよこしたという。ブンニーは「彼女（モーンのこと）は来なくて、リーンを来させた。カオトム（粽）づくりの手伝いにリーンを来させた。ライ（モーンの息子）も毎晩のように遊びにやってきた[9]」と述べ、他の成員は来るものの、家主であるモーンは訪れなかったことを、強調していた。

　また、当然のことではあるが、一方が家を訪問しなくなると、もう一方も訪問を控えるようになる。村びとによれば、一方的に訪問し続けると、訪問する側が恥をかくので良くないとされている。ブンニーは、私が滞在を始めてしばらくたった頃から、めっきりモーン家にやってこなくなった。その頃、心配になった私がブンニー家にこっそり遊びに行き、「最近、全然（モーン家に）遊びに来てくれないわね」と冗談めかして聞いたことがある。すると彼女は、困ったような微笑を浮かべながら、「私は彼女たち（モーンと彼女の妹マラー）の家には行かない。だって彼女は私に会いに来ない。こっちだけが（家に）行くのは恥なのよ。まるで何かを欲しがっているみたい」と言った。その話を聞いて私は、モーンが体調が良くないから特別な用のない限り、どの家にも行くことができないのだと言っていたのを思い出した。それで、「彼女は体調があまり良くないしね」と述べると、ブンニーは「そうじゃないのよ」と言い、モーンは体調が悪いからではなく、自分たちに不満があるから会いに来ないのだと考えていた。また、彼女の語りにあるように、一方だけが訪問していると、まわりから物乞

---

[9] 葬儀期間中は毎晩、死者の家族が寂しくならないようにと、大勢の人びとが集まって、夜通し饗宴が開かれる。上記の「遊びにやってくる」とはこのことを指す。

いのように見られてしまうこともある。

<u>2-2-2-3. 食物交換</u>

　食物の贈与が頻繁になされることも、家と家のハック・カンを具現化する行為として重要である。贈与は食物に限られないが、自ら栽培した農作物、漁で得られた魚、手製の料理などは、家間関係を良好にする最も重要な交換財である。村びとは、栽培作物や果実はもちろん、魚類、野生植物などがたくさん手に入ると、他家に分配する。また、美味しい食べ物を作ったら与えあうものとされており、手間暇かかる料理や甘味（たとえば、米麺、カレー、香辛料をふんだんに用いたスープ、魚のサラダ、粽、もち米菓子など）、手に入りにくい食材や高価な食材を用いた料理を作る際には、他家への分配を考慮に入れて多めに準備する。たとえば、モーン家でカレーを作ったとき、次のようなことがあった。モーンが大鍋いっぱいに作っているのを見た私は、「ずいぶん多いね。食べる人の数（モーン家に住む5名）からしたら、かなり多い」と笑いながら言った。すると彼女は真剣な表情で、「だって他の人にあげるでしょう。あげないわけにはいかないよ」と述べ、分配する家々の名前をあげていた。

　分配する相手は、先に述べたように、過去に受けた贈与と、今後の良好な関係を期待して、決められる。たいていは家主が、その時点での関係の状態も考慮に入れつつ、「返礼リスト」を記憶からひっぱりだして相手を決める。そして、弁当箱や食器に料理を入れて、娘などに託し、相手の家へ届ける。なお、過去に受けた贈与の情報は、たいていは家の成員のあいだで共有され、そのうち必ず返礼する。もちろん、返礼は、美味しい料理を作ったときや、農作物が収穫できたときなどでよく、即座に返す必要はない。また、労働交換に比べて、食物交換の量や頻度は、あまり厳密でない。たとえば、成長期の子供が10人もいるドゥアン家は、他家との食物交換の量や頻度が比較的少ないが、まわりも事情を理解している。

　また、村びとは、他家の生業や労働力の有無についてよく知っており、自家にはない作物や果樹を必要に応じてもらいに行ったり、稲作や漁撈に必要な労働力がない家に対しては米や魚をおすそわけしたりする。たとえば、稲刈りの時期に、私が村びとの家々に遊びに行くと、「あなたのお母さん（モーン）は稲作をしていないから、持っていきなさい」と言って、新米をモーン家に分けて

くれたことが何度もあった。村びとは、モーンが病気を患って2005年から稲作を休止していることを知っており、香りがよく美味しい新米を食べさせてあげたいと、おすそわけしてくれたのである。モーンも、それに気がついており、手製の漬物などで返礼していた。

　また、ライムなどの柑橘類は、ラオ料理に欠かせない食材の1つだが、どの家も栽培しているわけではない。そのため、必要に応じて、栽培している家々にもらいに行く。料理に添えて食べるナス、トマト、キュウリ、空芯菜などの野菜も、必要なときに自家のものが熟してないとなると、どの家のものが食べ頃であるか、おおまかに見当をつけて買いに行く。その際、ハック・カンの間柄であると、相手は現金を受け取らないことが多い。

2-2-2-4. 労働交換と相互扶助

　食物交換に比べて形式や返礼がより厳密なのが、労働交換および相互扶助である。労働交換は農作業などで見られるが、生業は基本的には家ごとに行なわれるため、機会はそれほど多くない。50代の男性ヴットが、「ここではね、働き者は『持っている（*mii*）』けど、怠け者は『何も持っていない（*bo mii isang*）』んだ」（2008年3月9日）と言っていたことがあるが、生産活動においては、各家の努力が前提とされている。その上で、気候が不順であったり、労働力が不足する場合、あるいは儀礼的意味を伴う作業などにおいて、労働交換が行なわれる。

　比較的多いのが、田植えと脱穀のときである。KS村の稲作は天水依存であるため、田植えの際は、降雨に合わせて短期集中型の労働力を必要とする。しかも、水田の場所、土地の傾斜やくぼみなどによって水量が異なるため、十分に水が張るまで田植えができない場合もある。また、年によってはメコン川が氾濫し、川に近い水田が浸水してしまう。そのようなとき、自家の水田は後回しにし、田植えにとりかかっている他家の作業をまず手伝いに行く。そして、自分たちの作業ができる状態になったときに、相手から労働力を提供してもらうのである。また、他家の手伝いをしていれば、自分たちの米が不作であったとしても、返礼として収量の分け前を受けることができる。

　脱穀は、豊作を祝う儀礼的な意味がある。とりわけ、2000年代初頭までは、稲穂を板に叩きつけるという手作業であったため、人手を要し、多くの村びとを手伝いに呼び、一晩中、酒と食事をふるまいながら収穫を祝ったという。そ

[写真2-6] 新築の柱を起こす作業（2008年3月12日撮影）

れはまた、結婚適齢期の男女が作業を分担しながら、結婚相手を選ぶ機会でもあった。しかし、現在では、数軒を除いてほとんどの家が脱穀機を使用するようになったため、作業時間は短縮し、儀礼も簡略化され、集まる人数もかなり減っている。

　相互扶助は、家屋の新築、葬儀、結婚といった大がかりな儀礼から、食材の販売の代行、手間のかかる調理や甘味づくりの手伝いなど小規模なものまで多くある。たとえば、家屋の新築で重要となる柱を起こす（nyoo huan）作業には人手が必要であり、儀礼的な意味も含まれるため、多くの村びとが手伝いにやってくる［写真2-6］。また、さまざまな儀礼において、客にふるまう料理や儀礼品の準備のために、事前に他家に協力を願いでる。こうした相互扶助は、労働力を提供しあうのみならず、手伝いに来る者が多ければ多いほど、主催する家の名声にもなる。葬儀はその好例である。死者が出ると、葬儀が7日間から10日間にわたる場合があり、そのあいだ、弔問客のもてなしと僧侶への寄進のため、調理をし続ける。その作業に、どれほど多くの村びとが手伝いに来てくれたかが、喪主家の名声となるのである。

[写真2-7] 脱穀作業の前の共食（2008年11月22日撮影）

　このような労働交換や相互扶助には、いくつかの例外を除き、協力を直接頼むことと、当日に食事でもてなすことが必要となる。たいていは、家主が事前に相手の家を訪れ、「知らせるわね (khoy si book cao de)[10]。明日の午後、脱穀をするから手伝いに来てね」などと、協力を頼む。この依頼がなければ、相手は手伝いに来てくれない。また相手も、依頼を受けてからでなければ手伝いに行かない。なぜなら、手伝いに行けば主催者によって美味しい料理と酒がふるまわれることが分かっているため、依頼もないのに参加すれば料理を目的にやってきたのかと思われてしまうからである。

10　この表現は、大事な事柄や隠していたことなどについて、改まって相手に話す場合などに頻繁に用いられる。

[写真2-8] 脱穀作業を終えて一息つく村びとたち（2008年11月22日撮影）

　労働交換では、どんな料理を提供できるか、何が食べられるかが、双方の関心事であり、家の評価につながる。私が農作業の手伝いから帰ってくると、提供された食事について村びとから聞かれることがしばしばあった。こうした機会に満足のいく食事をふるまう家に対しては、「あの家は（手伝いに来た人びとを）空腹にさせることがない」といった評判が広まり、労働力も確保しやすくなる。食事の提供に出費はかさむものの、他家に協力を頼むと、作業が早く済むだけではなく、困ったときに助け合う関係を維持でき、家の名声も保たれるのである［写真2-7, 写真2-8］。

　なお、労働交換や相互扶助は、食物交換に比べて、返礼がより厳密である。村びとは、どの家の誰が手伝いに来てくれたか（大人か子供か、家主かそれ以外か、男性か女性かなど）を詳細に記憶しており、相手の作業を手伝う場合に、ほぼ等価の労働力を与え返す。また、儀礼が複数の家で同じ時期に行なわれることも少なくない。その際に、どの家を優先して手伝いに行くかは、日ごろの訪問や、過去の労働交換、食物交換の状況に応じて決定される。

2-3. 小括

　以上、本章では、ハック・カンの間柄を築くために重要な相互行為として、挨拶、家の訪問、食物交換、労働交換および相互扶助を取り上げ、それぞれの内容について紹介してきた。家と家とのあいだを言葉、成員、食物、労働力が頻繁に行き交うことによって、親密な関係がそのつど確認され、高められる。そのため、こうした相互行為は、継続することが肝要である。

　また、家との結びつきが深い家主たる女性の言動が、家間関係の構築や調整に影響力を持っていることは、本章のはじめに述べたとおりである。家は妻方の祖霊によって守られるが、のみならず、名を穢されやすい女性が、悪評などをかわしながら対人関係を築いていくためにも重要である。また、家間関係は、家主である女性を中心に形成されるが、男性が家間関係に全く関与しないわけではない。次章で具体的に取り上げるが、もめごとの発端が男性同士の暴力的な喧嘩であったり、関係の修復に向けた話し合いに動き出すのも男性であったりと、男性は女性に比べてより直接的な行動に出て、家間関係に変化をもたらす。ただし、家々に起こるもめごとを微細に調整していくのは女性である。

　ここまで、ハック・カンの間柄がどのように築かれるかについて述べてきた。しかし日常生活においては、さまざまな出来事が起こり、ある家と家との関係が悪くなることもしばしばである。そのようなときハック・カンの間柄はどのように変化するのか。次章では、もめごとによって家と家との相互行為がなされなくなった事例を取り上げ、ハック・カンの流動的な性格について考察する。

第3章
ハック・カンの流動性

　これまでの東南アジアの社会論に関する研究において、家と家の二者関係におけるさまざま交換が緊密な関係をつくりだすことは指摘されてきた [e.g. 重冨 1995; 谷川 1998, 1999; Carsten 1997]。それはカンボジアのラオ村落においても同様で、前章で示したとおりである。しかし、家と家の関係はうまくいかなくなることも多々ある。そのとき人びとはどのように対応するのか。この点については、先行研究ではあまり着目されてこなかった。しかし、調査地の人びとの関係のあり方を見ていると、家間関係の親密さは、交換のみならず、対立のしかたやもめごとへの対処法によっても支えられているように思えてくる。そのため本書では、その両側面に目を配り、交換が停止されたりもめごとが起こった場合の人びとの対応に光を当てていく。

　本章ではまず、良好な関係を築いてきた家同士が、もめごとによって緊張を抱えるという状況を、具体的な事例を通して示したい。1つめの事例は、ハック・カンの間柄にあった家々のあいだに、問題がたてつづけに起こり、一定期間にわたって交換がなされなくなったというものである。ここでは、モーン家とブンニー家の例を取り上げる。2つめの事例は、もめごとが起こったとき、それに直接的にかかわった家のみならず、噂などを通して出来事を知った人びとも、一方の当事者とのつきあいを停止するというものである。それは、そもそも当事者とは誰なのか、すなわち、対立する二者関係を指すのか、それとも、間接的に関与してくる周囲の人びとも含むのかという問いにもかかわる。

3-1. モーン家とブンニー家をめぐるもめごと

　モーンとブンニーは、幼い頃から仲がよく、結婚後も家を行き来しあって、

食物や労働力を交換してきた。それぞれの妹たちや、家分けした子供たちも同様に、緊密にやりとりしていた。私が滞在を始めた2007年7月の時点でも、ブンニーが収穫した野菜を携えてモーン家にやってきては、キアオ・マークしながらモーンとおしゃべりしていくことがしばしばあった。ところがその後、問題が次々と起こり、ブンニーがぱたりと来なくなった。その1つが、次に紹介する稲の脱穀機の賃借をめぐる出来事である。

3-1-1. 2007年の脱穀機の貸借

　KS村に脱穀機が導入されたのは2005年頃のことで、2007年時点では4軒が所有していた。所有者は、自家の稲の脱穀に使用するのはもちろん、他家へ貸し出してもいた。貸し出しにおいては、所有者が借り手の脱穀作業も手伝い、対価として、借り手から籾米を一定の割合（脱穀機から出てくる籾米を受ける籠で計算し、20籠につき1籠分）受け取る。モーンの次女クアは、稲作に従事していなかったが、2005年に脱穀機を2台購入して他家に貸し出し、それによって1年分の米をほぼ賄えていた。そうした事情を他家も知っており、モーン家やクア家とハック・カンの間柄にある家々は、クア家から脱穀機を借りていた［写真3-1、写真3-2］。

　ブンニーもその1人であったが、2007年の脱穀のときには、夫の友人が所有する他州の脱穀機を借りることにした。その頃、換金作物として大豆の栽培が流行しており、その脱穀に適しているとされる大型の脱穀機が、稲の脱穀にも使われていた。彼女は、夫の友人に頼まれたため、それを借りざるをえなかったという。11月23日、私はそうした事情を知らずに、ブンニー家の脱穀の手伝いに行ったのだが、前日にブンニーの末娘サリーから手伝いの依頼を受けたときからして、通常とは異なっていた。彼女はモーン家に上がろうとせず、私が川沿いの納涼小屋に1人でいるときにやってきて、次のように小声で言った。

　「あなたを訪ねてきたけど、（モーン家に）上がることができなかった (*bo haan*)。今年はクアの機械を借りないから、モーンは怒るんじゃないかしら。あなたを手伝いに来させるのに、クアの機械を使わないから」。そして、モーン家とクア家を横目で見ながら、「あなたのお母さんには伝えなくていいよね」と私に同意を求めるかのように言って、そのまま家へ帰っていった。

第3章　ハック・カンの流動性

[写真3-1] 脱穀機による脱穀作業（2007年10月31日撮影）

[写真3-2] 脱穀機の経営者が1回の脱穀で得た籾米（2007年10月31日撮影）

翌日、私がブンニー家の脱穀場に向かうと、彼女のキョウダイや子供たちを中心に10人ほどが集まっていた。作業前には、酒と「ケーンソムユアック（バナナの幹の酸味スープ）」がふるまわれ、作業後には「カオラーム（竹筒にもち米を入れて蒸し焼きにした菓子）」が配られた。私がそれを食べていると、ブンニーが傍に来て、脱穀機を見ながら、「この機械を使おうと決めたのは私ではないんだよ。夫だよ。昨年はクアの機械を使ったんだけどね」と言い、他州の機械を選んだのは自分ではないことを強調し、クア家の脱穀機を借りなかったことを気にかけていた。

　その後、ブンニーは、クア、モーン、モーンの妹マラーたちとの食物交換や訪問をしなくなった。また、ブンニーの妹たちの家々も同様に、交換を控えていった。その頃、私が彼女の家に遊びに行くと、ブンニーはモーン家たちとの関係について、次のように語っていた。

　「最近は（儀礼で寺院の講堂へ集まったときも）、そばに座っていてもそっぽを向いて、（そばに）いるのに、全然話しかけてこない。彼女がしゃべらないから私だってしゃべることができない（bo haan）。会ったらたずねあう（thaam kan、挨拶するの意）ものでしょう。でも彼女はしゃべらない。だから私もしゃべらないし、何も持っていかない（食物などをおすそわけにいかないの意）」

　この語りからは、家々のあいだにもめごとが起こると、とりあえず交換を停止し、相手の出方をうかがう様子が見てとれる。そして、次に見るように、ほとぼりが冷めてくると、訪問や食物を分配してみることで、緊張が一時的に和らぎ、関係の修復を期待するようになる。ブンニーの妹サニーとモーンのやりとりを取り上げたい。

　サニーは、直接的には脱穀機の貸借にかかわっていなかったが、ブンニーと同様、モーン家たちと交換をしなくなっていた。ところが、2008年10月下旬、その時期に大量にとれる小魚で「ソムパーチョーム（som paa coom）」[1]と呼ばれる発酵食品が作られる頃、サニーがモーン家にやってきた［写真3-3, 写真3-4］。10月29日、モーンがソムパーチョームを作ったという噂が広まったのか、私がモーンとともに台所にいると、サニーがやってきて、ソムパーチョームを売って

1　ソムパーチョームは、小さな淡水魚を臼に入れて杵で搗き、水を切ったあと、塩と炒米を加えて寝かせた発酵食品である。数日して酸味が出てきたら食べ頃である。

第3章　ハック・カンの流動性

[写真3-3] 小魚でソムパーチョームを作る（2007年10月26日撮影）

[写真3-4] 手製のソムパーチョームを売る（2007年10月27日撮影）

ほしいと言った。ちょうど稲刈りを始めた頃で、食材の確保が難しい時期だった。モーンは、「まだ酸味が足りない (*bo than som*、食べ頃になっていないの意) から、明日まで待って」と返事をした。すると、それならとサニーはお金を差し出し、できあがったら自分の分を取っておいてほしいと言った。そのときモーンはすぐにお金をつきかえし、「(ソムパーチョームなら) あげるから。私から買うなんてことしないで。(お金を) 預けておかなくても、ちゃんとあなたの分は取っておくから」と言った。2人はしばらくお金を押し付けあっていたが、最終的にはサニーが折れて、お金を持って帰っていった。モーンは、彼女が家にやってきてくれたことに嬉しそうな様子であった。

　翌日、サニーが再びモーン家にやってきた。そして、約束どおりソムパーチョームを受け取った。その後、翌々日には、彼女は畑に行って、熟したナスをたくさん収穫し、娘に託してモーン家とクア家に持っていかせた。モーン家では、そのナスはソムパーチョームに対するサニーからの返礼と捉えられ、ナスのサラダとして食べられた。

　この出来事において、サニーは当初、ソムパーチョームを買うつもりで訪れたが、モーンがお金を受け取らなかったため、ナスでお返しをし、その結果として食物交換という形になった。この例に見られるように村びとは、感謝の気持ちや謝罪を、言葉でなく食物などの交換によって示すことが多い。この事例でも、サニーによるナスの贈与は、モーンの好意に対する返礼であり、当時のぎこちない関係の中で、両家のあいだに交換の再開を促すようなモーンの行動に応じたものであったと考えられる。

　とはいえもちろん、家間関係の緊張はそう簡単にほぐれるものではない。むしろ、そののち問題が度重なって起こり、関係はますますこじれてしまうことになる。たとえば、翌年2008年の脱穀の時期にも、前年と似たようなことがあった。

3-1-2. 2008年の脱穀機の貸借

　2007年の脱穀機の貸借については、しばらくすると村びとから噂を聞かなくなっていたが、翌年の脱穀が近づくと、ブンニー家にまた同じ問題が浮上してきた。2008年11月24日、私が散歩していたとき、ブンニー家が脱穀をして

いると村びとから聞いたので、水田に向かった。人びとは作業をひととおり終えて、休憩していた。私がブンニーのところに行くと、彼女はしばらくして次のように話しはじめた。「ほら。昨年も私はクアの機械を借りなかった。他州の機械を借りてしまった。そのことで、彼らに言われた（khao vao hai、陰口されたの意）[2]。彼らは（陰で）怒っていた。自分の村の機械を使わなかったからと言って。でも、夫の友人だったんだよ（夫が友人に頼まれて機械を使うことに決めたの意）。私が頼んだわけじゃないわよ」。彼女によれば、昨年の脱穀後、村びとがブンニー家の機械の貸借の件で陰口していたという。それがクアやモーンであったのか、他の村びとなのかについては分からない。しかし、彼女が悪い噂を伝え聞いて、気分を害していたことは見てとれる。

　そののち、ほとぼりが冷めたと思われたが、翌年2008年の脱穀の季節になると、再び問題が浮上した。ブンニー家はその年も、クア家のではなく、隣村の脱穀機を借りることになったのである。そのことについて彼女は、「今年もクアのを使わなかった。クアたちは何か言うんじゃないかしら。でも仕方がないわ」と言っていた。

　数日後、私がブンニー家の近隣にあるブアン家に遊びに行くと、偶然ブンニーがやってきた。そこで、そのまま階段に腰かけて3人でおしゃべりを始めた。そのとき、ブンニーは脱穀機の問題について、前年の出来事を持ちだしつつ話をし、心配していた。また、私はブンニーとモーンがそれぞれについて陰口するのを聞いたことがある。2008年11月下旬、モーン家はマラー家とともに、久しぶりに「カオノムコック（米のお菓子の一種）[3]」をたくさん作った。できあがると、リーンと私がいつものように弁当箱と皿にお菓子を入れ、他家におすそわけする準備をしていた。モーンはその横で、「ヌパンでしょ、ペットでしょ…」と分配する家の名前をあげはじめた。しかし、ブンニーとサニーについては、「ブンニーやサニーにはもうあげなくていい（bo thaa dook）。この母さんはもう友人にはうんざり（chaet、おなかがいっぱいなどを意味するクメール語）だよ。こ

2　ここで言う「彼ら」とはラオ語の人称代名詞「カオ（khao）」の訳である。カオは、不特定多数の人びとを指すことが多い。
3　カオノムコックは、水に浸したうるち米を石臼で挽いて、ココナツミルクを加えたものを、たこ焼き器のような半円形のくぼみのある型（コック）に流し込んで焼いたお菓子。ココナツミルクをベースにしたたれにつけて、香菜や野生の植物などと一緒に食べる。

れまでは何かが手に入るたびに、何かを作るたびに、何でも友人たちにあげていた。でも最近はもうやめた。（だって）あげるのはいつも私たちで、向こうは何もくれないんだから」と言って、やりきれない表情をしていた。

　同じ頃、私はブンニーが愚痴を漏らすのも聞いた。ブンニー家に遊びに行き、モーン家に来てくれないので寂しいと私が言うと、彼女は、「今までは、何でもかんでも、日用品から食べ物まで何でも贈りあっていた。彼女たちが私たちにくれるから、私たちも彼女たちにあげた。カオプン（米麺）を作れば、彼女は私に持ってきてくれたし、私が作れば彼女に持っていった。菓子だの甘味だの何もかも。でも今は、もう贈りあいをやめてしまった。この問題（脱穀機の貸借をめぐるもめごと）もあるし。それに、あっち（モーン家やマラー家）は全くこっち（ブンニー家やサニー家）に来ないんだもの」と述べていた。

　この2人の発言からは、家間関係は、もめごとのほとぼりが冷めてきて修復の兆しが見えるような出来事があったとしても、そう簡単には緊張がほぐれないことが分かる。この事例では、脱穀という毎年行なう作業のたびに、同じような問題が再燃する様相が見てとれる。

3-1-3. 乗合トラックの事故

　ブンニー家やモーン家とのあいだには、脱穀機の件のほかにも問題があった。2010年4月には、クアの乗合トラックが、客を乗せて走行中に橋から転落し、運転していたクアの夫ポルやクアをはじめ、10人ほどの村びとに負傷者が出た。このとき重傷を負ったブンニーと彼女の妹カムリーは、すぐにプノンペンの病院へ搬送され、治療を受けた。その後、村外に住む親族がかけつけて、搬送や治療にかかった費用の支払いについて、負傷者を除いて、クアたちと話しあった。しかし、経営者側も想定していなかった不慮の事故だったことや、彼ら自身も怪我を負って治療が必要となったことなどから、負傷者側の納得する額は支払われなかったようである。また、ブンニーたちがプノンペンから戻ったときも、クアをはじめ、モーンやマラーも見舞いに来なかったという。

　こうした出来事について、私は2010年12月に村を再訪したときに、モーン家とブンニー家それぞれから話を聞いた。モーンは、12月24日の昼食のあと、台所でキアオ・マークの準備をしながら、私が何も聞かないにもかかわらず、

事故について次のように話しだした。

「あなたの姉さん（クア）のトラックが（橋から）落ちたのよ。そのとき怪我をした人たちがクアやポルに怒った。シー（次の言葉を選んでいる表現）、ブンニーとカムリーがものすごく怒った。彼女たちはね、クアたちが殺そうとしたとまで言ったんだよ。彼女たちは激しく怒っていた。（でも）母さんは、だんまり（ボー・パーク bo paak：しゃべらない）で、ただいるだけ（ユー・スー・スー yuu suu suu：ただただいる）さ。ヌパンだって、あれからずっと私たちとしゃべらなかった。数日前にようやく挨拶をするようになったばかりだよ。それに、おしゃべりなタリーは、（直接事故に関係がないのに）ものすごく怒っていた。ようやく最近になってだよ、怒るのをやめたのは。（自分が悪かったって）わかった（cak too）んだろう」。

このときブンニーとカムリーが激しく怒ったと聞いて、私はモーンが対面状況で相手から直接そのように言われたのだろうかと驚いた。村びとが相手に面と向かって直接文句を言ったり怒ったりすることは、ほとんどないからである。そこでモーンに確認してみると、相手が陰口しているのを第三者から伝え聞いたのだという。彼女はそれを、あたかも面と向かって感情をぶつけられたかのように話していたのである。

さらに彼女はまた、「私たち（モーンとブンニー）が喧嘩したわけじゃないんから、ただいるだけ（yuu suu suu）だよ、母さんは。それなのに向こうが私たちと話そうとしないんだ」と続け、あの出来事は娘たち（クア家）の問題であって、自分たち（モーン家）とは切り離して考えていることを強調した。しかし実際のところは、モーン家やマラー家も、クア家をかばい、ブンニーたちに不満を抱いているのが明らかであった。

翌日の12月25日には、クアからも似たような話を聞いた。彼女は修理したトラックを見ながら、「このトラックが事故を起こしてしまった」と切り出し、次のように言った。「カムリーだよ。ものすごく怒った。（私たちの方は）1000万リエル（約2500ドル）以上も失った。警察に渡したり、治療費を支払ったりで。それなのに、彼女たちは（私たちと）話そうとしない（bo paak）」。クアによれば、軽症の者には200ドル、重症の者には500ドルずつ支払い、警察にも口止め料を渡したという。また、夫もこの事故で頭から出血して倒れたし、クア自身も背骨を傷

めた。事故が起こったのは偶然であり、怪我を負ったのは自分たちも同じなのに、カムリーたちは一方的に怒っている、と相手方の理不尽さを強調していた。

　他方のブンニーは、モーンやクアたちのほうこそ一方的に怒っているのだと考えていた。12月29日、私が見舞いを兼ねてブンニー家に遊びに行くと、彼女は疲れた表情ながらも嬉しそうに迎えてくれ、一緒に階段に腰を下ろして、私のいなかったあいだに起こった出来事について語ってくれた。12月上旬に夫が突然死んでしまったという話から始まり、葬儀中に台所を火事で焼失してしまったこと、そしてトラック事故の件についてと話が進んだ。彼女は、モーンたちが自分たちに腹を立てているということを強調して、次のように言った。

「彼女たちは全く私としゃべらない。私に（対して）怒ってる。人の金を取ったって。あなたのモーン母さんだって、最近だよ、私と話すようになったのは。私は医者に連れていってほしかっただけで、儲けたくてお金を取ろうとしたわけじゃない。だって私にはないのよ (bo mii、治療費を出せるほど経済的に余裕がないの意)。助けないなんて、ありえないわよ。(中略) あの人たちが私に怒ってる。彼女たちが…。彼女だってここ2、3日でようやく私と話しはじめたのよ。(普通は) 会ったらたずねあう (thaam kan) はずでしょう。今日の昼間だって、(モーン家の前を通り過ぎると) 彼女が『今日のおかずは何かしら』と聞くから、『何にもないよ。パーデークさ』って返事をした。それから私は、『スミコが（村に）来たって聞いたけど。あの子を（私の家に）遊びに来させてね。聞かせたいからさ。あの子のオジ（ブンニーの夫のこと）が死んだって話をさ』と言ったのさ。私は彼女たち（モーンやマラー）の家には訪ねていけなかった。(だって) 彼女たちが私たちに会いに来ないんだもの。あなたのオジ（私の夫）が死んだとき（葬儀のとき）だって、彼女はリーンを来させた（だけだった）。カオトム（粽）づくりの手伝いに、リーンを来させた（モーンは来なかったことを強調）(中略)。でも、私たちは面倒くさい (khii khaan) から、彼女たちとしゃべりはじめたんだよ。マラーは依然と話そうとしない (nyang kong kao) けれども、どうしたらいいのか分からないから、（私たちは）もうしゃべりはじめた」

　この語りから分かるように、自分たちは普通に接しているのに、モーンたちの方が一方的に腹を立てて沈黙していると考えていた。モーンが言っていた、クアたちがブンニーたちを殺そうとしたという過激な発言を、ブンニーが本当

にしていたかどうかも分からない。むしろ彼女は、事故が意図的なものではなかったということも理解していた。

　「彼女（クア）だって人を死なせたいと思ったわけじゃない。それでも、（事故が）起こってしまったんだから、助けあおうよ。（中略）彼女だってトラックを落っことしたかったわけじゃなかった、突然だった。（そうなることが）見えなかった。でも（事故が）起こってしまったんだから、救いあおうよ。（中略）彼女たちがしゃべるなら、私だってしゃべる。彼女たちがしゃべらないなら、私だってしゃべることができないよ（*bo haan dook*）」

　このようにブンニーは、トラック事故が不慮の出来事であったと理解しており、その上で、治療費を出したがらなかったり、無視しているようなクアたちの態度に、不満を抱いていた。また、クアやポルも怪我をしたという点では同じだが、彼らは軽症だった。それに比べて自分たちは重症で、これから稲作ができるかどうかも分からないと心配していた。

　このような彼女の語りと、モーンとクアの語りを比べてみると、双方が対面状況で話すことはなく、第三者から伝え聞いた情報によって出来事を組み立てていることが分かる。互いに相手のほうが一方的に怒っていると考え、自分たちは怒っていないけれども、かといって積極的に働きかけようともせず、陰口をしながらやりすごしているのである。事故から8ヵ月あまりが経過し、ようやく挨拶を交わすようになったものの、家の訪問や食物の交換はなされていないようであった。

　ここまで、ハック・カンの間柄にあった家間関係が、もめごとによって交換を停止し、緊張をかかえていく過程を記述してきた。前章で述べたように、ハック・カンは家と家とのあいだに物や人が頻繁に行き来することで築かれ、強化される。しかしそれは流動的で、もめごとによって簡単に揺らいでしまうのである。

　ただし、交換の停止が、関係を完全に壊してしまうことはない。上記の語りでも触れられていたように、人びとは不満があっても、「だんまり（*bo paak*）」、「ただいるだけ（*yuu suu suu*）」と言って、やりすごす。相手に正面きって怒ることはほとんどなく、陰口などによって間接的に示されるにとどまるのである。このようなもめごとの対処法こそが、本書に通底する論点の1つである。

[図3-1] モーンの母方の親族関係

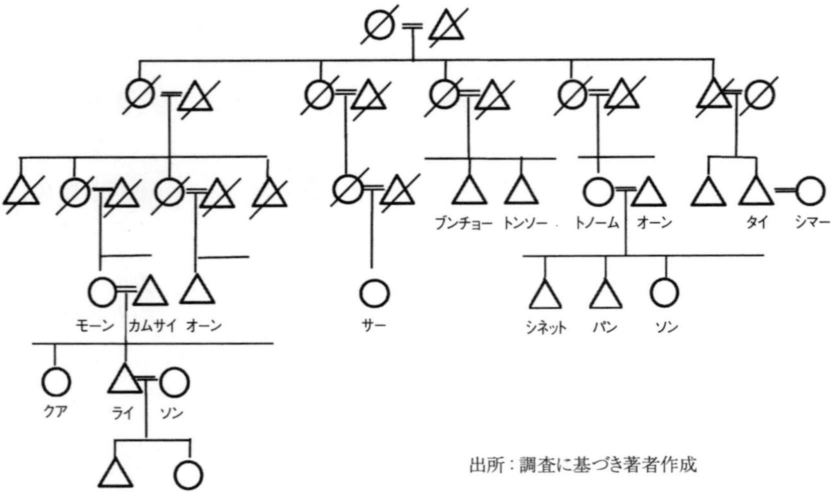

出所：調査に基づき著者作成

3-2. もめごとの広がり

　ハック・カンの間柄を修復するには、交換の再開が不可欠であるが、上述の事例のように、もめごとが次から次へと重なることも少なくない。さらには、ある家と家との緊張が、直接的には関係のない家々にも広がっていくこともある。以下では、モーン家とトノーム家のもめごとに始まり、複数の家々の関係がぎこちなくなっていく事例を取り上げ、家間関係がもめごとの重なりによって、離れたり再び接近したりする過程を記述する。

3-2-1. 男性たちの喧嘩

　モーン家とトノーム家は近親であり、交換を頻繁にしあってハック・カンの間柄を築いていた。モーンの祖母とトノームの母は姉妹にあたり、モーンとトノームの夫オーンがイトコ同士であった [図3-1]。ところが、2009年12月、稲の脱穀が終了した頃、トノーム家に妻方居住していた、モーンの息子ライが、妻ソンの兄パンと酒を飲んで口論になり、殴られたという事件が起こった。喧

嘩の発端は、トノーム家の脱穀機がクア（ライの姉にあたる）家のものより劣っている、というライの発言であった。それに腹を立てたパンが、ライを殴り、ライも殴り返そうとしたが、その場にいた彼の叔父が止めに入り、その場は一旦は収束した。しかし、この喧嘩が原因で、ライはトノーム家を飛び出して、実家（モーン家）に戻ってしまった。そのときライは、妻に一緒にモーン家に来るように言ったが、断られたため、事実上別居することになった。

　ライはモーン家に戻ってきても、父母に事の詳細を語らなかった。また、父母のほうも何もたずねず、周囲の噂を通して断片的にしか知らないようであった。にもかかわらず、トノーム家とモーン家の人びとは、それまでの交換を停止し、ライの妻はもちろん、息子もモーン家に遊びに来なくなった。また、儀礼で両家の人びとが顔を合わせても、挨拶すらしないという状況であった。そうしたなか2010年2月には、トノーム家の要望により、ライとソンが離婚することになった。[4]

3-2-2. 複数の家間関係への波及

　この離婚が、モーン家とトノーム家の緊張を助長することになったのはもちろんだが、それによって緊張が他の家間関係にも広がっていった。具体的に言えば、パンの義母にあたるブンニーや、彼女の妹たちをはじめ、サー、シマー、ドゥアン、ヌパン、エート、ティダーといった家々が、モーン家と交換をしなくなったのである。サーはトノームの隣に住んでおり、モーンやオーンのハトコにあたる［図3-1参照］。シマーはモーンの夫カムサイの妹であり、彼女の夫タイがトノームのイトコにあたる。ドゥアンはカムサイの弟の妻であり、ヌパン、エート、ティダーとそれぞれイトコ同士である［図3-2, 3-3］。

　私は一連の出来事が起こったときは日本に帰国していたため、それらについては、2010年12月に再訪したときに、村びとの語りを通して知った。モーン家に寄宿していた関係上、データの大半はモーン家の見解に基づくものではあるが、中にはブンニー家やシマー家、あるいは出来事に直接関連のない家々でおしゃべりしたときに得られた情報もある。

---

[4] 村びとの移動や婚姻に関する書類作成を担う区長チェイによれば、離婚の際に公式文書はないという。夫妻が別居し、同意によって離婚が成立する。

[図3-2] カムサイの兄弟姉妹関係

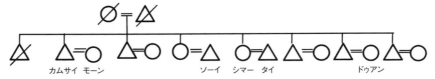

出所:調査に基づき著者作成

[図3-3] ドゥアンの親族関係

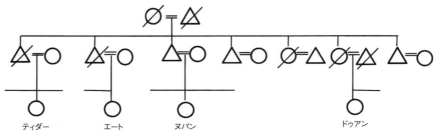

出所:調査に基づき著者作成

　モーンによれば、ライの離婚後、複数の家々が、モーン家、クア家、マラー家と挨拶すら交わさなくなったという。その理由について彼女は、「トノーム家だけじゃない。サー、シマー、ブンニー（の家々）も。彼女たちは私に対して怒っている。いや、怒っているんじゃない。恥ずかしいんだ。よく事情も知らないのに陰口してしまった。それが間違っていたと分かったから、私に対して恥ずかしいのさ」と言っていた。この話を聞いたのは2010年12月30日のことだったが、その数日前から、ようやくいくつかの家がモーン家の人びとに挨拶をするようになったという。ライたちの喧嘩、それに続く離婚から、約1年が経っていた。モーンは、シマーの夫タイをはじめ、近隣のおしゃべりな村びとたちが、根も葉もない噂を立てていると考えていた。彼女は、「彼（タイのこと）は事情を知りもしないのに、言いふらしている。私は（彼が）嫌い。(中略)（彼が）言いふらした情報が、ブンチョーやトンソーたちにまで届いたんだよ」と言った。ブンチョーとトンソーは、モーンの近親（モーンの祖母と彼らの母が姉妹にあ

たる［図3-1参照］）の男性たちである。モーンは、彼らから情報を聞き、タイがあらぬ噂を立てているのだと考えていた。それについて彼女は、「私はだんまりだよ。愚かなクメール人とは違ってね。誰が言おうが（陰口しようが の意）、母さんはだんまりだよ」と述べ、陰口されても沈黙を保ち、知らないふりを通していることを強調した。[5]

このような状況のなか、2011年1月2日に、私はブンニー家を訪れた。彼女に会って、村の様子がいろいろと変わっているという話をしていたとき、「私が日本に帰国しているあいだに、ライがモーン家に戻ってきていて（離婚していたの意）、びっくりした」と冗談まじりに言った。すると彼女は、「（ライは）近親と喧嘩して（妻と）別れたんだ。あなたのモーン母さんは、そう言わなかったの。知らないなら話してあげる」と言って、そのときの出来事について話してくれた。そして、モーンやマラーとの関係について次のように言った。

「私はマラーたちに対して、最近だって以前と変わらずに接しているのよ。だって私が彼女たちと喧嘩したわけではないんだから。でも、彼女たちの方が、だんまり。マラーたちはもう前のように仲よく（*cet snet*、親密な、親友などを意味するクメール語）はないよ。マラーは、ライの一件でパンに対して怒ってるから、あんまり話さないのよ。私の婿（パン）に怒っているのさ。パンが彼女の甥（ライ）に悪さをしたから。（だから）私ともあまり話さない。話しても、前のように（思っていることを）はっきりと言うのではなくて、そのように話すだけさ（本心をあかさずに当たり障りのないことだけを話すの意）」

このようにブンニーは、自分たちがモーン家やマラー家と問題があるわけではなく、あくまでも、自分の婿と相手の息子（あるいは甥）との個人的な喧嘩にすぎないことを強調した。自分は今までどおりに相手と接しようとしている、という発言は、そのことを示している。

さらに彼女は、自分だったら、たとえ妹たちがどの家と喧嘩しようとも、自分は相手といつもどおり会話する、と付け加えた。マラーは、近親のライをかばうかのように、直接は何ら事件に関係のないブンニーに対して冷ややかな態度をとっている。しかし、ブンニーはそういうことはせず、婿と甥の関係の問

---

5 上記の語りでクメール人に言及しているのは、沈黙を強調するためであり、特定の人物を指すわけではない。

題を、自分たちブンニー家とマラー家の関係とは切り離して考えるというのである。しかし、脱穀機の賃借に関して見られたように、実際は、ブンニー家の成員がひきおこした緊張によって、ブンニー家のみならず彼女の妹の家々がこぞって、相手方との交換を停止していた。このことに照らすと、近親の家々ともめごとを抱えているからといって自分たちも相手と交換を停止するようなことはないという彼女の言い分は、いささか疑問である。上記の発言は、むしろ相手のとる態度がいかに理不尽であるかを強調しているにすぎないようにも見える。ここまで、モーンとブンニーの双方の語りを取り上げたが、いずれも、腹を立てて交換を停止しているのは相手の方であって、自分たちはそれに対してしかたなく沈黙を保ち、行動を控えているにすぎないと考えている。

　また、ブンニーによれば、ライの離婚によって、モーン家とサー家も関係が悪くなったという。私が調査を始めた2007年当初は、サーや娘たちがマラー家にやってきて、階段に腰かけておしゃべりしている光景をよく見かけていた。彼女たちがマラーから食材や料理をもらっていくことも、少なくなかった。一方のマラー家も、子供たちをサー家に泊まらせていることがしばしばあった。サーにはキョウダイやイトコがおらず、マラー家やモーン家と緊密なつきあいを続けてきたのである。ところが、ライの離婚騒動のあと、周辺の家々から噂が流れるようになると、サー家の人びとがモーン家やマラー家にぱたりと来なくなった。

　ブンニーは、モーン家との関係について、サーから次のように聞かれたことがあるという。「あるときね、サーは、私がモーン家でキアオ・マークしていた（家に上がっておしゃべりしていたの意）のを知ったらしくて、『彼女たち（モーンやマラー）はあなたと話をする（paak）ようになったの。彼女たちはあなたに怒ってないの』って聞いてきたのよ。（それで私は）『何を怒るっていうのさ。私が彼女たちと喧嘩したわけでもあるまいし。私が会話したっていいでしょうよ』（って答えた）」。

　このようなサーの発言に加え、ブンニーは他の村びとからも、サー家とモーン家の関係がぎくしゃくしていることについて噂を聞いたことがあるという。彼女は、「（最近サーとモーンたちは）あんまりうまくいっていないんじゃないの」と私に確認するように言ったあと、「でも、彼ら（近所の人たち）が言ったんだよ。

私は彼らが言っているのを聞いただけだよ。あなたのモーン母さんが言ったわけでも、サーが言ったわけでもないよ。ただ近所の人たちが話しているのを聞いただけだけど。(サーは)あまり行ってないってさ(モーン家やマラー家を訪れていないの意)」と述べた。

この件について噂を立てた者や、噂の内容については分からなかったが、彼女の発言からは、村びとがある家から聞いた情報を別の家へと流している様相がうかがえる。シマー、ヌパン、エート、ティダーなどの家々についての噂を聞くことはなかったが、いずれも、モーン家やマラー家と直接ぶつかったことがないことは確かであり、ライの離婚に端を発して、彼女たちの悪口が流されているようであった。また、ブンニーが語ったサーの様子に見られるように、第三者を介して相手の状況を探り、次の行動を起こすタイミングをうかがうこともある。

3-2-3. 交換の再開

このように、ある出来事についての情報が、不確かながらも事実であるかのように広まり、モーン家たちとの交換を控える家々が出てくる一方で、彼女たちをかばう者もいた。先のモーンの語りで言及されていた男性たち、ブンチョーとトンソーが、その一例である。ブンチョーは、ライに関する悪口をタイから聞いたとき、「ライは間違ってない」と彼を制したという。それについてモーンは、「ブンチョーは私たちを守ってくれた」と言った。またブンチョーたちは、トノームに向かっても、「おまえ。俺はおまえに対して心が痛くて(*cep cai*)しかない」と怒ったという。モーンはそのことについて、「ブンチョーとトンソーだよ。母さんに代わって怒ってくれた。あの頃(他家から噂されていた頃)、母さんは何も言わなかった。誰が何をしようが(モーン家の悪口を立てようがの意)母さんはただただいるだけだった」と言って、沈黙を続けるモーンの感情を彼らが代弁してくれたと考えていた。

ここで重要なのは、相手に向かって叱責したのが男性であったという点である。女性がそうした行動を控えるのに対し、男性は、比較的、相手に向かって直接的に行動をとる傾向がある。のちにライは復縁するのだが、そのときも、男性がモーン家との仲介にやってきた。そのときの様子を次に述べる。

2011年7月に私が村を再訪したとき、ライはその1ヵ月前の2011年6月に、妻ソンと復縁していた。離婚してから1年半が経っていた。復縁の経緯について、詳細は分からなかったが、彼らに子供がいたことが幸いしたようであった。彼らにはその時点で5歳になる息子と、別居中に生まれた娘がいた。夫婦が喧嘩したわけではなかったのに、子供が父親から突然離されてしまったことに、近親をはじめ村びとたちは不憫に思っていた。そうしたなか、モーンによれば、ソンの兄の1人シネットが、あるときモーン家にやってきて次のように言ったという。「オーイ（相手を説得する表現）、伯母よ、オーイ。（私は）甥と姪（ライの子供たち）がかわいそうでしかたない。彼（ライのこと）に（ソンともう一度）結婚させてやって」。それで彼女は、「そう。取る（ao：結婚するの意）なら取ればいいよ」と答えたという。すると、数日後に、トノーム家からモーンとカムサイが呼ばれ、復縁について話し合い、合意を求められたという。そのときの様子を、彼女は次のように語っていた。

　「母さんはあなた（トノーム家）に会いに行かなかった。（だって）あんたがあたしに会いに来ない（から）、あたしもあんたに会いに行かなかった。そうしたら友人（トノームの息子）が来て、（私と夫を）連れていった。母さんと父さんを真っ先に呼んで連れていった。（そして）話し合った（vao kan）。（中略）『じゃあもう一度結婚させよう』と（相手が）言った。だから母さんも『結婚しなさい。姉さん（モーン自身のこと）だって文句はないよ』と言った。」

　モーン家とトノーム家の緊張は、1年半のあいだに、少しずつほぐれていたようであり、上記の語りにあるように、トノーム家のほうが先に沈黙を破って、話し合いを求めた。「話し合い（vao kan）」とは、陰口と異なり、当事者同士のよりよい関係を目指して対面でなされる会話であり、その中身よりも、まずは対話そのものが重要である。モーン家がトノーム家から話し合いに呼ばれたことは、復縁の合意をうながすと同時に、家間関係の修復を望んでいることを意味している。

　以上述べてきたように、ライとパンの喧嘩は、離婚と交換の停止という家と家のもめごとに発展し、さらに、噂が立つことにより緊張が複数の家間関係に広がった。しかし、ある程度の時間が経ち、ほとぼりが冷めてくると、トノーム家のように関係修復に向けた行為がとられる場合が多い。そして、相手もそ

第3章　ハック・カンの流動性

れに応じて行動を起こす結果、緊張が徐々にほぐれていくのである。

　ライを殴ったパンは、復縁ののちもまだ、モーンたちと挨拶を交わすことすらなかった。しかし、彼の実家のトノーム家も、彼の義母のブンニー家も、モーン家たちと、挨拶はもちろん、食物の交換などを再開していた。また、噂を聞いて交換を停止していた他の家々も、モーン家とトノーム家の関係が再び動きだしたのに合わせて、関係修復を示すかのように、食物を持ってモーン家にやってくるようになった。2011年7月12日、モーンは、サー、ヌパン、エート、ティダーの家々がモーン家に来てくれるようになったことについて、次のように言っていた。

　「新年（陰暦5月）が過ぎ、プチュム（陰暦10月下弦1日から15日にかけて行なわれる祖先供養の儀礼）にまでは至っていない（この時期に）。誰とはなしにやってきては、あれこれ食べ物を分けてくれる。それはもうひっきりなしに。（それに）私たちのキュウリなんて、売れに売れること早くも1ヵ月になるよ（モーン家の栽培するキュウリを、みんなが買いに来てくれるの意）」。そのとき傍にいた夫のカムサイが、「村中の親族が（買いに来る）」と付け加えると、彼女はまた、「そう、村中の人びとが、あたしと話をするようになった。ブンニーだって、サニーだって、今では母さんに食べ物を持ってきてくれるよ。母さんに持ってきてくれるから、私だって受け取るさ。そして私だって持っていく。ほら、このキュウリだって［傍にあるキュウリに目をやる］、サニーがくれた。母さんにくれるなら、私は受け取る。ティダーだってくれる。キュウリにナスに。だから食べましょう。ヌパンだって。このパーケム（魚の発酵食品の一種、小魚に塩をまぶして糠米を加えて寝かせたもの）を見てごらんよ。エートがちょうど昨日持ってきてくれた。パーケムだよ、この容器にある。お食べなさい。エートが持ってきてくれて、もう2回目だよ、パーケム。それにヌパン。あれだよ、ほら、キアオ・マークのときのキンマをね、摘んで持ってきてくれた。バナナも。（彼女たちがくれるから）母さんは贈り返すよ。私たちによくしてくれるなら、母さんだって同じようにやる。でもね、以前にあったこと（ライの離婚をめぐって立てられた噂など）についてはね、母さんはここに（胸の内に）置いておく。母さんはだんまりだよ。もししゃべったら、甘い言葉（*paak vaan*）が出てしまう。（そして相手と）甘い言葉をかけあうことになってしまう。（中略）彼らはもうみんな、母さんに会いに来て頭を下げて

いったよ。サーも、ライが（トノーム家に）戻ってから、線香とろうそくを持ってやってきて、『私が間違っていたよ、ごめん』と言って、母さんに頭をさげていったよ。母さんは、ただただいるだけだよ」と続けた。

　モーン家からすると、息子たちの喧嘩と離婚によって、ハック・カンの間柄にあった家々との関係がこじれてしまったのは、不本意だった。そのため、自分たちも行動を起こさず、やりすごしてきた。しかし、相手が食物を持って家にやってくるなど、関係修復の働きかけをしてくれば、その期待に応じ返す。もちろん、それによって不満がなくなるわけではない。日常生活において、些細なもめごとは頻繁に起こる。そうした中で村びとは、上記のモーンの語りにあるように、過去の出来事を胸の内にとどめ、何事もなかったかのように、やりとりを再開する。また、その出来事に言及しようものなら、みんな不満を隠して巧みな言葉をかけあうことが分かっているため、あえて触れないままでいるのである。

　さらには、どのくらいの時間を経れば、ぎくしゃくした家間関係が修復できるのかも、場合によって異なる。上述の事例では、1年半ほどで当事者たちが復縁することになり、間接的に関係がこじれていった家々の多くも、つきあいを再開した。しかしその中には、別の事件が同じような時期に起こって、ますますこじれてしまう家もあった。次に、その事例について紹介したい。

3-3. 長引く緊張

　ライの離婚をめぐってモーン家との交換を停止していた家の1つ、ドゥアン家は、他の家々がモーン家との関係を修復していく中で、その流れに乗れていなかった。それは、ライの一件とは別に、ドゥアンの娘がモーンの近親と姦通したということが明るみに出たからである。ルセイはドゥアンの長女で、2009年の時点で20代前半だった。その頃、モーンのイトコにあたるエームと性交渉を持っていた。エームは既婚の40代男性で、州都に住んでいた。ドゥアンは、同じく州都に住む、弟の義理の姉ピンなどから、そのことを聞かされて知ったが、モーン家には隠してきた。ところが、2011年3月に偶然、相手にばれてし

まった。そのときの様子について、私は後日モーンから次のように聞いた。

　ルセイは、田植えや稲刈りの時期になると、体調が悪いから作業ができないと言って、州都に住む叔母ピンの家に遊びに行っては、数ヵ月にわたり滞在していた。エームはピンの近所に住んでおり、親族にあたるため、ピン家とも行き来があった。そうしたなか、ピン家に頻繁にやってくるルセイを気に入り、2009年に性交渉を持った。しかし、彼には妻も子供もいるためルセイとの関係はこじれ、2011年2月頃には、ルセイが薬を飲んで自殺を図った。

　同年の3月、モーンは儀礼に招かれてピン家を訪れた。そのとき、ピンがルセイの自殺未遂について、「姉さん、オーイ（大事なことを話す前に相手に呼びかける表現）。あなたは知っていたの。ルセイが薬を飲んで死のうとしたってことを」と切り出したという。モーンは全く知らなかったので驚いたが、ルセイが自殺を図ることはそれまでにもあったし、まさか自分の近親と関係を持ったとは思わなかったので、詳細を聞くこともなく帰宅した。

　ところが、その数日後、クアがドゥアン家のそばを通りかかったとき、偶然、ドゥアンが電話で誰かと話しているのを聞いたという。会話の様子から、電話の相手がピンであることが分かった。そのときドゥアンは、「（エームを）来させて。夫（エーム）も妻（エームの妻）も。祖先へ捧げものをする（*sen phii*）から来させて。鶏もある。ストゥントラエン（州都）で調理済みのものを買ったから。豚も調理しおわったわ。ここの村の人たちには誰にも知られないように、夜に捧げるから」と言っていたという。電話を切ったとき、彼女は家の床下にいるクアに気がつき、「問題がばれてしまった（*luang teek*）」と言い、「クア、オーイ（困ったときに相手に呼びかける表現）。あたしはいったい誰に来てもらえばいいのだろう。祖先に捧げものをするために。姉さん（モーン）を呼びに行こうかしら」とクアに聞いたという。けれども、彼女がモーンに儀礼の参加を頼みに来ることはなく、そのまま祖先に捧げものをした。クアから話を聞いていたモーンは、彼女がやってこなかったことについて、「きっと彼女は怖かったんだろう。誰かの家を訪ねてしまえば問題がばれる、それが怖かったんだろう」と言っていた。

　この一件について、モーンが彼女から話を聞くことはなく、しばらくして、エームの側から事情を少しだけ聞いたという。近親の儀礼に呼ばれて彼の妻に会ったとき、「姉さん（モーンのこと）は、ここ（KS村）にいるのに知らなかったの。

見てごらんなさい、彼ら（KS村の他の家々のこと）だって知ってるのに。近親なのに知らなかったの」と言われたほど、モーンには情報が伝わっていなかった。それだけに、彼女自身も敢えて詮索しようとはしなかった。このように、モーン家は、事件が起こった2009年から、2011年3月になるまでの約2年間、それを知らずに過ごしていたことになる。

　それに対し、パエウ、ヌパン、エート、ティダーなど、ドゥアン家の近隣の家々は事情を早くから知っていた。モーンはそのことに気がつき、「彼女らは知っていた。でも彼女らは（私たちに）話さなかった。彼らは隠しておいた（*sgat vai*）。彼らは話せなかったんだ（*bo haan*）」と述べていた。彼女にとっては、近親の姦通はもとより、ドゥアンがそれを隠し続けてきたことや、モーン家にやってこないことが、気がかりな様子で、「母さんが（ドゥアン家の近くを）通りすがれば、『姉さん、どこに行くの』と彼女（ドゥアン）はたずねる。でも、家にやってはこない」とつぶやいていた。そして、「（彼女は）恐れているのか、怒っているのか、恥じているのかも分からない。おそらく、恥ずかしいんだろう。私たち（モーン家とドゥアン家）のあいだには何の問題もないのだから、私たちだって何も言わないのに。他家の問題なんだから」と述べた。彼女にとって、ルセイとエームの姦通という出来事は、近親とはいえ他家の問題であるから、モーン家としてドゥアン家を批判するつもりなどない。にもかかわらず、相手が一方的に、モーン家とのつきあいを閉ざしていると考えていた。

　もちろん、モーン家について悪口を言う者もいた。私はモーン家に寄宿しているため、ドゥアン家との関係がこじれているあいだは、ドゥアン家や近所の家々への訪問を控えざるをえなかった。しかし、別の村びとからモーン家についての噂を耳にすることはあった。たとえば、2011年1月3日に、友人のニュムと話をしていたとき、話題がモーン家に及んだ。彼は、実はモーンやクアのことがあまり好きではないのだと言って、彼女たちについて周囲が立てている噂を、断片的ながら次のように私に話した。「彼女（モーン）は、『誰かが言っている（誰かが噂を立てているの意）』と（日頃から）言っているけど、実は自分も言っている（彼女こそ噂を立てているの意）。このあたりの家々は、あなたのお母さんの（良くない）話をたくさん知っている。良いのは外面だけで中身は違うって。外面だけ甘くて心は苦い（*paak vaan cai khom*）って言われているんだ。（中略）彼女は他人

の悪口を言う。僕が彼女の家に行くと、彼女がパエウについて陰口しているのをよく聞く。パエウが彼女に悪口を言っているって。でも、一方のパエウの家に行っても、モーンに対する陰口は聞いたことがない。どっちが良くて、どっちが良くないのか、分からない」。

　このニュムの語りからは、モーンをはじめどの家も、ある家に対して多少なりとも不満を抱えており、文脈によって、そうした感情を他家にうちあけたり、当事者から情報を伏せて秘密を守りあったりするということがうかがえる。ルセイの姦通について言えば、ドゥアン家の近所は情報を共有し、みんなでモーン家には秘密にしていたのである。もちろん、秘密を守りあう家々というのは、別のもめごとが起こるたびに入れ替わる可能性があり、その過程で秘密が漏れることもある。

　さて、ドゥアン家とモーン家の関係は、2012年4月に私が村を再び訪れたときも、まだぎくしゃくしていた。ドゥアンの次女が同年3月に結婚したのだが、そのとき、モーンとカムサイは儀礼に招かれたものの、欠席したという。それを聞いた私は、両家の関係がなかなか良くならないのを案じ、「親族なのに心配だ」と言った。すると、モーンはすぐに、「あいつ（ドゥアンのこと）1人なわけじゃない、親族は。たくさんいる。でも、母さんは（ドゥアン家との関係を）捨てない（*bo thim*）よ」と言った。続けて彼女は何か言いたそうであったが、隣にいたマラーが急に話を切り替えたので、その話題はそこで遮られてしまった。

　この発言には、家間関係のあり方を特徴づける重要な点が見てとれる。村びとたちは、ある時点である家とのあいだには軋轢を抱えながら、他の家々とハック・カンの間柄を張り巡らせている。そうした中で、緊張が比較的早くに収束していく場合もあれば、ドゥアン家とモーン家のように、事件が重なってなかなか修復しない場合も出てくる。しかしそうであってもなお、村びとは簡単には関係を切らず、いつかは修復できるであろうことを期待している。モーンの発言にある、「母さんは捨てないよ」という表現に、そのことが表れていよう。ハック・カンの間柄にある家間関係においては、交換を停止しても、それはあくまでも停止であって、完全にやめることではない。人びとは、どんなに時間がかかっても将来的に関係を修復できることを期待し、そのタイミングを待っているのである。

3-4. 小括

　本章では、事例の記述を通して、ラオ村落の家間関係の理解には、それがいかにつながるかのみならず、どのように対立するか、そして、どのようにもめごとに対処するかにも着目することが重要であることを強調してきた。前章で述べたように、ハック・カンの間柄は、直接的で具体的な相互行為によって構築される。しかしそれは流動的で、日常に頻繁に起こるもめごとの連なりによって、そして曖昧な情報が広まることによって、すぐに揺らいでしまう。本章で取り上げた脱穀機の貸借問題、乗合トラックの事故、男性たちの喧嘩とそれに続く離婚、近親の不義といった事例のいずれにおいても、そうした特徴が見てとれよう。

　もめごとが起こると、村びとはやりとりを一旦は停止する。その直後は、感情が高まり、家間関係がかなり緊張する。しかし、そうであっても暴力や口論ではなく、「だんまり」で「ただいるだけ」というやりすごしの姿勢を貫こうとする。そうしているあいだに、他家から情報を聞きながら、緊張している相手の陰口をしたりする。しかし、ほとぼりが冷めていくにつれ、当事者の一方が、タイミングを見つつ食物の贈与や話し合いの打診にやってきて、関係修復の期待を示す。

　ただし、噂によって、当事者の思わぬ方向に事態が転じ、別の家間関係にまで緊張が広がることも少なくない。また、交換が再開した場合であっても、不満や怒りは消えることなく家に秘められ、のちに再燃する可能性もある。このように、家と家のハック・カンの間柄は、緊張をもたらすような出来事によって揺らぎ、先細る可能性を含みながら変容していくのである。

　なお、本書で記述する事例は、私の調査期間中に起こった出来事であるという限界がある。当然のことながら、村びとの日常に起こるもめごとは、過去に起こった出来事とつながっている場合が多い。過去について私が捉えうるのは、新たに生じたもめごとの中で語られたり、繰り返されたりする場合であって、あくまでも断片的なものにすぎない。また、ハック・カンの間柄も、私の調査時において、既に変容を繰り返してきたものであることは言うまでもない。

ここまで、第2章と第3章にわたって、ハック・カンの構築のあり方と、その流動性について述べてきた。いくつかの事例から分かるように、ハック・カンの間柄を築くときは、直接的にやりとりがなされる一方で、もめごとは、できるかぎり間接的な方法で対処されている。次章以降では、そのようなもめごとの間接的な対処法について、具体的な事例を取り上げて掘り下げていく。

第4章
上座仏教の食施をめぐる競合

　本章では、KS村におけるもめごとへの対処法について、僧侶への食施にまつわる家々の競合を事例として提示する。これまで、食施は、上座仏教の宗教実践という観点から、個々の家の寄進であれば積徳行として、複数の家による寄進であれば積徳行の協同として捉えられてきた [林2000: 178-179, 186]。KS村でも、親族と資金を出しあったり一緒に調理するような寄進は、積徳行の協同 (*ao bun nam kan*) と言われる。また、2006年以降は、村の全戸を対象とする輪番制が始められ、食施が村レベルで行なわれるようになった。さらに、村や家の儀礼の多くは僧侶を必要とするため、食施によって彼らを養い、村の寺院に止住してもらうことは、村びとたちの関心事でもある。
　しかし、実際には、KS村における食施は、家同士の競合や妬みあいを抱えていた。本章では、若い僧侶が食施を十分に受けられず、腹を空かせていた状況を手掛かりに、家々の競合に着目する。張りあいや妬みは、知らぬふり、陰口、責任転嫁、陰での細やかな対抗など、間接的に示され、暴力沙汰はもちろん、関係を壊すことには至らない。その代わり、若い僧侶の空腹はなかなか解消されない。
　これまで、ラオ村落における家同士の協同は村落の連帯として捉えられる傾向があったが [Evans 1990; Ireson, R. 1996; Taillard 1977]、そこにおいて競合は連帯の失敗とされ、それ以上掘り下げられることがなかった。しかし本章では、競合に積極的に着目することから、協同の失敗として割り切ることのできないラオ人の対人関係のあり方を検討する。
　また、これまでの研究において、女性は、生来的に穢れ、最も多くの功徳を得られるとされる出家もできないため、男性よりも食施などの日常的な積徳行に励むとされてきた [Kirsch 1975: 185]。また、寺院では男性の後方に座る、儀礼の指揮は男性がとるなど、宗教実践における性差は、女性の地位の低さを示すとされた [林1986: 104-105]。確かにKS村においても、男性は、僧侶、仏

陀、托鉢などに触れることができ、儀礼の司会進行を担うほか、前方に座り、必要とあれば僧侶の手伝いのため内陣に上がる。一方の女性は、僧侶や仏陀との接触が禁じられ、月経中は境内に足を踏み入れることもタブーとされるなど、制約がある。また、儀礼においては常に男性の後方に座り、彼らの進行に従うといったように、性別に基づく差異が見られる。

しかし、本章で紹介する食施の事例からは、女性が村の宗教活動を徐々に方向づけていく可能性も見えてくる。加藤眞理子は、識字を獲得し、経本を手にした女性の持戒行を事例に、女性の宗教実践をより積極的に捉える議論を展開している［加藤 2010］。本章は宗教実践そのものではないが、日常的に起こる競合に光を当てることから、宗教活動における女性の積極的な役割を見ていく。それはまた、宗教活動が日頃の家間関係と深く結びついたものであることを示すことにもなろう。

4-1. 食施の概要

事例を記述する前に、本節ではまず、村びとの呼称に基づく僧侶の区分、KS村における食施の方法を説明するとともに、若い僧侶が腹を空かせていた状況について概観する。

4-1-1. 僧侶の区分

上座仏教の僧侶は、世俗を離脱し、生産活動に従事せず、戒律を順守して生活を送るため、世俗の者とはいくつもの違いがある。その1つとして、僧侶への特別な呼称があげられる。僧侶に対しては2種類の呼称がある。1つめは、教義に基づく、「クーバー（*khuubaa*：比丘）」と「ネーン（*neen*：沙彌）」という区別である。2つめは、出家歴、誦経や護符を作る能力、年齢などに基づく「クーバー・ニャイ（*khuubaa nyai*：大きな僧侶）」と「クーバー・ノーイ（*khuubaa noy*：小さな僧侶）」という区別である。村びとは、対面状況や儀礼においては前者を用い、村びと同士の会話の中では後者を用いることが多い。

私の調査期間中、KS村の寺院には、比丘が4人、沙彌が3人ほど止住してい

[表4-1] KS村の寺院の僧侶（2007年7月～2008年12月）

村人による区分	名前	身分	出家歴	年齢	出身地	受戒寺院
クバー・ニャイ	ワン	比丘　＊住職	29	77	州都	U寺（首都）
クバー・ノーイ	エン	比丘	5	23	州都	KS寺
	サマイ	比丘	5	22	KS村	KS寺
	スーン	比丘　→還俗	3	25	KS村	沙彌：KS寺、比丘：S寺
	カーオ	沙彌	2	20	PC村	KS寺
	トゥ	沙彌　→還俗	2	20	PA村	KS寺
	ヌー	沙彌	1	20	KS村	KS寺

注1）出家歴、年齢は、ヌー僧侶以外すべて2007年時点である。
注2）→：著者の調査期間中におこった身分異動を表す。
出所：調査に基づき著者作成

た。このうち、クバー・ニャイは住職のワン僧侶のみで、他の6人は20～25歳の若い僧侶で、すべてクバー・ノーイと呼ばれていた［表4-1］。本章において住職と若い僧侶という場合は、このクバー・ニャイとクバー・ノーイという区別に従う。呼称の区別に着目するのは、食事の状況が住職と若い僧侶とで異なっていたからである。当時、いつも腹を空かせていたのは若い僧侶たちであり、住職には十分な食事が寄進されていた。

4-1-2. 食施の方法

カンボジアにおける食施方法は、一般的に、托鉢、寺院での調理、各家での調理に大別できる。托鉢では、僧侶が鉢を抱えて家々をまわり布施を受ける。寺院での調理は、境内で大鍋を用いて、炊飯し、1～2種類の料理を作るもので、寺院に住む女性修行者を中心に行なう場合や[1]、家ごとに輪番で行なう場合がある[2]。各家での調理は、有志、1つの家が1人の僧侶を担当する方法（以下、担当制と省略）や、家を単位とする輪番がある。

---

[1] 女性修行者は、カンボジアでは「ドーン・チー」、KS村ではラオ語で「ナーン・シー」と呼ばれ、剃髪し白衣をまとい寺院に住むが、カンボジアの仏教では尼僧とは位置づけられない。州都のP寺やタラーボリヴァット郡のT寺には女性修行者が多く、僧侶の食事は彼女たちを中心に寺院で大鍋で調理されている。
[2] コンポントム州のクメール村落では、一部の村びとが近隣村の村びとと曜日ごとに輪番で食施する様子が見られる。そこでは、当番が寺院に集い大鍋で共同調理し、僧侶に一斉に寄進する［小林2007: 180-182］。

第4章　上座仏教の食施をめぐる競合　　　　　　　　　175

［写真4-1］僧侶への寄進物（2008年10月14日撮影）

　KS村では、当時、各家での調理が基本で、托鉢は、雨安居の3ヵ月間、若い僧侶のみで毎朝1回行なわれる程度であった。食施は、「ヘット・パーカオ（het phaa khao：食事の盆を作る）」、あるいは「リアン・クーバー（liang khuubaa：僧侶を養う）」と呼ばれ、自家で調理した米飯と料理を重箱式の弁当箱（pin too）に詰め、寺院に寄進しに行く［写真4-1］。2006年以降は、食施の輪番制（veen phaa khao）が施行され、当番の家が僧侶たちに朝昼2回の食事を寄進するようになった。

　輪番制の施行には、次のような経緯があった。1950年代にKS村で出家した経験を持つ男性（67歳）によれば、当時は僧侶1名につき、「カム（kham：支援者）」と呼ばれる家がつき、還俗あるいは他界するまで食施を担当したという。また僧侶が還俗した場合には、カムの稲作や畑作を1年間ほど手伝ったという。さらには、そのカムに未婚の娘がいる場合には、還俗した男性がその女性と結婚するのも望ましいとされていた。このようなカムは、早い段階から村に住んでいた家々によって担われていた。

　ところが、村の人口が増加してくると、一部の村びとに積徳行の機会が偏っていると文句がではじめたため、カムによる担当制は中止されたという。そし

て、その後の食施方法として、寺院での調理が提案されたが、KS村には女性修行者がいないため実現が難しいとされ、結局、家を単位とする輪番制が採用されることとなった。

4-1-3. 輪番制の仕組み

　輪番制の施行によって、食施は、僧侶の生活基盤を支え、止住を促すための、村の協同という意味あいを帯びるようになった。ところが実際は、その仕組みが、家々に不満をもたらしていた。

　輪番制は、家々を7つの組（クロム）に分けて実施されていた。[3] アーチャーンと寺委員が話し合いのうえ、村の南端から寺院までを3つに分け、第1組、第2組、第3組とし、寺院の周辺は第4組、そして寺院から村の北端までを3つに分けて、第5組、第6組、第7組としていた。これらの組は、組織だった集団ではなく、あくまでも家を単位に調理をして寄進する。また、村びとは、この組の順番に沿って寄進をするのだが、食施についての会話などでは、組の番号よりも、次のような区分で捉えることが多い。人びとは、村の南端から寺院までの家々（組では第1組～第3組にあたる）を「南の家（huan tai）」、寺院の周辺（第4組）を「寺院の周辺の家（huan theev vat）」、寺院から村の北端まで（第5組～第7組）を「北の家（huan nua）」と呼んでいた［表4-2］。

　食施の相手については、第4組のみが住職に、他の6組は若い僧侶に寄進することになっていた。輪番制が施行された当初は、6人の若い僧侶それぞれに組が割り当てられたようだが、実際には若い僧侶への寄進はまとめてなされていた。また、第4組が住職を担当するようになった理由は、高齢である住職の体調の変化にもすぐに対応できるよ

[表4-2] 食施の組と担当僧侶

組	呼び方	家の数	担当僧侶	
			名前	区分
1	南の家	44	サマイ	若い僧侶
2	南の家	35	エン	若い僧侶
3	南の家	29	スーン	若い僧侶
4	寺院周辺の家	38	ワン	住職
5	北の家	33	カーオ	若い僧侶
6	北の家	43	トゥ	若い僧侶
7	北の家	44	ヌー	若い僧侶

出所：調査に基づき著者作成

3　このクロムは、第1章で説明したKDクロムとは関係がない。

第4章　上座仏教の食施をめぐる競合　　177

う、寺院に近い家々が適当であるからというものであった。

　本章の事例の記述では、住職を担当する第4組をA組、若い僧侶を担当する6つの組をまとめてB組とする。また、人びとの語りに応じて、B組の中でも、上述の「南の家」にあたる場合をB組南、「北の家」にあたる場合をB組北とすることもある。

　各組の家の軒数は平均して38軒で、組の中で2軒ずつが1日の当番にあたり、朝と昼の2回、食事を作って僧侶に寄進する。したがって、寺院には朝と昼にそれぞれ最低でも14個の弁当箱が寄進されるはずであった。なお、食物を調理、加工し、寺院に寄進に行くのは、ほとんどが女性である。男性は、食施について口を出すことはなく、たとえ妻が食施をしていなくても強要することもない。そのため、家を単位とする食施は、女性の意向が反映される傾向がある。

4-2. 若い僧侶の空腹

　上記で示したように、食施の輪番が予定どおり行なわれていれば、いずれの僧侶も食事に事欠かず、1回の食事に、住職は2個、若い僧侶は計12個の弁当箱を受けることができるはずである。ところが実際には、若い僧侶がいつも腹を空かせているという状況が見られた。

　それは1つには、僧侶の食事方法が関係している。カンボジアでは一般的に、同じ寺院に止住する僧侶は、食事を一斉に食べる。村びとから寄進された食事は、すべて寺院の食器に移され、講堂に配膳される。そして、一定の時刻になると、僧侶が講堂に集合し、円陣を組んで共食するのである。このとき、比丘と沙彌は場所を分けるが、配膳された食事を一斉に食べる。それに対してKS村では、一斉に食べるのはほとんどが儀礼のときで、僧侶の日々の食事は個別的であった。1990年代以降、僧侶数の減少と住職の高齢化により、一斉に食事する機会が少なくなっていた。現住職は自分の庫裏で、若い僧侶も講堂か庫裏で、食施を受け、そのままその場所で食事をとることが多かった。こうしたなか、住職にはいつも食事が寄進されているのに対して、若い僧侶には寄進が

［写真4-2］儀礼における僧侶の食事（手前が比丘、後方が沙彌）（2015年8月29日撮影）

［写真4-3］儀礼における僧侶の食事（2014年8月24日撮影）

[写真 4-4] 個別にとる日常の食事（2008 年 11 月 26 日撮影）

少なく、食事が足りていないという状況であった [写真 4-2, 4-3, 4-4]。

4-2-1. 解消されない空腹

　ここで言う空腹は、「ウット・カオ（*ut khao*：ごはんを我慢する）」という現地の表現を訳したものである。ウットは、〜がないといった意味で一般的に用いられるが、僧侶の食事に関しては、朝や昼の食事を受けられなかった状況を指す。僧侶は、村びとから寄進される食事を「パー・カオ（*phaa khao*：食事のお盆）」と呼び、「今日はパー・カオがなかった」、「今日のパー・カオは1つしかなかった」などと、食事が足りない状況について、アーチャーンをはじめ、村びとたちに伝えていた。

　若い僧侶は、私の知る限り、いつも腹を空かせているように見えた。正午近くになっても1つもパー・カオがなく、庫裏や床下で、待つともなくぼんやりと座っている若い僧侶をしばしば見かけた [写真4-5]。また、彼らの空腹についての語りも、僧侶や村びとから頻繁に聞いていた。実際、パー・カオが人数分にも満たないばかりか、全くないときや、あっても1、2個の場合も多

[写真4-5] 庫裏で食施を待つ僧侶（2008年11月19日撮影）

かった。

　表4-3および表4-4は、2008年6月15日から12月9日にかけての177日間にわたり、若い僧侶の食事を調査したものである。私は定期的に庫裏を訪れ、参与観察に加え、朝昼2回の食事の内容、量、食事の場所などについて、僧侶に聞き取りを行なった[4]。当初は、僧侶がどのような食事をとっているのかという素朴な関心から調査を始めたのだが、続けているうちに、若い僧侶が空腹を抱えている様子が見えてきたのである。

　まず、僧侶が自分たちの食事をどのように捉えているかに着目したところ、おおまかに、不摂取、自炊、特定の家での食事、食施による食事、儀礼での食事、住職からの分配の6つに分けられる。不摂取とは、何も食事を口にしないこと、自炊とは、僧侶が食材を購入して自ら調理すること、特定の家での食事とは、ある家で食事の提供を受けること、儀礼での食事とは、儀礼時の寄進で受ける食事のこと、住職からの分配は、住職が寄進物を若い僧侶に分配するこ

---

[4]　私は村外への用事や農繁期を除いて毎日のように寺院を訪れた。そうしているうちに、僧侶が食事の記録をとっておいてくれるようになり、私の不在時にもデータを継続的に得ることができた。

[表4-3] 若い僧侶の食事状況（2008年6月15日〜12月9日）

	不摂取	自炊	特定世帯	食施	儀礼	住職の分配
6月	25.0%	6.3%	9.4%	59.3%	0.0%	0.0%
7月	10.0%	70.0%	5.0%	8.0%	6.0%	1.0%
8月	6.0%	34.0%	14.0%	24.0%	20.0%	2.0%
9月	5.0%	8.4%	3.3%	48.3%	35.0%	0.0%
10月	16.1%	17.7%	6.5%	50.0%	9.7%	0.0%
11月	10.0%	8.3%	21.7%	56.7%	3.3%	0.0%
12月	16.6%	27.8%	27.8%	27.8%	0.0%	0.0%

出所：調査に基づき著者作成

[表4-4] 若い僧侶の空腹の頻度
（2008年6月15日〜12月9日）

6月	40.7%
7月	85.0%
8月	54.0%
9月	16.7%
10月	40.3%
11月	40.0%
12月	72.2%

注）空腹とは、表4-3における「不摂取」、「自炊」、「特定世帯」を合わせた状態をさす。
出所：調査に基づき著者作成

とを意味する。

　表4-3は、このような若い僧侶による食事の分類に基づき、それぞれの頻度を示したものである。以上の6つのうち、不摂取はもちろん、自炊、特定の家での食事は、パー・カオが足りなくて空腹であるため、自炊をしたり、村びとの家に行って食事を提供してもらったりすることが多い。そのため、本章で言う僧侶の空腹とは、このような不摂取、自炊、特定の家での食事を含めたものである。

　若い僧侶が、こうした意味での空腹をどのくらい抱えていたかを示したのが、表4-4である。調査を行なった7ヵ月のうち、平均で半分程度（49.8％）にわたり、不摂取、自炊、特定での食事といった状況が見られた。表4-3で示したように、空腹になるのが最も少ない9月（16.7％）は、KS村で最も盛大な儀礼の1つ、プチュム儀礼が開催されるため、食事の多くは儀礼でなされる（35％）。一方、空腹が続く7月（85％）は、村びとの田植えの最盛期で、稲田小屋との往復で忙しい家々も多く、食施がなされないことも多い。そのため、アーチャーンが米と現金の拠出を村びとに呼びかけて、まとめて寄進し、僧侶に自炊してもらう。しかし、その際に寄進される現金が少額で、7人分の食事には不十分であった。さらには、住職から若い僧侶への分配も限られていた（7月に1％、8月に2％）。このような状況において、若い僧侶は食事が不安定で、しばしば発熱したり頭

4-2-2. 食施の怠り

　若い僧侶を空腹にした原因の1つとして、B組が食施の当番を怠ったことがあげられる。住職を担当するA組は食施をしていたが、若い僧侶を担当するB組の中には、食施をしない家々が多くあったのである。実施について記録する帳簿は作られていないため、食施をしない家が公に特定されることはなかった。しかし、若い僧侶は、食施に来る人びとの顔ぶれから、逆に、どの組のどの家が来ていないかを知っていた。村外出身の僧侶でも、数年ほどKS村に滞在すれば、村びとの顔と名前、家の場所や成員構成などについて把握している。

　また、村びとも、弁当箱を提げて寺院に向かう者を見かけたり、食施をしない家について噂を聞いたりすることで、他家の様子をある程度知っていた。中には、若い僧侶が腹を空かせていることを心配する人もいた。しかし、食施をしない家に対して、非難したり行動を促すこともなかった。また、A組の家々が若い僧侶に食施をしたり、家で食事を提供することはあったが、それは単発的で、彼らの空腹がおさまるわけではなかった。なおかつ、食施はあくまでも個人や家の積徳行であって、行なうか否かは各々の信仰心に任せられている。輪番制の施行に中心的役割を担ったアーチャーンや寺委員会も、村びとに食施を義務づける権限を持ち得ていない。

　では、食施しない家々には、どのような理由があったのだろうか。B組の村びとが私に語っていたのは、農繁期における時間的な余裕のなさと人手不足である。しかしそれでは、農閑期にも若い僧侶の空腹が続く理由を説明できない。また、「若い僧侶に食施する家は多いから、私たちがやらなくても大丈夫だ」という発言もたびたび聞いた。ところが、若い僧侶が困っていることは噂で広まっており、B組の村びとがそれを知らなかったとは考えにくい。

　ただし、こうした状況について、輪番制という村レベルの活動に非協力的な者がいるのを指して、ラオ人の協同が失敗した例とするのは早計に過ぎよう。食施が輪番制のとおりに行なわれていなかったのは事実としても、なぜ食施をしなかったのかについて、上記の村びとの語りのみにとらわれず、村の対人関係にかかわる、より根本的な理由を検討する必要がある。

食施を怠った理由としては、いくつかの可能性が考えられる。たとえば、村の端に居住する人びとにとって寺院は遠く、食施が面倒だったのかもしれない。また、とりわけ北端の人びとは後から移住してきたクメール人が多く、日常的な往来も少ないため、村の多数派が決めた輪番制について情報が少なかったのかもしれないし、賛同していないまま進められていたのかもしれない。これらの可能性については、情報が得られなかったため定かではない。しかし、B組の中には、かつてからA組の家々を妬む人びとがおり、輪番制によって、それが助長された可能性があることは見てとれた。そこで、次にこの点に注目し、食施の怠りにまつわる家々の競合について記述する。

4-3. 家間の競合

若い僧侶の空腹は、功徳を得る機会や財をめぐる家々の競合が、食施の輪番制によって顕在化したことと関連がある。それは、KS村における競合のあり方を示すものである。以下では具体例として、A組とB組の陰口の応酬、他家への責任転嫁、A組内の摩擦を取り上げ、妬みや張り合いが間接的になされていく過程を提示する。

4-3-1. A組とB組の陰口

B組の家々は、土地や家の所有、住職との親密な関係をめぐって、A組の家々に対して不満を持っていた。一方、A組の家々は、B組の家々が裕福であると考えており、食施を怠ることについて陰で批判していた。

　　[事例4-1] A組に対する陰口
　　　B組に属する年配女性カムコークは、若い僧侶への食施をしないことがたびたびあった。2008年10月30日、私は村を散歩しながら彼女の家に立ち寄った。カムコークは、モーン家での生活はどうかと私に聞いたあと、モーン家との関係について次のように言った。「私たち（カムコーク家）と彼女たち（モーン家）は親族（*phii noong*）だよ。遠縁の親族さ。近ごろはますま

す（関係が）遠くなった。昔の年配者たちはね、功徳を積もうとなれば呼びあった。あちらがやるならこちらも一緒にやった。けれど今はなんだって遠いんだ。なぜって、彼女たちは裕福だ（*hang hang mii*）だから。物（*khuang*：ここでは土地や果樹など）がたくさん（ある）。蹴ったら飛びだしてくる（ほどたくさんある）。そうさ、だから私たちは貧しいのさ。あの辺りさ、寺院周辺の家々さ。彼らは持っている（*mii*）。（私たちは）僧侶（住職のこと）とも（関係が）遠い。彼らが僧侶に食事を作っている。私たちではない。彼らは僧侶の心をつかんだ（*ao cai*）」

　モーン家は、「寺院周辺の家々」、すなわちA組に属する。彼女によれば、A組の家々は、土地や果樹などの財を多く持っているばかりか、住職への食施も独占している。住職は高徳で、呪文などの知識も豊富であるばかりか、寺院の建造物や土地を管理している。若い僧侶はそうした点で住職に及ばない。

　食施をして「僧侶の心をつかんだ」という発言は、日々の食施が住職との関係を緊密にし、彼からの「お返し」を期待しうることを示唆している。一般的には、食施は徳を積む行為であり、より良い転生や来世での幸福を願ってなされる。しかし、彼女が考えるように、村に止住する僧侶とのあいだでは、物質的な「お返し」を受けることもある。食施は、積徳行という宗教的行為であると同時に、相手の食生活を支えて養うという意味で、村びと同士の食物交換と類似する側面を持つ。私は、A組の家々と僧侶とのあいだでなされる食物や物品の贈与を、頻繁に見かけていた。村びとが果実や飲料などを捧げるのに対して、僧侶は、護符をあげたり、村びとから寄進された物を再分配したりする。カムサイは、自家のライムを収穫しているとき、「そういえば、エン僧侶は私に、ライムが欲しいと言ってたっけ。彼にだったらいくらだってあげるさ。彼に対してはケチ（*khii thii*）にならないよ。だって、彼はいつも（私たちに）くれるから」と語っていたことがある。この発言からも、村びとと僧侶とのやりとりが、村びと同士の食物交換のように捉えられている節がうかがえる。世俗を離脱した僧侶は、家を持たず、庫裏はあくまでも寺院の所有物であって、僧侶はそこに身を置くだけである。しかし僧侶は、まるで一家の家主（*mee huan*）のように、村びとの家々と贈与交換をしている。そして、第2章で述べた家間関係の構築

[写真4-6] 境内で牛を放牧する村びと（2010年3月1日撮影）

と同様に、頻繁に食物を贈りあうことが、僧侶と家とのあいだに、ハック・カンの間柄をつくりだす。戒律上は、僧侶に対して在家者の関係のあり方をあてはめるのは悪業（baap）とされる。しかし、実際のところ村びとは、ある僧侶とはハック・カンなのだと、こっそり私に説明をしたり、僧侶との親密なやりとりに積極的であったりする。

ただし、僧侶と家の関係は、通常の家間関係と決定的に異なる点がある。僧侶は修行によって聖性を有し、誦経や儀礼的行為を通して、村びとに積徳の機会を与えたり、病を治したりする。中には呪文を込めた護符の作成や病の治療ができる僧侶もいる。一方の村びとは、そのような僧侶に寄進したり労働を提供することで、功徳を積む。このように僧侶との関係が緊密であることは、超自然的な力の授与や積徳にも関連する。そのため、家と家のハック・カンをそのまま当てはめることはできないし、だからこそ、僧侶との関係をめぐって、家々に妬みや競合が生まれてしまう。

実際のところA組の中には、寺院の境内で菜園を作ったり、境内の前の土地で商店を開いたり、境内で家畜を放牧させたり、護符を優先的に授かったりす

［写真4-7］収穫したキャッサバの皮むきを境内で行なう村びとたち（2011年1月19日撮影）

［写真4-8］境内に作られた菜園（2010年12月31日撮影）

第4章　上座仏教の食施をめぐる競合

［写真4-9］境内に作られた菜園を村びとが利用する（2010年12月31日撮影）

るなど、住職から恩恵を受ける家々があった［写真4-6, 4-7, 4-8, 4-9］。上記のカムコークの語りからは、モーンを含め、A組の家々が住職との緊密な関係を築いていることを妬ましく思っている様相も見てとれる。「彼らは僧侶の心をつかんだ」というのも、A組の家々が欠かさず住職に食施をすることで、僧侶に気に入られようとしている、ひいては「お返し」を期待していると考えているようにもとれる。

一方で、A組の家々がB組について陰口することもあった。次の事例で示すように、2008年のプチュム儀礼のとき、寺院の講堂に集まった人びとから、B組の日々の食施について話が出た。

［写真4-10］講堂に集まった村びとたちがおしゃべりをする（2013年8月21日撮影）

［事例4-2］B組に対する陰口

　KS村では15日間にわたってプチュム儀礼が行なわれるが、その期間中は、日頃の輪番とは異なる食施のサイクルが組まれる。2008年は、はじめの7日間で第1組から第7組までが1日ずつ担当し、次の7日間も同じ順序で繰り返すことになった。最終日の15日目は、村びと全体での儀礼となる。

　儀礼期間中、村びとたちは食施のために講堂に集ってきては、儀礼の開始を待つあいだなどにおしゃべりをする［写真4-10］。A組の当番の日も同様で、村びとが講堂でおしゃべりをしていた。アーチャーンや寺委員たちもその場におり、話の流れで、若い僧侶が依然として空腹を抱えていることに言及した。すると、横から女性たちが口を出し、B組が食施を怠っているのだと批判しはじめた。

　「彼ら（B組）は貧しい人たち（*khon thuk*）だったっけ。彼らは一家に1台はバイクがある。今だってきっと、畑に出払っている（畑で換金作物を作っている）んだろうよ。いつだってそうなんだ」とモーンが述べると、近くに座っていた女性たちも同意し、「見てごらん、彼らの家は大きくて美しい」と

第4章　上座仏教の食施をめぐる競合

[表4-5] カムコーク家とモーン家の経済状況の比較（2008年2月）

	成員数	就学者数	月収（リエル）	現金獲得手段		土地所有（ha）		家畜所有（頭）		家屋の様態		耐久消費財の所有（台）	
				公職	その他販売等								
カムコーク	9	1	400,000	教師 警官 市役所職員	米・換金作物の販売 養豚・養鶏・脱穀機・精米機の貸出 服の仕立て	水田 3.0 畑 2.0 菜園 0.5		水牛 10 牛 10 豚 3 鶏 5 家鴨 8		大きさ　大 屋根の素材　トタン 高床高さ　高い 窓の素材　ガラスあり ドア　新、彫刻あり		脱穀機・精米機 各1 バイク 2 自転車 1 テレビ 1 ミシン 1	
モーン	3	0	150,000	市役所職員	農作物・果実・加工食品の販売	水田 2.5 菜園 1.5		水牛 4		大きさ　中 屋根の素材　トタン 高床高さ　中 窓　木 ドア　古		自転車 1	

出所：調査に基づき著者作成

ドゥアンが続けた。

　モーンとドゥアンの発言は、食施をせずに換金作物栽培に精を出し、それを売って得られた現金で、立派な家を建てたりバイクを購入したりしているといった、B組の家々についての批判であった。経済的に苦しくて食施ができないというのであれば仕方がないが、そうではない。私利私欲を優先し、食施を怠けているだけなのだというのである。
　そこで、B組のカムコーク家とA組のモーン家の経済状況を比較してみる。表4-5は、カムコーク家とモーン家の経済状況を示している。村びとにとって、現金収入の有無や多さ、土地や家畜の所有、家の大きさや美しさ、耐久消費財の所有状況などは、家の経済指標として重要である。それらを比較すると、いずれにおいても、カムコーク家がモーン家を上回っている。もちろん、カムコーク家は成員数がモーン家の3倍であるため、単純な比較はできない。しかし、支出がより多くなる可能性はあるにせよ、モーン家に比べて現金収入源が多いことは見てとれる。
　カムコーク家は畑を2ヘクタール所有し、換金作物栽培を行なっている。また脱穀機と精米機を他家に貸し出してもいる。水牛は稲作に必要な数（2〜3頭）を上回る10頭おり、そのほか牛10頭、豚3頭、鶏5羽、家鴨8羽を飼育している。また、公務員の息子や、服の仕立てで収入を得る娘もいる。このように現

金収入源が多いことは、立派な家を建てられることにつながる。実際、カムコークの家は大きく、内部に複数の部屋が作られている。床は高く、いずれは床下にも部屋を増設する予定である。窓はガラス張りで、木製のドアにも彫刻が施してある。さらに、バイクも2台所有している。それに比べてモーン家は、畑がないため換金作物栽培には従事しておらず、水牛4頭は稲作のために飼育しており、機械類もない。家は、台所部分を増築したものの、小さな寝室が1つあるほかに部屋はなく、大きいとは言い難い。床の高さは1m弱で、大人であれば屈まなくては通れないほど低く、木製のドアも古くなり、ところどころ虫に食われている。末娘は公務員であるが、バイクを購入するほどの収入は得られていない。

　このように見ると、上記のB組に対する陰口は、あながち見当外れとも言えない。ただし、**事例4-1**であげたカムコークの発言も考えあわせると、A組は、祖先が占有によって取得した土地を多く持つことなどを棚に上げ、昨今の現金収入に結びつく行動のみに陰口の対象を絞っているようにも見える。逆にB組は、かつてから蓄積された財がないからこそ、生業に精を出さなければ生計が成り立たないと主張しているかのようである。

　また、重要なことに、このような非難は陰でなされ、面と向かって議論されることがない。A組とB組の人びとが居合わせる機会は多く、対面状況で相手を批判することもできるはずである。しかし、そうした状況になると、批判の矛先が微妙にずらされ、直接的な対立は回避されるのである。たとえば、次にあげる事例では、住職が対象を特定せずに叱責するのだが、村びとは、責任をその場にいない者たちへと転じていく。

[事例4-3] 批判の矛先転換
　2008年4月26日、寺院で沙彌（ヌー僧侶）の得度式が開催された。儀礼ではすべての僧侶が講堂に揃い、村びとからの寄進を一斉に受けて、朝と昼の食事をとる。このときも、午前6時頃、村びとが講堂に集まってきて、食事を寄進した。そして僧侶の食事が終わるのを見届けると、寺院から遠い村びとは帰っていき、A組とB組の一部の村びとが残っておしゃべりしていた。
　そのとき、住職が村びとを激しく叱った。彼は、日頃の食施が不十分で、

あいかわらず若い僧侶が腹を空かせていると言った。どの家が食施を怠っているのかについては触れず、若い僧侶の空腹をどうにかするようにと述べ、講堂から去っていった。するとそのあと、A組の人びとが、次々と大声でB組について批判しはじめた。ドゥアンは、自分たちは滞りなく食施しているし、さらには、若い僧侶を心配して彼らにも寄進することだってあると強調し、次のように言った。

「私たちが叱られたわけじゃない。彼（住職）は北と南の人たち（B組）を叱ったんだ。食施していないのは彼らだ。それに私たちは、若い僧侶にだって（食事を）作っている。当番でなくたって食施をしている。だから彼（住職）が私たちを責めるはずがない。だって、私たちはいつだって食施しているんだから」

この発言にイェン（38歳女性、A組）も同意し、「（私たちは）僧侶を空腹にさせたことなんかない。彼ら（B組）は畑にでかけている（畑仕事を優先しているの意）から（食施を）しないんだ。彼らは森（ここでは畑の意）にいるんだからね」と続けた。すると、ティア（39歳男性、イェンの夫）も同調し、「俺らだって同じさ。俺らだって本当なら田んぼや畑に帰るんだぞ（農繁期に水田や畑の小屋で寝泊まりして作業をすること）。忙しいんだ」と大声で述べた。彼は、自分たちだって生業に精を出したいところだが、それでも欠かさず食施していることを強調していた。さらにティアは、裕福なB組と惨めな若い僧侶を比較するかのように、次のように声高に言った。

「昔から彼ら（B組）は貧しくなんかなかったぞ。見たらわかるさ。バイクもあるし、ビデオもある。彼らが弱者（sang phachang）[5]なわけないだろう。いまや弱者は寺院に入ってきちゃったさ（腹を空かせている若い僧侶の惨めな状況を指す）。（それなのに）彼らは（食施するほど豊かに食材が）『ない』（からできない）の一点張り。ああ、そうだというなら断ち切ってしまうぞ（phdac thim pai na、phdacはクメール語で切り離すなどの意）」

すると今度は、それを聞いたパエウ（45歳女性、A組）が突然立ち上がり、次のように述べた。

「オーイ（相手を説得する表現）。あんまり言うもんじゃないよ。（B組が食施

5　phachangは、クメール語のprochang（反対する、敵対する）の音が変形された語彙である。クメール語でprochangは野党（kanapa prochang）などに用いられる。

を）しないならそれまでさ。私だって彼らの（畑や稲田の）小屋を見かけるたびに、食施をしないのかって聞きたいわよ。でも彼らがやらないなら、断ち切らせてもらいましょう。だって僧侶はずっと空腹を抱えている。かれこれずっとだ。北の人たちは恥を知らない。（食施をせずに）僧侶を招くときだけは、ちゃっかり招くんだから」

　そのとき、それまで話を聞いていたB組南の人びとも、会話に入ってきた。サーメット（60代後半女性）は、「私たちは（食施を）していますよ。やってないのは北の人たちだよ」と述べ、B組をひとまとめに批判するようなA組の見解を否定した。食施を怠っているのはB組北の家々であり、B組南はきちんと行なっているという。この発言によって、その場にいないB組北の家々に責任が転じられていった。そして結局、肝心の若い僧侶の空腹を改善するための方策などについては、全く触れられず、話が一段落着いた頃、それぞれが講堂から帰っていった。

　このときの講堂は、上記の他にも複数の人びとが同時に発言し、白熱した雰囲気に包まれていた。発端となった住職の叱責は、食施をしない組や家を特定しなかった。しかし、その後、村びとたちの語りによって、A組からB組へ、B組南からB組北へと、批判の対象が絞られていった。語りの内容や声の調子からすると、批判は具体的で激しいものであった。たとえば、パエウの発言にあるように、B組は食施をしないにもかかわらず、家での儀礼に平然と僧侶を招いているという。「断ち切ろう」というティアやパエウの発言は、食施の輪番から外して、役割を軽減する代わりに、僧侶に誦経しにきてもらうことも控えてもらいたいという意味を含むものと解釈しうる[6]。

　この事例で注目すべきは、批判の対象として絞られていったB組北の村びとが、講堂にいなかった点である。具体的で激しい批判は、最終的に対象となった者たちに直接向けられることなく、間接的な陰口にとどまったのである。

　このような対立は、A組とB組に限られない。次に述べるように、A組の家々も一枚岩ではなく、住職をめぐって張り合っており、それも直接的になら

6　もちろん、アーチャーンによれば、僧侶は中立的であるため、第三者が招請を禁止することはできないし、実際、僧侶は招かれれば誦経に行っていた。

ないことが多かった。

4-3-2. A組における摩擦

　A組の中でも住職との関係には濃淡があった。とりわけ、マニット家は、住職と親密につきあっていた。先に述べたように、住職から若い僧侶への食事の分配は限られていたが、それは、住職の食事の残りがマニット家に与えられていたことと無関係でない。

　マニット家は寺院の裏手にあり、僧侶の庫裏と近かった。周辺に他の家々もあったが、マニット家と住職の緊密な関係は突出していた。私は、周辺の人たちが陰口しているのを知らない頃から、マニット家の人びとが食器や鍋を抱えて住職の庫裏に行く姿を見かけていた。住職が、他家から寄進された食材をマニット家に預けて調理してもらい、その一部をそのまま与えることもあった。また、私がマニット家に遊びに行くと、「住職はいつも私たち（マニット家やマニットの娘の家）に（食物などを）くれる」と、家主（mee huan）のマニットが語ったこともある。マニット家と庫裏のあいだには近道が作られており、それが彼らの頻繁なやりとりを示しているようにも見えた。のちに住職は庫裏を移動したのだが、そのとき、他家の屋敷地を分け入る形で、近道も新たに作り直されていた［写真4-11, 4-12］。

　マニット家と住職とのあいだには親族関係はなかった。また、マニットの夫タリー（60歳）はKS村で出家した経験があるが、その当時ワン僧侶はまだ村に来ていなかったので、僧侶としてともに過ごしたというわけでもなかった。カムサイの話では、マニット家が食物を捧げたり労働力を提供することで、僧侶の心をつかんだのだという。

　住職がKS村にやってきたのは1999年だが、マニット家は当初から頻繁に食物を寄進し、体調を気遣っていたという。そのため住職も、マニット家に行っては、食物や物品をあげてきたらしい。彼らのやりとりを日頃から目にしていたエン僧侶も、住職からマニット家に食事が流れていくのは、彼女らが僧侶の心をつかんだからだと言っていた。

　近隣の家々も、彼らの緊密なやりとりについて知っていた。しかし、マニット家に向かって文句を言うことも、多くの村びとが集まる場でその話題を出す

［写真4-11］住職の庫裏からマニット家への近道（2010年12月31日撮影）

ことも控えていた。しかし、おしゃべりの中で、住職をめぐって張り合うようなことはあった。

　［事例4-4］マニット家に対する不満
　　KS村では、雨安居のあいだ、陰暦の上弦15日と下弦15日ごとに、ラップ・バート（*lap baat*）と呼ばれる儀礼が寺院で行なわれ、村びとが寄進にやってくる。2008年8月1日はその日にあたり、寄進を終えたA組とB組南の村びとが、10人あまり講堂に残り、円座になって共食していた。
　　上座仏教では、僧侶が先に食事をとったあと、その食事の残りを在家者が食べる。その日は、その中に蒸したもち米があった。すると、ある者が

第4章　上座仏教の食施をめぐる競合　　195

［写真4-12］住職の庫裏の奥に近道が作られている（2010年2月28日撮影）

もち米を手に取り、「彼（住職）は私たちが寄進しても、もち米しか食べない」と、住職の食事について思い出したかのように言った。KS村をはじめストゥントラエンのラオ人の多くは、もち米でなくうるち米を主食とする傾向にあるが、住職は昔からもち米を好んで食べていた。しかし、KS村ではもち米の生産量が少ないので、彼が毎日食べるとなると確保が大変だろうと私は思い、「住職はどこからもち米をもらっているのかしら」とつぶやいた。すると、すぐにパエウが、「マニットさ。マニットからさ」と大声で言った。彼女は、マニット家が、毎日のようにもち米を蒸しては住職に寄進していることを知っており、彼らの親密な関係を妬んでいる様子であった。彼女が食施の当番とは別の日に、甘味を作っては住職に寄進している姿を見かけたこともあった。そのとき講堂にいた村びとも、そうした彼女の感情を知っているのか、顔を見合わせつつ彼女の発言を聞き流していた。

　住職とマニット家のやりとりが若い僧侶の空腹を助長している、という陰口も聞いたことがある。2008年11月27日、私はモーンとカムサイとともに、果実の収穫をするために中洲の菜園へ出かけた。ライムをもいでい

たとき、対岸の寺院から、僧侶の打つ木鐘の音が聴こえてきた[7]。すると、モーンは思い出したように、「今日は若い僧侶は食施を受けられているだろうか、B組がまた食施をしていないのではないか」と言って心配していた。それから住職とマニット家の関係に話を転じ、こう言った。

「住職だって困ったもんだよ。もしたくさん（寄進を）受けたなら、少しくらい弟たち（若い僧侶たちのこと）に分けたらいいのに、そうしないんだ。（だって）彼はマニット家にあげてしまうからね。彼自身はほんの少ししか食べないよ、高齢だからね、これっぽっちさ［両手で小さな円を作って示す］。それなのに、若い僧侶たちが腹を空かせていても、彼らにはあげないよ。マニット家にあげてしまう。ほら、マニットはよく僧侶（住職）の庫裏に行ってるでしょ。食事をもらいに行ってるのさ」

モーンは、住職がマニット家に対して特別な扱いをしていることを知っていた。若い僧侶の話では、住職から全く分配を受けていないわけではなさそうであったが、上記の語りにおいて、モーンは、住職とマニット家の関係がいかに緊密であるかを強調するかのように、食事が若い僧侶にではなくマニット家に流れていくと述べていた。

それではまわりの家々はどうなのかと私がたずねると、傍で聞いていたカムサイが、「彼らだって知ってるさ」と答えた。するとモーンも、「彼らだって知ってるけど、（とやかく言うのは）面倒くさい（khii khaan）のさ、彼らは」と述べ、相手に向かってなにか文句を言ってしまうと、良くない結果を招きかねないので、周囲は沈黙していることを示した。

しかし、モーンは陰でささやかに対抗してもいた。彼女は続けて、「でもほら、だからみんな（A組）は（弁当箱に詰める量を）あまり多くしていないでしょ。住職にたくさん持っていけばいくほど、それがマニット家にまわってしまうからね」と述べ、住職への食施の量を加減していると説明した。私はそれを聞いて思い出すことがあった。モーン家の当番の日に、私が住職の米飯を弁当箱に詰めていると、モーンやリーンから、「あまりた

7　第1章で述べたように、寺院の境内には木製の鐘がある［**写真1-31**］。僧侶は、朝昼の食事の時間が近づくと、それを一定のリズムで打つ。その音は、村びとたちに食施を促す合図なのだが、村びとにとっては、時間を刻むものでもあり、農作業などに一区切りをつける目安になっている。

くさん入れなくてよいよ、住職は少食だから」といった注意を受けたことがあった。それは、上記のモーンの発言に照らすと、住職が食べきれない分をマニット家にまわさないための予防策だったとも考えられる。

　このように、パエウ、モーン、カムサイの言動を見てくると、A組の中にも軋轢があることが分かる。マニット家が住職から頻繁に食物を受けていたことは、マニット自身の語り、村びとの陰口、近道が作られることなどに鑑みると、確かであろう。そして、周辺の家々はこうした状況を快く思っていなかったが、マニット家に不平を言うこともなく、なにごともないかのように、彼女の栽培するキンマをもらいに行ったり、散髪をしてもらったり、食物を交換したりと、良好な関係を築いているように見えた。

　このような人びとの姿勢に関して、「彼らだって知ってるけど、（とやかく言うのは）面倒くさいのさ」というモーンの解釈は重要である。人びとがよく使う「キー・カーン（khii khan：面倒くさい）」という言葉は、なんらかの行動をとると厄介な状況を招きかねないので、敢えてなにもしないといった姿勢を表している。この事例においては、マニット家に文句を言えば、逆にあらぬ噂を立てられたり、マニット家とつながる家間関係が次々と壊れたりすることが目に見えているので、行動をとろうとしないのである。

　一方のマニット家はというと、陰口されているのを知っている様子であったが、それでも住職とのやりとりを続けていた。あるとき私がマニット家を訪れると、何も聞かないにもかかわらず、「住職はいつも私たちに（食べ物などを）くれる。でも、彼がくれるのだから仕方がないでしょう（受け取らないわけにいかないの意）」と、言い訳するかのように述べたこともあった。

　このように、不満やうしろめたさを抱きながらも、そうした素振りを見せずにつきあうという姿勢は、次の事例で取り上げるように、村びとたちの陰口のしかたにも見てとれる。ドゥアンは、夫とマニットが遠縁にあたり、また、マニットの夫タリーの妹イェンと家が隣で仲が良かった。ドゥアン家、マニット家、イェン家は、カオプンや甘味を一緒に作ったり、雨季になると森へキノコとりにでかけたりと、日ごろから行き来しあってハック・カンの間柄を築いていた。

[事例4-5] 同調と批判

　2008年6月19日、ドゥアンは、田植え前に、マニット家やイェン家とともにカオプンを作っていた。KS村では、田植えを始める前と終わった後に、カオプンを作る慣習がある。カオプンは、自家で食べるほか、他家へ分配したり、僧侶に寄進して祖先に田植えの報告をする（カオプン作りについては第1章の1-7-2および脚註34を参照）。さて、彼女たちのカオプン作りは、各家が10～15缶分の白米を持ちより、作業を分担して半日以上かけて行なわれた。このようなとき、人びとはおしゃべりをしながら作業をするのだが、私もその場で手を動かしながら、会話を聞いていた。彼女たちは、カオプンができあがったら翌朝に3軒で一緒に僧侶に寄進しようと言ったあと、そういえば、と若い僧侶の空腹が続いていることに言及した。イェンが、「若い僧侶は腹を空かせてばかりいる。昨今だって、北の人たち（B組）は相変わらず食施をしていない」とB組を責めると、マニットも「そうよ。私たち（A組）は、こうしていつも寄進しているというのに。僧侶を空腹にさせたことなんかない」と同調した。ドゥアンもうなずき、彼女たちのカオプンも住職だけでなく若い僧侶へも寄進するのだからと付け加えた。

　このように、ドゥアンは、マニットやイェンと作業をするときには、住職とマニット家の件について触れることなく、B組に関する陰口に加わっていた。しかし、次に見るように、マニットや彼女の近親たちがいないところでは、マニット家について批判していた。

　2008年10月27日、ドゥアンはモーン家を訪れ、川の岸辺でモーンとともにソムパーチョーム（魚類の発酵食品）を仕込みながらおしゃべりしていた。稲作について話が及び、「もうすぐもち米が熟す頃だ」とドゥアンが言った。するとモーンは、もち米と聞いて、住職が好むもち米をめぐって、マニットと言い合いになりそうになったことがあると語りはじめた。
　「そのとき住職が（モーン家の前に）やってきて『オーイ（相手を呼びかける表現）、モーン。もち米をくださいよ』って言うから、私は『オーイ（良い返事

8　米を測る単位は練乳の空缶が用いられる。

ができないときの応答)、僧侶。私は今年も稲作をしていないから、もち米がないのですよ』と言ったのさ。そしたら (偶然その場に一緒にいた) マニットが、『オーイ (相手を説得する表現)、モーン。あなたには (もち米が) ないんだから、どうにかしようとしなくていい。もち米なら (私の家に) あるから、私が (僧侶に) あげたから、あなたはあげる必要はないからね』と言うのさ。だから私も、『どんなに (自分たちで作ったものが) なかったとしても、私は買ってでもあげますよ』と僧侶に言った。僧侶は黙ってたよ」

モーンが笑いながらこう話すと、ドゥアンは、「彼女 (マニット) が (もち米を住職に) 寄進するのは、どうってことないわよね。だって彼女は、(結局のところ) 住職と一緒に食べることになるんだから」と皮肉を込めて言った。

　この 2 つの事例からは、その場にいる者たちとの関係に応じて陰口の対象を変えたり、どこかで陰口をしていながらその当事者と親しく接したりするような、村びとの姿勢が見てとれる。このようにしてドゥアンは、マニット家ともモーン家とも良好な関係を維持していた。
　このように、A 組の家々のあいだにももめごとはありながら、直接的にぶつかることはなかった。モーンとマニットのように、正面を切って言い争いになりそうになったとしても、第三者 (上記の例では住職) に話をふって、二者間での口論となるのを避けるのである。
　ここまで、若い僧侶が腹を空かせていた状況を手掛かりにして、家々の競合について記述してきた。輪番制の施行によって、食施は村の協同という意味合いを持つようになったが、実際には、それは家を単位としてなされている。そのため、住職をめぐる張り合いや妬みとも無関係ではない。家と家のあいだの競合は、それまでさまざまな出来事が積み重なって起こってきたものだが、輪番制もそうした水面下の対立を助長していたと考えられる。そして、競合が間接的で、責任が転化され続けるため、若い僧侶の空腹という問題は宙ぶらりんになり、いっこうに解決しなかった。
　しかし、このような宙ぶらりんのバランスを崩すような出来事が起こると、状況は少しずつ変化する。次にこの点に着目し、僧侶が他村の寺院へ異動するという噂が流れたときの村びとたちの対応について取り上げる。

4-3-3. 問題の放置と微細な変化

　若い僧侶の空腹については、村びとのみならず、僧侶自身も積極的に働きかけをしていなかった。たとえばエン僧侶は、食事が不安定のため体調を崩しがちで、「もうここ (KS村の寺院) にはいない」などと私に言ったことが何度もあった。しかし、食施をしない組や家を特定することも、食施の方法を変更するよう求めることもなかった。あるとき彼は、「(私は) 他人が怖い (yaan khao)。私が何か (非難するようなこと) を言ったとする。もしかしたら、彼らの気に障ることを言ってしまうかもしれない。そしたら彼らは怒るだろう。だからしばしば怖くなる」と語っていたことがある。つまり、誰かを批判すれば、噂が広まって悪い結果をもたらしかねないので、黙っているというのである。

　このように、村びとのみならず僧侶自身も問題を放置していたところ、状況を打破するような依頼が、村の外から出された。2008年10月下旬、州都の寺院が、ワン僧侶に住職として止住してもらいたいと言ってきたのである。ワン僧侶は、僧団の会議に出席するため、KS村と州都の往来を繰り返していたが、高齢なので身体的に負担が大きいと日頃から考えていた。そのため、州都の寺院からの招請に前向きな様子であった。また、この話を聞いたエン僧侶も、ワン僧侶についていくと言っていた。彼はワン僧侶の近親 (姉の孫) で、幼い頃に両親と死別してからは、ワン僧侶について寺院を転々としてきたので、今度もそうするつもりだった。

　さて、ワン僧侶とエン僧侶がKS村から異動するらしいという噂は、徐々に村びとに広まった。州都の寺院は、2009年の新年にあたる4月中旬までには来てもらいたいと希望していた。そのため、遅くても2009年3月には村を離れるだろうなどと噂されていた。実際、エン僧侶は、2008年の重要な儀礼がすべて済んだら村を離れるつもりだと、私に言っていたことがある。村びとは、出家歴の長い2人がKS村からいなくなったら、儀礼を滞りなく行なえるのだろうかなどと心配していた。このようななか、アーチャーンのカムサイも事態を案じ、食施の方法を変更する提案をして、僧侶に離村を思いとどまるよう願いでたことがある。

[事例4-6]輪番制を変更する案

　2008年11月上旬、KS村ではカティン儀礼（僧衣奉献儀礼）を終え、その年の仏教儀礼が一段落ついた。11月5日の午後、私がモーン家に帰宅すると、台所にエン僧侶が来ており、モーンとカムサイとともに話をしていた。深刻な様子だったので、私は台所に入るのを躊躇して居間にいたが、薄い木の壁から、彼らの話し声が漏れて聞こえてきた。

　モーンとカムサイは、食事の状況についてたずねたようだが、エン僧侶は、「パー・カオはないよ（食施はされていない、の意）」と言ったあとで、「たぶんワン僧侶と私は、K寺（州都の寺院）に行くと思う。今年の儀礼もすべて終わったし、翌年にはK寺に移るだろう」と話していた。モーンたちは、それに関する噂は耳にしていたものの、僧侶から直接聞くのは初めてであったため、しばらく無言になっていた。

　その後、カムサイが、食施の輪番制を変更する案について切り出した。曜日ごとに当番となる組を決め、担当の曜日に、組のメンバーが境内に集まって大鍋で調理したらよいのではないかという。そして、「こうすれば僧侶が空腹になることはないだろうし、それに、やらない者がいたとしても、どの家の誰かといったことは、（周囲に）分からないからよいのではないか」と述べた。すると、モーンが口を挟み、「オーイ（相手を説得する表現）、エン僧侶、オーイ。どうか行かないでください。私たちは僧侶を空腹にさせたりしないから」と言った。しかし、それに対してエン僧侶は、落ちついた声で、「（輪番制の変更は）するならしたらいい。でも、私は分からない（たとえ変更してもKS村にとどまるかどうかは分からないの意）」と曖昧に答えていた。

　カムサイとモーンも、できれば僧侶に止住を続けてもらいたいと思っていた。僧侶が村を離れるという噂を耳にしてから、輪番制を変更したらどうかと、2人で話しあい、他のアーチャーンにも相談していた。上記の語りでカムサイが強調していたのは、どうしたら僧侶の食事を確保できるかということはもちろん、食施をしない家がいても特定されにくい仕組みである。彼は、村びとの陰口を見聞きしたり妻と会話をする中で、特定の家々に批判が向けられるのを避けようとしていた。カムサイに限らず、村びとたちは一般的に、特定の家や人

物に責任がかかるような表現を避ける傾向がある。たとえば上記のモーンの語りでも、「私たちは僧侶を飢えさせたりしないから」と言って、主語を「私たち」としている。それがモーン家を指すのか、組なのか、あるいは村びと全体であるのかは、曖昧である。このように、村びとは概して、誰が考えたのか、誰が行なったのかなどについて特定するのを避ける傾向がある。

さて、以上のように僧侶の異動について村びとたちは、噂をしあったり僧侶と話したりと心配していたが、結局、ワン僧侶とエン僧侶は異動しなかった。私は2008年12月に帰国したため、異動すると言われていた2009年3月までのあいだに、なにがあったのか、異動しなかったのはなぜだったのかについて、詳しくは分からない。一般的に、たとえば還俗しようとする僧侶に対して、アーチャーンをはじめ村びとたちが、まだ出家を続けてもらいたいと願いでることはある。しかし、このときの異動については、そのようなことはなかったという。

私が2010年に村を再訪したとき、理由の1つと考えられるエピソードをエン僧侶から聞いたことがある。「彼（ワン僧侶）は、タリーおじいさん（マニットの夫）から離れられなかったのさ」と、彼は笑いながら言っていた。そして、ワン僧侶がKS村に留まることになったため、エン僧侶も異動しなかったという。この語りだけでは確かなことは言えないが、マニット家が住職と親密な間柄にあったことに鑑みると、異動しないように説得した可能性はあろう。

このように、理由はよく分からなかったものの、僧侶が異動しないことが明らかになってから、寺院をめぐっていくつかの変化が見られた。たとえば、2010年には、ワン僧侶の年齢と体調に配慮して、庫裏の床上に便器が設置されたり、室内の仕切りを増やして炊事場が作られるなど、庫裏が整備された。また、水浴びのための水溜タンクも、庫裏の前に設置された。このような庫裏の整備は、終生出家を続ける住職に対して、最後までKS村にとどまってもらえるよう期待を込めてなされた。工事にあたっては、アーチャーンをはじめ、若い僧侶や村の男性も作業を手伝っていたのだが、ワン僧侶がのちほど私に語ったところによると、タリーがたくさん働いたとのことであった。異動をめぐる出来事を経て、ワン僧侶とマニット家の関係は、より緊密になっているようであった。

また、若い僧侶の食事の件についても、多少の変化が見られた。2010年1月に食施の輪番制が変更されたのである。それまで7組だったのを21組に細分化し、住職か若い僧侶かを問わず、当番となった家がすべての僧侶に寄進することになった。そして、A組やB組南から陰口されていたB組北の家々については、食施ではなく、米や現金を定期的に寄進することになった。

　このような輪番制の変更は、僧侶が訴えたわけでも、村びとがアーチャーンたちに申し出たわけでもない。それは、先に述べた諸事例からうかがえるように、住職をめぐる家々の競合や妬み、張り合いや、女性たちの立てる陰口などを考慮に入れつつ、アーチャーンや寺委員などが話し合って決めたものである。このことに鑑みると、陰口の応酬といった間接的な働きかけが、時間はかかるものの、状況を変化させる可能性を持つことが分かる。

4-4. 小括

　本章では、僧侶への食施にまつわる家々の競合について、いくつかの事例を記述してきた。ここで論点を整理したい。まず、競合はいつも間接的になされるという点があげられる。**事例4-1**や**事例4-2**のように、A組とB組の家々が抱える不満は、陰口にとどまり、対面状況で不満をぶつけあうことはない。**事例4-3**のように、問題の責任が、その場にいない人びとへと転化されたり、**事例4-5**のように、相手と口論しそうになる場合であっても、なんとか批判の矛先がそらされる。また、**事例4-4**で取り上げたように、食施の量を加減するなど、ささやかに対抗する場合もあるが、それはあくまでも家を単位になされ、組織的な行為とはならない。また、ある文脈では競合していても、ある文脈では食物交換や労働交換をしたりと親密につきあっていることも少なくない。

　このような競合のあり方は、人びとが、面と向かって対立するのを良しとしないことと結びついている。事例からは、B組が食施を怠ることや、マニット家と住職の親密な間柄について、知っていながらも積極的には働きかけない姿勢が見てとれる。それは「キー・カーン（面倒くさい）」という表現に如実に現われている。繰り返しになるが、それは、行動を起こしたらかえって悪い結果を

招きかねないことが分かっているので、行為を控えてやりすごしたほうがましであるという感情である。そのようなやりすごしの姿勢が、状況を悪化させたり家間関係を壊さないための、よりよい策であると考えられているのである。

　さらに、本章の事例からは、僧侶と家の関係のあり方においても興味深い点を指摘できる。「カム」が1人の僧侶を担当する制度では僧侶は問題なく日々の食事をとれていたが、輪番制になると空腹の者が出た。担当制では、僧侶が還俗したり死を迎えるまで、その僧侶と「カム」の家とが親密な関係で結ばれる。それは、家と家のハック・カンの間柄に類似し、訪問しあい食物を交換しあって、相手の生活を支える。そのため、「カム」のついた僧侶は空腹にならないですむ。他方、輪番制は、家と僧侶ではなく、村全体と僧侶という関係のもとに編成されたため、家々のハック・カンの論理が働きにくい。そのため、一部の僧侶が空腹になるという事態が生じてしまったとも考えられる。

　加えて、本章の最後に示した変化の事例からは、女性による間接的な張り合いや陰口が、村全体の宗教活動を徐々に方向づけていく可能性も指摘できる。女性は、男性よりも陰口を頻繁にする。**事例4-3**のティアのように男性も陰口することはあるが、それによって家の成員の行動が方向づけられることは少ない。アーチャーン主導で輪番制が変更されたときにも、考慮されたことの1つが、それまで見聞きしていた女性たちの陰口であった。もちろん、状況の変化には陰口だけでなく、僧侶の異動という出来事や時間の経過が必要となる。しかし少なくとも、陰口に気を配って輪番制が変更されたことは、裏方にいるように見える女性が、実は宗教活動を少しずつ動かしていく可能性を持っていることを示している。

第5章
僧侶と村びとの親密な関係とその変容

　本章では、僧侶と村びととのあいだに築かれた擬制的親子の関係に着目し、KS村において、ハック・カンという親密な間柄がどのように弱まっていくのかについて、そのプロセスを具体的に示す。第3章で述べたように、ハック・カンは、流動的で、もめごとを通してつくりかえられていく可能性がある。人びとは、もめごとが起こると交換を停止するが、できるかぎり良好な関係を保とうと、関係の修復を期待して待つ。しかし、時間をかけてもうまく修復できないこともある。そのようなとき人びとはどうするのか。本章では、人びとの言動からくみとれる感情にできるかぎり寄り添いながら、事例を記述していく。

　第4章で述べたように、僧侶と村びととの関係には、家と家の関係に類似する部分がある。家と僧侶とのあいだで、儀礼の文脈を超えて、あるいは儀礼につながる形で、日常的に交換がなされるのである。たとえば、村びとが庫裏を訪れておしゃべりしながら、僧侶の体調をうかがったり、不足している物や労働力があれば提供する。それに対して僧侶も、村びとの家を訪れては、寺院や儀礼に関してのみならず、村内外の出来事について話したり、村びとから愚痴を聞いたりする。また、村びとが僧侶に食物を寄進する一方で、僧侶も儀礼で受けた寄進物などを親しい村びとに分け与える。このような僧侶との日常的な交換は、上座仏教の戒律上、男女によってかかわり方が異なるものの、基本的には家を単位として行なわれている。たとえば、庫裏に足しげく通って僧侶とおしゃべりするのは男性であるが、彼ら（夫や息子など）から話を聞いて、必要とあれば物品や料理を準備するのは女性（妻や母親）である。

　これまでの先行研究では、ラオ村落における僧侶と村びととの関係を、上座仏教の観念や、積徳行という宗教実践から捉えてきた [e.g. 林 2000; Tambiah 1968]。それに対し本章では、村びとの日常生活から僧侶と村びととの関係を捉える。繰り返しになるが、それは家と家の関係に類似する側面を持つ。この点に光を当

てることは、KS村をはじめ地方村落における僧侶と村びとの関係のあり方を、総合的に理解するのに不可欠であると私は考えている。村びとにとっても僧侶にとっても、家間関係のような日常的な緊密なやりとりが重要であり、それが宗教実践にも連続しているのである。

5-1. 擬制的親子の親密な関係

　本章で対象とする擬制的親子は、出家によって、僧侶と村びととのあいだに成立した関係を指す。僧侶は、擬制的な親の家と、家分けした親子のように気を配りあい、物を交換しあって、いわばハック・カンの間柄を築いていた。しかし、僧侶が還俗することを決めたとき、その意向が親になかなか伝えられず、話し合いをしなかったことなどが原因で、徐々に関係がこじれていく。こうした事例を記述するにあたり、本節ではまず、出家において形成される擬制的親子という関係について説明するとともに、彼らの緊密なやりとりの様子を、具体的に示す。

5-1-1. 擬制的親子の形成

　擬制的な親は、現地語で「出家の父 (phoo ook buat)」、ないしは「出家の母 (mee ook buat)」と呼ばれ、袈裟、ろうそく、線香をはじめ、蚊帳、毛布、枕、ござ、桶、やかんなど、出家者の生活に必要な物品を購入するための費用を負担する者である。また、得度式には、複数の僧侶を招くため、寄進も盛大に行なわれるほか、村に出家者の増えることを祝うべく、村びとたちが踊ったり屋台を出したりと、祭りのようにもなる [写真5-1, 5-2]。擬制的な親が、それらにかかる費用を出す場合もある。出家生活に必要な物品をそろえるだけでも、約40万リエル（約100ドル）はかかり、僧侶たちへの寄進や祭りにもとなると、その10倍は見ておかねばならない。

　村びとにとっては、物品をそろえる費用だけでも多額の出費であるが、通常は、実の親がそれを負担する。しかし、自分の息子の出家に際し、経済的に余裕がない場合には、親族や先輩の僧侶が、出費を肩代わりすることがある。そ

第5章　僧侶と村びとの親密な関係とその変容

［写真5-1］得度式で袈裟を受ける沙彌（2008年4月26日撮影）

［写真5-2］先輩の僧侶を先頭に本堂をまわる（2010年3月7日撮影）

の出資者が男性であれば「出家の父」、女性であれば「出家の母」と呼ばれ、志願者が出家することによって、擬制的な親子関係が形成される。その際、特別な手続きは必要とせず、出資者と、出家を志願する者の両親、そしてアーチャーンらが話し合いのうえ決定する[1]。

　また、擬制的な親は、出資の肩代わりをして経済的に支える一方で、功徳や社会的な評価を得ることができる。上座仏教において、親は子の出家によって多大な功徳を得られるが、擬制的な親の場合も同様で、血のつながりがなくても、その者の出家を可能にしたことが積徳行となる。また、擬制的な親になることは、家に社会的な評価をもたらす。それは、得度式がいかに盛大であったかによって、具体的には、出資した額、招かれた僧侶の人数や、集まった人びとの数、祭りの盛りあがり具合などによって、示される。得度式が盛大であればあるほど、出資者の家に名声をもたらすことになる。一方、擬制的な子は、このように徳を積む機会を与えたり家に名声をもたらすことなどを通して、多額の出資をしてくれた親に恩を返す。

　このように、出家によって形成される擬制的親子は、仏教的な考え方や社会的評価において、実の親子に類似する関係となる。

5-1-2. 出家の意味

　カンボジアをはじめ上座仏教社会において、出家は男性の通過儀礼として捉えられていた。たとえば、ラオスのタイ・ルー[2]社会では、ある年齢に達した男子は必ず沙彌として一時出家するという［吉田 2009: 7］。それに対して現在のKS村では、このような通過儀礼としての一時出家はない。出家する理由はさまざまで、仏法の習得、親孝行、袈裟へのあこがれなどをはじめ、家の経済的負担を軽減するため、就業を継続するためなど、実際的なものも多い。そして、たいていは数年ほど出家したのち、還俗していく。壮年期や老年期になって、

1　ラオ人と同じタイ・カダイ語族に属するシャンやタイ・ルーの社会においても、出家費用を負担する擬制的親の存在が報告されている［村上1998: 69; 吉田 2009: 14］。対象が沙彌であること、沙彌の一時出家が男子の通過儀礼として捉えられていることなどは、昨今のKS村の状況と異なる。しかし、出家をめぐって擬制的親子が形成されること、それが経済的関係を超えた意味合いを持つという点で類似する。
2　タイ・ルーは、中国雲南省（シプソンパンナー）、ミャンマー、タイ、ラオス、ベトナムなどに住むタイ系民族の1つ。

出家経験者が子供の養育を終えて再び出家したり、過去の過ちを反省して仏門に入ることを決めた場合などは、還俗せずに終生出家を続けることがあるが、その数は多くはない。

　出家は、社会的に称賛される行為であり、還俗したのちも生涯にわたって、その者に名声をもたらす。僧侶は世俗を離脱した修行者として、村びととは別格の身分にある。それは、呼称や言葉遣いにおいて、村びととは異なる格の高い表現が用いられることからも分かる。また、還俗後も、比丘であれば「ティット（thit）」、沙彌であれば「シエン（sieng）」という称号を付けて呼ばれることがある[3]。とりわけ、出家期間が長く、さまざまな儀礼に応じた誦経ができ、品行も良いとなると、出家者同士はもちろんのこと、村びとからの評判や尊敬も高まる。僧侶は、世俗を脱した修行者でありながら、俗世間の評価とも切り離されてはいないのである。

　また、出家中にも親子は互いを養いあう。戒律上は、出家者は家や親族から独立した存在となるが、そうであっても、実際には親子のあいだでやりとりがなされる。

5-1-3. 擬制的親子のあいだの相互行為

　一般的に親子は、一定期間であれ一つ屋根の下で暮らし、養いあい守りあう親密な関係にある。そして、家分けしたあとも家を行き来して、食物や労働を頻繁に交換する。擬制的親子も同様に、日常的に交換をして、血縁に基づく親子のような関係を築いている。

　それはまた家間関係のやりとりにも類似する。第2章で述べたように、家と家のやりとりは、家主（mee huan）である女性が担い、男性は補助的である。しかし、僧侶の場合は、男性でありながら、彼自身が家々とつきあう。たとえば、僧侶が家を訪れると、村びとは、昼前ならば果物や甘味などを、正午を過ぎていればコーヒーなどの飲みものを提供する。僧侶が食材を持ってきて調理を依頼することもある。また、村びとが庫裏を訪れれば、僧侶は寄進物を分け与え

---

[3] ただし、近親のあいだでは、こうした称号を付けずに呼ぶのが普通である。また、隠れて還俗した場合や、出家中に素行が悪かったなど、何らかの事情がある場合にも、称号が付けられないことがある。

[写真5-3] 散歩中に村びとの家を訪れる僧侶（2008年1月10日撮影）

たり、自分たちで作ったおやつを配ったり、子供にお菓子を買ってあげたりする［写真5-3, 5-4, 5-5, 5-6］。

　このような食物の贈与を、積徳行の1つとして捉えることも可能ではある。しかし、儀礼における寄進や共食は積徳行であると明言されるのに対し、こうした日常的なやりとりは、むしろ僧侶との親密な間柄を示すものと理解されている。とりわけ庫裏と家を行き来しあい、食物の交換が頻繁であるほど、健康や生活について気遣い、悪評から守りあったりする。

5-1-3-1. 登場人物

　本章で着目するのは、こうした擬制的親子の関係にあったサマイ僧侶とモーン家である。サマイ僧侶は、幼い頃に父親と死別し、母親と2人の弟とともに

[写真 5-4] 村びとの家で料理を作ってもらう僧侶（2015 年 8 月 27 日撮影）

[写真 5-5] 庫裏でカノムコックを作る僧侶（2010 年 12 月 28 日撮影）

[写真5-6] 僧侶が作ったカノムコックを村びとに分配する（2010年12月28日撮影）

暮らしていたが、家の負担を考え、2003年にKS村の寺院で沙彌として出家した。そして2005年には、モーンが「出家の母」となり、比丘として出家した。サマイ僧侶は、モーンの夫カムサイの遠縁（サマイ僧侶の母方の曾祖母とカムサイの父方の祖父が姉弟の関係）にあたる［図5-1］。モーンとも親族関係にあるが、カムサイよりも血縁関係が遠い。

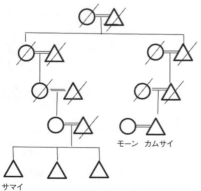

[図5-1] サマイ僧侶とカムサイの親族関係

出所：調査に基づき著者作成

また、モーンとサマイ僧侶は、のちに交換の相手を替えることになるのだが、あらかじめその人物についても紹介しておきたい。まず、エン僧侶である。彼はサマイ僧侶と同時に出家し、2007年の時点では同じ庫裏に住み、経の学習をはじめ、食事、水浴、湯沸し、庫裏周辺の草刈りなど、さまざまな行動を共にしていた。KS村の寺院には庫裏が3つあり、それぞれ、「北の庫

第5章　僧侶と村びとの親密な関係とその変容　　213

裏」、「真ん中の庫裏」、「南の庫裏」と呼ばれていた。当初サマイ僧侶とエン僧侶が同居していたのは、「北の庫裏」である。モーン家との関係について言えば、彼はモーンの妹のマラー家にはよく訪れていたが、モーン家にはサマイ僧侶について、たまにやってくる程度であった。ところが、サマイ僧侶とモーン家の関係がぎくしゃくしはじめると、エン僧侶がモーン家にやってくることが多くなっていく。

　一方のサマイ僧侶はのちに、寺院周辺のパエウ家、ポイ家、ポーン家などによく訪れるようになる。パエウは、カムサイ

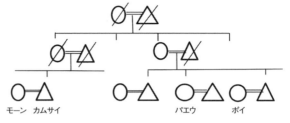

[図5-2] カムサイ、パエウ、ポイの親族関係

モーン　カムサイ　　　　パエウ　　ポイ

出所：調査に基づき著者作成

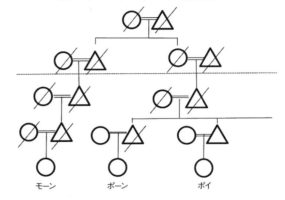

[図5-3] モーン、ポイ、ポーンの親族関係

モーン　　ポーン　　ポイ

（注）点線より上の世代は、父方と母方のどちらと親族関係にあるかが不明である
　　　　　　　　　　　　出所：調査に基づき著者作成

の母方のイトコにあたり、ポイとポーンは、それぞれモーンの父方の親族（モーンの父親とポイの父親がハトコ同士）である［図5-2, 5-3］。これらの3軒とモーン家は、会えば普通におしゃべりし、ときどき食物をおすそわけしたりと、円満につきあっているように見えたが、陰で相手の悪口を言うこともあった。たとえばモーンは、パエウのことを、おしゃべり（paak laay）で自慢ばかりする（uat keng）と言って、疎ましく思っているようだった。またポイは、モーンとキアオ・マークしながらよくおしゃべりをしていたが、手作りのカラシナの漬物を売ったりする際にモーンと張り合うことがあった。さらにポーンについては、気難しい

(*nyaak*) 人だからと言って、私を彼女の家の稲刈りに行かせなかったことがあり、具体的な事情は分からなかったが、過去に何らかの問題があったようだった。

5-1-3-2. 日常的な訪問とおしゃべり

　サマイ僧侶とモーン家は、私が滞在調査を始めた2007年7月の時点では、関係が良好であった。私は当初、彼らが擬制的親子であるとは知らなかったが、サマイ僧侶が、他の僧侶に比べてよくモーン家にやってくるので、不思議に思ってはいた。彼は昼夜を問わずモーン家を訪れ、正午に至らない時間であれば食べ物を、過ぎていればコーヒーなどの飲み物を、差し出されるがまま食べ、カムサイやモーンとおしゃべりをしていった。そのため、彼らは互いの健康状態や生活状況についてもよく知っていた。それは、すべての僧侶に言えるわけではなく、たとえば次の事例のように、スーン僧侶などは、モーン家に起こった些細な出来事について、知らないことが多かった。

［事例5-1］家の訪問と情報の交換

　2007年10月12日、私は「寺にかかる（*pen vat*）」と呼ばれる皮膚病にかかった。それは、身体に激痛を伴う水疱ができ、短期間のうちに広がっていく皮膚病で、ひどい場合には死に至ることもある。そのため村びとは、「寺にかかる」と、いくつかのタブーを守って行動を控える。たとえば、身体を熱くするものは、食べることはもちろん、視界からも遮らねばならないので、「赤い」袈裟をまとう僧侶も、彼らの住む寺院も見てはならないとされる。したがって、「寺にかかる」と、村びとは僧侶や寺院から距離をおこうとする。

　私が皮膚病にかかったことが村びとに広まったのか、サマイ僧侶は、その日からぱたりとモーン家に来なくなった。共に行動することの多かったエン僧侶も、モーン家のまわりを散歩しなくなった。ところが、スーン僧侶は、その翌日、携帯電話の充電をしにモーン家に上がってきた。それに気がついたモーンが慌てて事情を説明すると、彼は「そうだったのか。知らなかったよ」と言って、すまなそうに苦笑いしながら帰っていった。私は痛みで立ち上がることができなかったので、横になりながら様子を見ていたが、モーンはそのとき、「スーン僧侶はあなたが『寺にかかった』こと

を知らなかったんですって」と私に言っていた。
　10月21日の朝、私は村の治療師に診てもらい、「治癒したから大丈夫だ」と言われたため、タブーからも解放された。すると早速、その日のうちにサマイ僧侶とエン僧侶がモーン家にやってきた。モーンも彼らを迎えて、いつものようにおしゃべりをしていた。

　この事例は、日頃からの家の訪問とおしゃべりが、その家に起こった出来事について知る重要な行為であることを示している。僧侶は、その立場上、村びとのように長時間にわたっておしゃべりに興じたりすることはないが、情報に通じていることが多い。サマイ僧侶とは対照的に、スーン僧侶が事情を知らずに訪れたことからは、彼がそれほどモーン家に来ていなかったことが分かる。
　一方のモーン家も、2008年3月頃までは、何かとサマイ僧侶を気にかけていた。村びとの家に毎日やってくることが僧侶の規律に反しないのだろうかと不思議に思っていた私に対して、モーンもカムサイも、そして娘のリーンも、「それは問題ないよ。うちには僧侶だってよく遊びに来る」と誇らしそうに言っていた。さらには次の事例のように、他の僧侶以上にサマイ僧侶に気を配っている様子も見られた。

[事例5-2] パパイヤサラダをふるまう
　2007年10月21日の朝、私がモーン家にいたとき、エン僧侶が子供たちとともに周辺を散歩しており、後方からサマイ僧侶もやってきているのが見えた。エン僧侶は、モーン家の前まで来たとき、パパイヤが熟しているのに気がつき、台所にいたモーンに声をかけ、裏階段を上がってきた。そしてパパイヤを2つもいで、台所に入っていった。彼は、「マークソムマークフン（*maak som maak hung*）」[4]と呼ばれるパパイヤサラダを作ろうと、一緒にいた子供たちを誘った。モーンもその場にいて昼食の準備をしていたが、それを聞いて、すぐにパパイヤサラダを作りはじめた。そのとき彼女は、「サマイ僧侶はどこにいるの。サマイ僧侶を呼んできて、一緒に食べてもらいましょう」と言って、子供たちにサマイ僧侶を呼びに行かせた。彼はちょうどすぐ近くまで

4　ラオスではタムマークフン、タイではソムタムと呼ばれるのが一般的である。

来ており、迎えに出た子供たちと一緒に、笑顔を浮かべながら台所にあがってきた。そして、モーンと子供たちがサラダを作るのを見ながらおしゃべりし、できあがると、エン僧侶と一緒に食べて、寺院に帰っていった。

　この事例で、エン僧侶がパパイヤサラダを依頼したにもかかわらず、モーンはサマイ僧侶にも食べてもらいたがった。そのとき私は、彼女が僧侶を選んでいるかのように思えて驚いたのだが、それは、モーンが日頃、彼から気を配ってもらっていることとも関連しているようであった。たとえば、モーンの祖母ヌピーに対する、次のような配慮があげられる。彼女は、八戒を守っているため、月に4回ある戒律日には、明け方に寺院に行って僧侶に戒律を請う（khoo sin）必要があった。[5]しかし、高齢のため歩けなくなってからは、僧侶のほうから戒律を授けにモーン家にやってきていた。そうした場合、通常であれば、戒律日の前日に、僧侶に願い出なければならない。しかし彼女に関しては、当日の夜明け前になると、サマイ僧侶が自らやってきて、戒律を授けていった。このような気配りは、誰に対してもなされるわけではなく、モーンが出家の母であることに加え、上記の事例のような、日頃からのやりとりにもよるところが大きい。

5-1-3-3. 儀礼における配慮と食物分配

　また、家間関係に類似する親密な間柄は、儀礼における寺院での寄進にもつながっていた。儀礼は講堂で行なわれることが多いが、そのとき僧侶は、一段高くなった内陣に、出家歴の長さに応じて北から順に座る。そして、誦経を一通り行なったあと、アーチャーンの合図で村びとからの寄進を受ける。村びとがどの僧侶に寄進するかは家の裁量に任されており、たいていは家主の意向に沿ってなされる。家主本人が捧げることが多いが、夫や子供たちが家を代表して寄進する場合もある。僧侶は、内陣の前に進みでてきた村びとから寄進物を受けるが、当然のことながら、寄進者を選択することも拒否することもない。

　私は、儀礼における寄進で、サマイ僧侶がモーン家に気を配っていることに

---

[5] 上座仏教の在家者が一般的に守っているのは、五戒（不殺生、不偸盗、不邪淫、不妄語、不飲酒）である。八戒は、さらに、身体を着飾らない、享楽にふけらない、高い寝台などに寝ない、正午以降の食事をとらない、といった3つの戒律が加わる。

[写真5-7] 寄進のために内陣の前に出る村びとたち（2013年8月21日撮影）

気がついた。寄進の合図がかかると、村びとたちが一斉に立ち上がって内陣へと進むため、僧侶の周囲は混雑する［写真5-7］。そのため、この僧侶に寄進しようと決めていたとしても、混み具合を見て、手の空いた僧侶に寄進する場合も多い。ところが、サマイ僧侶とモーン家は、次のような方法で寄進の受け渡しをしていた。

　サマイ僧侶は、誦経を終えると、エン僧侶と座順を交替する。誦経のときは、北から順に、ワン僧侶、エン僧侶、サマイ僧侶、スーン僧侶、カーオ僧侶、トゥ僧侶であったが、寄進を受ける際には、エン僧侶とサマイ僧侶が場所を入れ替えるのである。儀礼のたびに繰り返されるので不思議に思った私が、のちほど2人に理由を聞いたところ、「狭いと寄進を受けにくいから間隔をあけているんだ」とのことだった。しかし、その理由であれば、なにも場所を交替する必要はないだろう。疑問は残ったが、そのときは別段それほど気にとめることなく、儀礼に参加し続けていた。その交替が、モーンへの気配りであったのではないかと気がついたのは、だいぶあとになって、モーンがサマイ僧侶に寄進をしなくなったときのことである。

[表5-1] 儀礼におけるモーンの寄進相手（2007年7月～2008年12月）

番号	年	月日	儀礼における寄進の機会	寄進した僧侶 朝	寄進した僧侶 昼
1	2007年	8月13日	雨安居中のラップ・バート	サマイ	サマイ
2		9月26日	雨安居中のラップ・バート	サマイ	サマイ
3		9月30日	プチュム儀礼：第4クロムの当番①	ワン、サマイ	サマイ
4		10月2日	プチュム儀礼：役人来訪	サマイ	サマイ
5		10月7日	プチュム儀礼：第4クロムの当番②	ワン、サマイ	サマイ
6		10月11日	プチュム儀礼：最終日	サマイ	サマイ
7		10月26日	出安居のラップ・バート	ワン	ワン
8		11月19日	カティン儀礼	一括寄進	一括寄進
9	2008年	1月7日	砂山儀礼のラップ・バート	サマイ	サマイ
10		2月22日	万仏節儀礼のラップ・バート	ワン	サマイ
11		4月19日	新年儀礼のラップ・バート	サマイ	サマイ
12		4月26日	納涼小屋落成式2日目	一括寄進	一括寄進
13		4月27日	納涼小屋落成式3日目	一括寄進	一括寄進
14		5月20日	仏誕節儀礼のラップ・バート	エン	エン
15		7月17日	入安居のラップ・バート	エン	エン
16		8月1日	雨安居中のラップ・バート	エン	エン
17		9月24日	プチュム儀礼：第4クロムの当番	エン	エン
18		9月25日	プチュム儀礼：州都在住の親族来訪	一括寄進	一括寄進
19		9月29日	プチュム儀礼：最終日	エン	エン
20		10月14日	出安居のラップ・バート	エン	エン
21		11月3日	カティン儀礼	エン	エン

注1）ラップ・バートとは、寺院で行なわれる托鉢を指す。
注2）納涼小屋落成式1日目は、夕刻の僧侶の誦経のみで寄進が行なわれなかった。
出所：調査に基づき著者作成

　モーンにはいつも決まった寄進のやり方があった。彼女は、混雑が引くのを待って、まわりが寄進を終えた頃にようやく内陣に進み出る。そのため混雑に関係なく予定していた相手に寄進ができる。2007年7月から2008年12月にかけて行なわれた儀礼で、モーンが寄進した相手について整理したのが、**表5-1**である。2007年8月13日の雨安居中のラップ・バート（托鉢）から、2008年の新年儀礼のラップ・バートまでの合計22回（表の1から11）のうち、17回（約77.2％）はサマイ僧侶に寄進されている。その他、ワン僧侶への寄進が5回、一括寄進が2回見られた。ワン僧侶への寄進は、第4章で述べた食施の輪番で、モーン家がワン僧侶の担当であったこと、および、重要な節目には高齢の僧侶や徳の高い者に寄進するべきであるという村びとたちの考え方に基づくものである。また、一括寄進とは、村びとが寺院に集まって調理し、できあがった料理

第5章　僧侶と村びとの親密な関係とその変容　　219

[写真5-8] プチュム儀礼で講堂に集まった村びとたち（2007年10月11日撮影）

を講堂のちゃぶ台に並べ、まとめて寄進する方法であり、村外から役人などが参加する場合に行なわれる。一括寄進がなされるときは、家ごとの寄進はない。

　これらの特別な場合を除くと、上記の期間中に行なわれたほぼすべての儀礼において、モーンはサマイ僧侶に寄進していたことが分かる。彼女の娘たちの話では、私が滞在する以前から、モーン家はサマイ僧侶に寄進をしてきたとのことであった。また、モーンが講堂で座る場所は、たいていいつも同じで、サマイ僧侶がエン僧侶と交替すれば、彼女はまっすぐ進むだけでサマイ僧侶に寄進ができる。私が滞在する以前に両者が話しあって決めたのかどうかは分からないが、場所の交替は、ここ数年ずっと体調が優れないモーンが少しでも寄進をしやすいようにという、サマイ僧侶の気配りによるものとも考えられる。ところが、2008年4月以降、モーンは、サマイ僧侶ではなくエン僧侶に寄進するようになる（表中の14～21）。この点については、のちほど詳しく述べたい。

　以上のような儀礼における寄進のみならず、2008年3月頃までは、サマイ僧侶からモーン家に対して、寄進物がよく分け与えられていた。たとえば、多くの寄進物が寺院に集まるプチュム儀礼について見てみたい [写真5-8]。プチュ

ム儀礼では、僧侶が食べきれないほど、米飯、料理、粽、甘味、駄菓子、タバコなどが寄進される。そのため、その日の儀礼が終了すると、僧侶やアーチャーンによって、村びとに寄進物が分配されることが多い。モーン家においては、毎年プチュム儀礼の期間中には炊飯や調理をしなくなるほど、食物をもらい、「プチュムになるとお腹がすかない」と口癖のように言っていた。とりわけ、サマイ僧侶が出家してからは、彼からもらい受けることが多かったようである。たとえば、2007年には次のようなことがあった。

[事例 5-3] 儀礼後のカオトムの分配 (2007年)

　2007年は9月27日から10月11日にわたってプチュム儀礼が行なわれた。そのあいだ、アーチャーンであるカムサイは、毎日寺院に行って儀礼の準備や進行に携わる。そして、そのたびに、寺院からさまざまな料理を抱えて家に戻ってくる。10月11日の最終日にも、儀礼が一段落したあとで、僧侶たちが寄進物の分配を始めた。まず、僧侶のあいだで、現金、市販の寄進セット（食器、缶飲料、茶葉、線香などをまとめてビニール包装したもの）、駄菓子などが分けられ、次に、講堂に山積みになったカオトムを分配する作業に入った [**写真5-9**]。カオトムは粽の一種で、糯米にココナツミルクを加えてフライパンで煮詰めたものを、バナナの葉の上に敷き、真ん中に完熟バナナ、茹でた緑豆、味つけをして炒めた豚の脂身などの具を入れて巻いて、茹でたものである。ラップ・バートの前日は「カオトムを包む (*hoo khao tom*)」日と呼ばれ、村びとがこぞってカオトムを作る。それほどカオトムは儀礼の締めくくりに不可欠な食物と捉えられている [**写真5-10, 5-11, 5-12**]。

　さて、僧侶たちがカオトムの分配を終えたとき、カムサイも儀礼の片づけを済ませて帰宅しようした。するとサマイ僧侶が、「これを持っていって」と言って、カオトムを彼に渡した。腕に抱えきれないほどたくさんあったので、彼は講堂の倉庫から米袋を見つけてきて、それに入れて家に持ちかえった。

　そして家に着くと、「毎年プチュムになると、お腹がすかない」と笑いながら言って、寺院から持ちかえった食物を台所にあけた。そして、「こっちの米飯はアーチャーン（の長であるマック）が持っていけって、どんどん加え

第5章　僧侶と村びとの親密な関係とその変容

［写真5-9］儀礼終了後に寄進物を分配する僧侶とアーチャーンたち（2008年4月19日撮影）

［写真5-10］「カオトムを包む」日の作業（2007年9月25日撮影）

［写真5-11］寄進用に準備されたカオトム（2014年8月24日撮影）

［写真5-12］山積みにされていくカオトム（2007年10月11日撮影）

第5章　僧侶と村びとの親密な関係とその変容

[写真5-13] カオトムをいぶす（2014年8月24日撮影）

るんだよ。それから、こっちの駄菓子とカオトムはサマイ僧侶がくれた」と言った。すると、そばにいたモーンは、「プチュムになると、うちでご飯を炊かなくてもいいんだ。彼らがくれるから」と言って、カオトムを網に載せて炭火でいぶしておくよう、私に伝えた。カオトムは、たくさんあってすぐには食べきれなさそうな場合、いぶし続けて日持ちさせる。それによってさらに香ばしくなるので、少量でも好んでいぶす家もあるが、特に儀礼のあとでは、カオトムを炭火でいぶす光景をよく見かける[6]。私もその年、サマイ僧侶からもらったカオトムを、モーンに言われるがまま、いぶしていた。そのときは、翌年のプチュム儀礼で、サマイ僧侶に代わってエン僧侶のカオトムをいぶすことになるとは、考えてもいなかった [写真5-13]。

6　寺院に寄進されたカオトムをいぶすのは、カンボジアの他の村落でも見られる。たとえば、コンポンチャム州にある中洲、ソムラオン島出身のクメール人チュット・カイ氏が、幼少期に寺院で寝泊まりしていたときの様子について、次のように記述している。「僧侶たちは粽が腐らないよう、いぶすための台を竹で作り、年かさの子たちに火の番をさせた。夜になると、命じられた子どもたちは、小さな子たちをどやしつけて代わりに番をさせた」[チュット 2014: 23]。

この出来事は、サマイ僧侶からモーン家へ食物が分配されるほんの一例で、そのほかにも、新年、仏誕節、万仏節、雨安居中の托鉢、カティン儀礼など、年に10数回ある機会においても、さまざまなものが与えられていた。一方でサマイ僧侶も、モーン家から彼の好物をもらっていた。さまざまな種類の魚類の発酵食品、カラシナの漬物、トウモロコシなど、彼女の作るものや農作物は美味しいと評判で、村びとがよく求めにやってきたが、彼は、仕込みや収穫の時期になると、モーン家からもらい受けていた。

　以上のように、サマイ僧侶とモーン家は、訪問やおしゃべり、食物の交換などを通して、親密な間柄を築いていた。彼らの親子関係に血のつながりはないが、緊密な交換によって、実の親子のように養いあい、気を配りあう関係にあったのである。

　しかし見方を変えれば、擬制的であるがゆえにその交換は継続することが不可欠とされる。また、僧侶の場合、寺院の異動や還俗など、重要な節目の決断にあたっては、儀礼的な親と話しあうことも重要となる。ところが、次に述べるように、サマイ僧侶がのちに還俗することを決めたとき、なかなかモーン家に意向を伝えることができず、関係がぎくしゃくすることになった。

5-2. 還俗をめぐる緊張

5-2-1. 還俗の方法と制約
　ここで、KS村における還俗の方法や、僧侶の受ける制約について概観しておきたい。出家が僧侶にとっても村びとにとっても好ましい行為であるのに対し、還俗は否定的に捉えられている。得度式が盛大に行なわれるのに比べて、還俗式は簡素で、集まる村びとも少数である。また、還俗は、戒律上は僧侶の裁量に任されているのだが、実際には、村びとから引きとめられたり、還俗をめぐってもめごとが起きることも少なくない。

　還俗は、時期を選び、一定の手続きが必要となる。たとえば、雨安居の3ヵ月間は、僧侶が修行に励む重要な時期であるため、還俗に適さない。また、新年、プチュム儀礼、カティン儀礼など、主要な仏教儀礼が開催される時期も避

けられる。そのため、一般的に、還俗は、出安居を経て儀礼もひととおり終了する10月下旬あるいは11月初旬頃から、翌年の儀礼が開始する3月頃までのあいだになされることが多い。

また、比丘か沙彌かによっても還俗の手続きや村びとの対応は異なる。沙彌は出家期間が1年から2年ほどで、のちに比丘として出家することが前提とされているため、還俗の手続きは簡易で、村びとの理解も得られやすい。また、たとえ比丘にならなくても、沙彌は誦経能力や経験が浅いとされ、村びとから強く引きとめられない。それに対して比丘は、書類を準備したり、還俗式に最低4人の比丘を招く必要があるなど、より多くの手間と資金がかかる。しかも、出家歴が長くなればなるほど、村びとから惜しまれ、とりわけアーチャーンや出資者などは、できるだけ還俗を思いとどまってもらおうとする。僧侶の数が減ると、村での儀礼の遂行が滞ってしまうという不安はもちろん、誦経能力が高く経験も豊富な僧侶が村に止住していることが、村やそれぞれの立場の名声となっている。そのため、地方村落の寺院に止住する僧侶は、実際には村びとからの制約を受けやすい。[7]

出家の資金を出してくれた者がいればなおのこと、僧侶にとって還俗は後ろめたいものとなる。エン僧侶はしばしば、「出家の父母がいるよりも、自分の物がある（出家にかかる費用を自分で出すこと）方が楽だ。いつ還俗したっていい」と私に言っていたことがある。僧侶は、最低でも雨安居を4回経験し、父母と祖父母に恩を返すことが理想とされている。また、たとえ年月が満たなくても、還俗について親と話し合い、理解を得ることが重要である。理解を得ていれば、村びとのあいだでも、「彼は出家を続けたかったが、やむをえない事情があって還俗した」などという同情的な解釈がなされることが多く、還俗後の支援も受けやすくなる。[8] それに対して、話し合いがなされないと、親にとって不本

---

[7] 村落の僧侶に比べて、都市部の僧侶は異動がかなり自由である。東南アジアの研究においても、出家中に就学を続け、還俗してから社会上昇を果たす、僧侶のモビリティの高さが指摘されてきた［吉田 2009；Bunnag 1973: 42-50；Kirsch 1966］。カンボジアのプノンペンでも同様に、僧侶が高学歴を持ち、還俗後に就職する例が少なくない。しかし、KS村のような地方村落においては、こうした僧侶のモビリティは非常に限定的である。

[8] たとえばマラーの夫キーは、別村出身であるが、KS寺で数年にわたって比丘出家した経験を持つ。出家中は村びとと良好な関係を築き、周囲の理解を得て還俗をした。そして還俗後はモーン家に2年ほど居候をし、モーンの妹マラーと結婚している。

意な還俗となり、不満を残してしまうことになる。

　還俗の理由としては、体調不良が続いたり、近親が重病を患ったなどのほか、出家生活の倦怠感、就業、女性との恋愛など、表立っては説明しにくい事情も含まれる。しかし、そうした事情については、僧侶と親密な間柄にある村びとたちの中でとどめられ、一般的には、「出家とはニサイがなかった」、「出家とのニサイが尽きた」などと説明することが多い。「ニサイ（*nisai*：前世からの縁、相性）」とは、意思や働きかけを超えて、その者と何かとの関係をつなげる媒体であり、いわゆる縁にあたる言葉である。村びとは、出家に限らず、自分の立場や境遇が変化したり、近親や家畜が死んだときなどに、「ニサイが尽きた」と解釈することが多い。このニサイに根拠を求めることで、さまざまな事情は隠され、仕方なく思いを断ち切ったように捉えられる。たとえば、村びとに歴代の僧侶についてたずねると、「彼は出家してすぐに重病にかかったので、還俗した。出家とはニサイがなかったんだ」などと説明するのが一般的だが、別の機会に村びと同士の会話を聞いていると、実はその僧侶が、住職や村びととめごとを起こして還俗することになったことが分かったりする。

5-2-2. KS村における僧侶の還俗状況

　次にKS村におけるこれまでの還俗の状況について触れておきたい。KS村に僧侶が止住しはじめたのは、村びとが中洲から陸地へ移住し、寺院の建設が開始された1950年代後半からである。そして、1960年代には、現在のアーチャーンたちを含む10数人が出家していた。しかし、彼らが還俗したのち、ポルポト時代には仏教弾圧を受けるなどして、僧侶の数が激減してしまった。その後、寺院の再建を願って、アーチャーンを中心に、住職として州都からワン僧侶を招いたのが、1999年のことであった。そして、2003年には、エン僧侶とサマイ僧侶が沙彌とし

9　カンボジアの他州では、還俗をはじめ異動や儀礼での誦経に、住職の意向が反映される傾向が見られる。たとえば、コンポントム州では、外出許可から儀礼の招請まで、まずは住職にうかがいをたてるという［小林 2007: 175-176］。それに対して、KS村の場合は住職の意向はかなり緩やかに捉えられていた。

10　ニサイはサンスクリット語源で、クメール語にもラオ語にもある。しかし、イントネーションと意味が微妙に異なり、クメール語では「縁」であるが、ラオ語では「性格」を意味する。KS村では、ラオ語のイントネーションに従いつつ、クメール語の意味合いで使用されている。本文中の表記は、意味に基づきクメール語で記載している。

て出家した。翌年末に2人とも還俗したが、2005年には、他5人の出家志願者とともに、比丘として出家している。その時点で僧侶は13人となったが、2006年末までには次々と還俗していき、同時期に出家

[表5-2] KS村の寺院の僧侶の異動（2007年7月〜2009年5月）

名前	身分	異動	異動年月	出資者
ワン	比丘	なし		政府
エン	比丘	なし		姉、ワン僧侶
サマイ	比丘	還俗	2009年4月	遠縁の親族（モーン）
スーン	比丘	還俗	2008年5月	両親
カーオ	沙彌	異動	2008年5月	両親
トゥ	沙彌	還俗	2007年10月	両親
ヌー	沙彌	出家	2008年4月	エン僧侶

出所：調査に基づき著者作成

した者はエン僧侶とサマイ僧侶しか残らなかった。それに代わって、同年、スーン僧侶が比丘出家し、カーオ僧侶とトゥ僧侶が沙彌出家して加わった。

　2007年7月の時点では、KS村の寺院には、ワン、エン、サマイ、スーン、カーオ、トゥの6人の僧侶がいたが、同年10月には、トゥ僧侶が還俗した［表5-2］。そして2008年5月には、カーオ僧侶が、就業のために首都の寺院へ異動した[11]。するとまもなくして、彼らに触発されたスーン僧侶も還俗してしまった。このように還俗が続くなか、2008年4月には、ヌー僧侶が沙彌出家したので、その後しばらくは、住職1人、若い僧侶3人の体制が続いた。本章で着目するのは、こうした状況の中で、サマイ僧侶が徐々に還俗の準備を進めていったときに起こった出来事である。

　サマイ僧侶は、2009年4月に還俗することになるが、それまでのあいだ、2008年5月と10月の2回にわたって、還俗を延期していた。それには、住職やアーチャーンの意向はもとより、擬制的な親であるモーンとのすれ違いが関係していた。以下で、サマイ僧侶の還俗の噂がまだなかった2007年7月から、還俗する直前までに起こった出来事について、サマイ僧侶とモーン家の関係の変化を追いながら記述する。

5-2-3. 擬制的親子のあいだの緊張

　サマイ僧侶は、2007年10月にトゥ僧侶が還俗すると、それに影響を受けた

11　ただし、途中で資金が不足して、1年たたないうちにストゥントラエン州都に戻ってきたと、のちほど村びとが話していた。

のか、自分の還俗について考えはじめた。そして、日取りを決め、還俗後に着る衣類を購入するなど、少しずつ還俗に向けて動きだしていた。しかし、還俗について、アーチャーンはもとより、モーンにはなかなか話すことができなかった。

[事例5-4]話し合いの躊躇と還俗の延期

　2007年11月上旬、庫裏の床下で、私がサマイ僧侶と話をしていたとき、1ヵ月前に還俗したトゥ僧侶について触れたあと、彼は「もう還俗したい。沙彌の頃と合わせれば、かれこれ5～6年はシンを履いている (*nung sin*)。そろそろズボンを履き (*nung khoo*) たい」と憂鬱そうに言っていた。「シンを履く」とは、女性の筒型スカート「シン」のように、袈裟を腰に巻きつけて着用することから、出家している状態を指し、「ズボンを履く」とは、世俗の男性が履くズボンを着用すること、つまり還俗することを意味する。また、11月下旬には、彼は、「還俗したくてたまらない。でも勇気がない (*bo haan*)。君のお母さん(モーンのこと)は還俗させたがらないんじゃないかな」と述べ、擬制的な親がどう思うかについて心配し、話し合うのをためらっている様子であった。

　しかし、2008年3月には、彼は次の新年儀礼(2008年4月中旬)が終わったら還俗すると決めていた。その頃、私に対しては、「もう還俗する。アーチャーン(カムサイのこと)には既に伝えた。次の新年(儀礼)が終わったら還俗するって。でも、君のお母さんにはまだ伝えてない。勇気がないんだ」と言っていた。

　このように二の足を踏んでいるうちに、彼の予定していた還俗の時期が近づいていった。結局その直前になってようやく、彼はモーンに還俗することを告げた。私は、そのときの様子をあとから聞いたのだが、彼は「私はこの新年が明けたら還俗しようとしたんだ。ズボンも買ってしまった。ところがどうだい。君のお母さんが還俗させなかった。僕は彼女に伝えたんだ。でも彼女は、僕を還俗させなかった」と苦笑いを浮かべて言った。そのときモーンがどのような言葉をかけたのかは分からなかったが、彼女に話に行って、還俗を延期せざるをえなくなったようであった。

一方のモーンは、サマイ僧侶の還俗について噂を耳にしていた。しかし、彼がいっこうに話し合いに来ないばかりか、他の家々には相談している様子を知って、不満に思っていた。そして、この頃から彼女はサマイ僧侶の陰口をよくするようになった。

[事例5-5] サマイ僧侶に対するモーンの陰口
　2008年9月27日の夕刻、隣村のアーチャーンがKS村の寺院へやってきて、儀礼にサマイ僧侶とヌー僧侶を招いた。数日前に申し出を受け、話し合いのうえ、ワン僧侶とエン僧侶はKS村に残ることになっていた。ところが、アーチャーンが迎えに来たとき、サマイ僧侶は、突然申し出を断った。私は偶然その場に居合わせたため状況を見ていた。彼は、首都の寺院に止住する沙彌の弟が、その日にKS村に来る予定なので、隣村には行けないと言った。それを聞いたアーチャーンは困惑し、近くにいたエン僧侶に、代わりに行ってくれないかと頼んだ。エン僧侶は、しばらく無言で考えていたが、依頼を受け、ヌー僧侶とともに隣村に向かっていった。そして、誦経に行くことを断ったサマイ僧侶は、弟を迎えたあと翌日になって、その弟とともに隣村に向かい誦経に加わった。
　その翌日、私が台所でモーンと甘味を作っていると、彼女は唐突に前日の出来事について話しはじめた。「サマイ僧侶は誦経の依頼を受けようとしなかった。それに彼はヌー僧侶を（誦経に）行かせないんだ（行かせたくないの意）。（ヌー僧侶の代わりに）彼の弟を行かせようとする。サマイ僧侶はおかしい (*pen baa*)。彼女は呆れた顔をしながらこのように述べ、そのまま黙々と手を動かして甘味を作っていた。

モーンは、寺院で出来事を見ていた子供たちから話を聞いて、おおまかに状況を把握していた。サマイ僧侶が、ヌー僧侶ではなく弟に誦経をさせたがったというのは、儀礼で誦経すれば寄進物が得られるので、弟にそれを受けさせたかったということらしい。彼が幼い頃から弟を大切にしていることは、村びともよく知っており、モーンなどは、「弟を可愛がる良い兄だ」などと言ってい

た。ところが、このときの彼の言動については、「おかしい」と非難した。それは「良くないこと (khvaam bo dii)」であり、僧侶に対して用いるのには適さない。それを知っていながらつぶやく彼女の表情からは、愛着を抱きながらも冷ややかに彼の言動を捉えている様子がうかがえた。また、この数日後にも、今度は「出家の母」としての立場に触れながら、似たような話を私にしたことがあった。

　2008年10月1日、台所で朝食をとっていたとき、カムサイがサマイ僧侶の還俗について切り出した。彼は、数日前にサマイ僧侶から還俗について伝えられており、「この雨安居が明けたら、サマイ僧侶は還俗するらしい」と言った。するとモーンは、特に驚く様子もなく、落ち着いた表情で、「この母さんだよ。出家させた人（出家の母のこと）は。出家にはね、費用がたくさんかかるんだよ」と、カムサイに応えるとも、私に言い聞かせるともなく、こう言った。彼女がサマイ僧侶の擬制的親であったと聞いたのは、私はそのときが初めてだった。あと2ヵ月あまりで日本へ帰国するというときになってようやく、今までの交換が親子という親密な間柄に基づくものであったことを知ったのである。
　そして彼女は、「比丘が出家するときにはね、いろいろな物を揃えなければならない。それだけで40万リエル（約100ドル）かかることだってあるんだよ」と続けて、彼が出家した際にも多額の出資をしたと述べた。そして、しばらく沈黙したあとで、「サマイ僧侶はおかしい」と、首を横に振りながらつぶやいていた。

　このとき、カムサイの発言にモーンが驚かなかったのは、これまでの噂に加えて、数日前に行なわれた儀礼で講堂に集まったとき、寺院周辺の女性たちがサマイ僧侶の還俗について話しているのを聞いていたことも関係していよう。そのとき私もモーンの隣に座っていたが、彼女は特に話に加わることもなく、黙っていた。「出家の母」としての立場を再確認しているような上記の発言からは、サマイ僧侶が寺院周辺の家々には相談もしているというのに、彼女には知らせにすら来ないことを気にしている様子がうかがえる。

また、モーンはこれまで、彼に関する悪い噂を耳にすれば、沈黙したり良い解釈を流すことで、彼を守ってきた。しかし、還俗の問題が起こってからは、そうした気配りも見られなくなった。

[事例5-6] サマイ僧侶の悪評への対応
　2008年11月29日、KS村と隣村で共有している中学校の建替工事が終了し、落成式が行なわれた。隣村には僧侶がいないため、KS村のワン、エン、サマイ、ヌーの4人の僧侶が招請された。僧侶は、ひととおり誦経を終えて寄進物を受けると、村へ戻っていった。
　落成式には、アーチャーンをはじめKS村の村びとも参加しており、そのときの僧侶の様子について、のちほど話題に上った。たとえば3日後、マラー家の床下で、マラー、モーン、クアをはじめ、ポーンら寺院周辺の女性たちが集まっておしゃべりしていたとき、落成式における僧侶の言動について話が及んだ。するとモーンは、小声になって、「サマイ僧侶が（誦経に）行くと、物が足りなくなるんですって。DP村（隣村）のアーチャーンがそう言っているのを、彼女たちの父さん（カムサイのこと）が聞いたらしいわよ。エン僧侶が（誦経に）行ったとしたら（物が）足りなくなることなんてないけど、とも言っていた」と、真面目な表情で話していた。それを聞いた他の女性たちも、彼女の発言に相槌を打っていた。

　モーンは、落成式におけるサマイ僧侶の言動について、夫から聞いて知っていた。誦経に行った先で「物が全然足りなくなる」というのは、1ヵ所に集められた寄進物から、彼が素早く目ぼしいものを選び取ってしまい、他の僧侶の分が少なくなることを指している。本来、寄進物は僧侶のあいだで均等に分配すべきであるため、こうした行動は批判されやすい。これまでも、彼にこのような噂がなかったわけではないが、そうした場合モーンは、噂する者のほうを「おしゃべり」であるとか、「事を荒立てている（haa luang）」といって非難し、彼をかばっていた。しかし還俗の件があってからは、上記の発言のように、彼を守るどころか、むしろ彼女が噂を立てているように見えた。
　これらの事例からわかるように、擬制的親子の親密な間柄は、重要な節目に

おける話しあいが引き延ばされる中で、少しずつ変化していった。

5-3. 交換相手の転換

5-3-1. 食物の贈与

　さらには、次に見るように、それぞれが別の僧侶、別の家々へと、交換の相手を転じていった。たとえばそれは、寄進や食物分配において明らかだった。先に述べたように、2008年の新年儀礼までは、モーンはサマイ僧侶に寄進していた。ところが、同年の4月以降は、エン僧侶に寄進するようになったのである［表5-1参照］。それはちょうど、サマイ僧侶が還俗を決めた時期にあたる。モーンが寄進の相手を変えるなどと言ったことはなかったが、彼についての陰口を聞いていた子供たちも、彼女に合わせてエン僧侶に寄進するようになった。

　また、ちょうどその頃、サマイ僧侶とエン僧侶は、座順を交替しなくなり、誦経のときの並び方のままで寄進の受け渡しが行なわれるようになった。そのことについて私が、「場所の交替をしなくなったのですね」と2人に聞いてみたが、特に理由はないと言うだけだった。しかし、座順の交替をやめた時期は、モーンが寄進相手を変えたのとちょうど重なっており、多少なりとも関連があるように思えた。

　しかも、モーンが寄進の相手を変えてから、エン僧侶も今までより頻繁に彼女の家と交換をするようになった。たとえば2008年のプチュム儀礼では、エン僧侶がカオプンをモーン家に配った。

　　［事例5-7］儀礼後のカオトムの分配（2008年）
　　　2008年9月29日はプチュム儀礼の最終日にあたり、例年のように、たくさんのカオトムが僧侶に寄進された。僧侶とアーチャーンは、村びとが帰宅して落ち着きを取り戻した講堂で、山と積まれたカオトムの分配にとりかかった。そのとき私は講堂の脇で、村びとたちが共食で使った食器を洗っていた。それもようやく片付いて腰を上げたとき、エン僧侶がやって

きた。そして山盛りになったカオトムをお盆にのせて差し出し、「このカオトムを家に持っていっていぶしてくれるか。君のお母さん（モーン）にそう伝えて」と言った。私がお礼を述べて受け取ると、さらに彼は「その半分は君たち（モーン家）が食べてね」と付け加えた。

　私が家に戻って台所にカオトムを置くと、それを見たモーンが、誰がくれたのかと聞いた。私はエン僧侶だと答え、炭火でいぶす依頼も受けたことを伝えた。すると彼女は、「あら、エン僧侶ったら」と言って微笑み、それから彼女の傍にあった数本のカオトムに視線を移し、「こっちはサマイ僧侶がくれた」と言った。眉をあげて目を瞬かせ、意外そうな、それでいて嬉しそうな、剽軽な表情をしていた。

　しばらくすると、カムサイが寺院から戻り、米袋に入ったカオトムを台所にあけ、「ほら、また（カオトムが）たくさん。こっちはアーチャーン（マック）が分けてくれて、こっちはエン僧侶がくれた」と笑いながら言った。エン僧侶は、私に渡した分の他に、カムサイにもカオトムを配っていたのである。そのときの台所は、食べきれないほどのカオトムが山積みになった。

　それから私は3日間にわたって、香ばしい煙を受けながらカオトムをいぶし続けた。カオトムをいぶすという行為は前年と同じであったが、配ってくれた相手が、サマイ僧侶からエン僧侶へと替わっていた。私が作業を始めたとき、量が多いので時間がかかることを思ってか、モーンは「エン僧侶のカオトムを忘れずにいぶし続けてちょうだいね」と笑いながら言っていた。そして、儀礼後から4日たったとき、エン僧侶がやってきて、モーンとしばらく会話をしたあと、香ばしくなったカオトムを数本だけ抱えて、寺院に戻っていった。

　カオトムの分配は、2007年にはサマイ僧侶からなされたが（**事例5-3参照**）、2008年にはエン僧侶に取って代わられた。カオトムを炭火でいぶすという依頼を僧侶から受けることも、積徳行として好ましいと同時に、僧侶と家の親密な間柄を示すものである。「あら、エン僧侶ったら」という感嘆や、カオトムを忘れずにいぶすようにというモーンの発言からも、彼に対する親しみがうかがえる。

また次に見るように、エン僧侶のほうもモーン家にひとりでよくやってくるようになり、彼の空腹を心配したモーンが調理を引き受けることもあった。

[事例5-8] エン僧侶の空腹に対する気遣い

2008年7月19日の午前7時頃、エン僧侶は食施を待っていたが、村びとがいっこうにやってこないので散歩に出た。そして、モーン家の前に来ると、モーンが朝の食施についてたずねたので、ないと答えた。すると彼女は、「エン僧侶、何を召し上がりたいですか」と聞いた。彼は、「何が食べたいかなあ」と少し考えたあと、「パーチャーオティムかな」と言って、気恥ずかしそうな笑いを浮かべた。それに対してモーンは、「じゃあ、私が作りましょう」と応じていた。

パーチャーオ (*paacaav*) は、淡水魚に塩をまぶし、炊いた米に麹を混ぜたものを加え、甕で寝かせてつくられる発酵食品である。パーチャーオティム (*paacaav tim*) は、それに豚肉、卵、トウガラシ、香辛料などを加えて蒸した料理で、つけ野菜とともに食べる。モーンは、翌日には食材をそろえ、翌々日には調理した。するとその日のうちに、エン僧侶がモーン家にやってきて、できあがった料理を受け取っていった。その後3日間、若い僧侶たちには食施がなかったので、エン僧侶がモーンから受けたパーチャーオティムでしのぐことになった。

以上の事例から分かるように、モーン家とエン僧侶は、食物の分配や訪問などを通して、互いに関係を近づけていった。それにひきかえサマイ僧侶は、モーン家にやってこなくなり、食物のやりとりもなくなった。このような状況において、私の知る限り、2人の僧侶がモーン家との関係について話をしている様子はなかったが、明らかに行動を別にするようになり、同じ庫裏に住みながら、互いに無関心を装っているように見えた。

5-3-2. 感情の交錯

これまで紹介した事例からは、モーン家が、サマイ僧侶との関係をさっさと見切って、エン僧侶に切り替えているように見えるかもしれない。第2章で述

第5章　僧侶と村びとの親密な関係とその変容　　235

べたように、ハック・カンの間柄は二者関係の網目でつながっているため、あるもめごとによってどこかの二者関係がこじれても、別の二者間のつながりを強めて、何の問題もないかのように過ごしている印象を受けやすい。しかし、かといって、問題を抱えている相手との関係をあっさりと断ち切ってしまうわけではない。モーンとサマイ僧侶に関しても、はっきりとは表れないものの、家での些細な言動に、愛着、嫉妬、怒り、期待、諦めなど、複雑な感情がくみとれる。

　このような観点から、**事例5-7**をもう一度ふりかえってみたい。2008年の儀礼のあとにモーン家に分配されたカオトムは、その大半がエン僧侶からであった。しかし、サマイ僧侶からの分配も数本あった。どうやらそれは、サマイ僧侶が講堂でモーンに直接配ったものであったらしい。彼女がそのカオトムについて台所で嬉しそうに話していたのを考えると、失望したり腹を立てたりする一方で、彼への愛着も失われていないように思われる。次にあげる事例でも、モーンがサマイ僧侶の様子を気にかけていることが見てとれる。

［事例5-9］サマイ僧侶の近況を聞きだす
　　2008年10月1日の朝、モーンは私に、エン僧侶を家に呼んできてほしいと言った。彼女が僧侶を指定して家に招くのは珍しかったので、私は不思議に思いながらエン僧侶に伝えに行った。彼が昼頃にやってくると、モーンは、居間で遊んでいた2人の孫に、外に出ているようにと促した。普段は僧侶がやってきても子供たちを自由に遊ばせているので、そのときは、ただならぬ雰囲気を感じた。
　　エン僧侶は居間の端に腰を下ろし、モーンとしばらく会話をしていた。そのあとモーンが急に姿勢を低くして、小声で彼に何かを聞きはじめた。私は階段上に座っており、外を向いて知らぬふりをしていたが、会話の内容が断片的に聞こえてきた。モーンはサマイ僧侶の名前を出し、エン僧侶に彼の近況をたずねているようであった。15分ほどそうしていたが、再び腰を上げると、通常の声の調子に戻って、再び何気ない話を続けた。エン僧侶は、表情を崩さないまま彼女の話を聞き、しばらくして寺院に戻っていった。

その数日後に私がエン僧侶と庫裏で話をしたとき、その日の出来事に触れた。すると彼は、モーンがサマイ僧侶の近況を聞きだしたことについて、「彼女は（サマイ僧侶と直接話をする）勇気がないのさ」と述べていた。

このように、家に呼んで小声で内緒話をすることは、相手が情報を伏せておいてくれるという信頼関係のもとでなされることが多い。また、「勇気がないのさ」というエン僧侶の発言には、本来であれば直接サマイ僧侶と話し合うべきところ、それをせずに情報を探るかのようなモーンについて、心情を理解し守ろうとする姿勢がうかがえる。この出来事を経て、ますます二者間の関係が緊密になっていったのも事実である。

しかしその一方で、この事例は、モーンがサマイ僧侶の近況を気にかけていることを示すものでもある。僧侶がやってこないので、いまさら話し合うこともできず、交換も控えているが、だからといって、関係を完全に遠ざけているわけではない。確かに、出家によって築かれた擬制的な親子関係は、擬制であるがゆえに、それぞれの役割は代替可能である。しかし、交換相手をエン僧侶に替えていくにせよ、その過程において、サマイ僧侶との関係について複雑な感情の揺らぎがあることも看過することができない。

サマイ僧侶のほうも、徐々に弱まっていく関係の中で、積極的ではないながらも、モーンの反応をうかがっていた。次に、そのことが見てとれる事例を紹介したい。

[事例5-10] 初物トウモロコシを受ける

モーン家では、中洲の菜園でトウモロコシを栽培していた。雨季のトウモロコシは生育が良く、実も甘くて美味しい。モーンたちは、それを自家消費するだけでなく、他家に分配したり販売したりしていたが、その前にまずは僧侶たちを中洲に招き、火を起こしてもぎたてを焼き、その場で彼らに食べてもらっていた。それは、僧侶を通して祖先に初物を捧げるという意味があるだけでなく、僧侶にとっては毎年恒例の楽しみであり、モーン家にとっても僧侶をもてなす貴重な機会であった。

2008年7月下旬、そのトウモロコシが熟しはじめると、モーン家では、

第5章　僧侶と村びとの親密な関係とその変容　　237

[写真5-14] 僧侶を招いてトウモロコシを焼く（2008年8月4日撮影）

いつごろ僧侶を中洲に招いて初物を食べてもらうかについて話し合われ、8月4日にしようということになった。その前日、モーンから、エン僧侶、サマイ僧侶、ヌー僧侶に伝えに行くよう言われたので、私が寺院に行くと、サマイ僧侶は、「君のお母さんがそう言ったのか」と確認していたが、断る様子もなかった。そのときエン僧侶のほうは、気乗りしない様子で返事が曖昧だった。

　翌朝の6時頃、サマイ僧侶とヌー僧侶が、モーン家の前にやってきた。2隻の木舟に乗りこみ、エン僧侶を待っていたが、ちょうどそのとき、村びとのバイクの後ろにまたがって寺院を出ていく彼の姿を見かけた。また、モーンも体調が優れないと言って家に残った。そこで、カムサイ、リーン、

[写真5-15] 焼きトウモロコシを食べる僧侶たち（2008年8月4日撮影）

私の3人で準備を整え、2人の僧侶を連れて中洲へ向かうことになった。
　そして、トウモロコシ畑に分け入って実をもぎ、小屋の前で火を起こして焼き、僧侶に食べてもらった。そのときは、カムサイもリーンも、サマイ僧侶の還俗について一言も聞かず、その年のトウモロコシ栽培の様子や、菜園の作物などについておしゃべりしていた［写真5-14, 5-15］。

　この事例では、私を介してサマイ僧侶らを招待したこと、モーンとエン僧侶が参加しなかったことなど、いくつか変則的な点はあったものの、トウモロコシの初物を捧げるという行為は例年どおりなされた。また、サマイ僧侶は、既にモーン家への訪問も食物分配もしなくなっていたが、それでも、呼ばれたら断らないという消極的な形ながら、相手から働きかけがあれば応じ返した。このことに鑑みると、モーン家とサマイ僧侶の関係は、切れそうでてなお、つながる部分を持ち続けていることが分かる。また、以上の2つの事例からは、交換を停止し失望や恐れを感じながらもなお、互いに相手を気にかけていることがうかがえる。

なお、このときエン僧侶が参加しなかったのはなぜなのか。後日、私が彼に聞いたところでは、特に用事があったわけでもなく、州都に出かけただけだという。はっきりとは分からないが、もしかすると、サマイ僧侶とモーン家とが一堂に会する場に同席するのは、気が引けたのかもしれない。

5-3-3. 他家に対する嫉妬

最後に、モーン家以外の家々についても触れておきたい。モーン家がエン僧侶と交換を始めた一方で、サマイ僧侶も、モーン家に代わって、パエウ、ポイ、ポーンなどの、寺院周辺の家々を頻繁に訪問するようになった。

[事例5-11] 発酵食品の調達

毎年5月になると、村びとは、パーデークやパーチャーオを1年分仕込む。そしてこの時期、僧侶も、それらを村びとから分けてもらったり購入するなどして、食施が受けられないときのために備えておく。

サマイ僧侶はこれまで、モーン家から発酵食品をもらい受けてきた。しかし2008年は、還俗の件があったため、発酵食品はおろか、モーン家に行くのですら控えていた。それで、その年は、ポーン家からパーチャーオを2kgほど購入した。私は、のちほど彼が、「君の母さんのパーチャーオは美味しいんだよね」と残念そうにつぶやくのを庫裏で聞いたことがある。このように、彼はモーンの手作りの味を惜しがりながらも、結局はほかの家に頼ることになったのである。

同様のことは10月にもあった。その時期には、村びとが「ソムパックカート (som phakkaat)」と呼ぶカラシナの漬物を作る [写真5-16]。ほどよい酸味のある漬物は、どこかの家で作ったと分かると、すぐに買いに行ったりするほど、人びとに好まれている。僧侶も例外でなく、食施を受けられない場合の保険としてだけではなく、購入してでも食べたがることが多い。カラシナの漬物は、作り手によって味が微妙に異なり、彼女の手製のものは絶品であると、村びとたちから評判があったが、サマイ僧侶はこれまで、その彼女の漬物をもらい受けてきた。

2008年もモーン家では漬物を作っていたが、その年、サマイ僧侶は、

[写真5-16] ソムパックカートを作る女性（2008年10月6日撮影）

寺院周辺のポイ家から購入することにした。

　この事例に見られるように、サマイ僧侶は、モーン家から食物をもらい受けるのをやめ、ポーン家やポイ家など、寺院周辺の家々から購入するようになった。モーンの手製の料理に未練を残すような発言からは、仕方なく、それに代わる選択肢を探したようにも見える。しかし村びとは、手製の料理をはじめ、自分たちの労働を投じた物に、交換財としての高い価値を認めている。また、手製の料理を他者から求められることは、それを作った女性とその家の誇りともなる。そのため、そうした食物を別の家から受け取ったというサマイ僧侶の行為は、モーン家にとっては、彼が他の家々と関係を深めていっているものとして映ってしまう。

　また、彼が関係を深めていった中に、モーン家と張り合う家があったことも問題であった。モーンは、パエウのことを好ましく思っていなかったが、彼はその家によく行くようになった。パエウも、甘味などを作っては僧侶を家に招いて、台所で食べてもらっているようであった。モーンはめったに出歩かなか

第5章　僧侶と村びとの親密な関係とその変容　　　241

[写真5-17] 増設された寺院の塀（2008年4月11日撮影）

ったので、直接そうした光景を見たわけではないと思われるが、噂を耳にして知っていたようである。

　たとえば、次に取り上げるように、サマイ僧侶とパエウ家は、寺院の塀の増設に共同で出資することになるが、それを知ったモーンが気分を害するという出来事が起こった。

[事例5-12] 塀の増設に共同で出資する

　　私が調査していた当時、寺院の塀は半分程度しかなく、資金が集まれば随時増設するという状況であった。コンクリートと工事費を合わせ、18万リエル（約45ドル）集まれば、1区画分が増設できる。塀を作る（ao lak hua）行

［写真5-18］塀に色を塗る作業を手伝う子供たち（2008年4月10日撮影）

為は、積徳行の1つであるため、経済的に余裕があれば寄附をしたいと思う村びとは少なくない。中には、複数の家で資金を集めて、共同で寄附するケースもある［写真5-17, 5-18］。

　2008年3月25日、私がパエウ家の近くを通りかかると、パエウ、ポイ、サマイ僧侶が、バルコニーで円座になって話しているのを見かけた。私に気がついたパエウが上がってくるように言うので、私もそこに座って話を聞くことになった。3人は、資金を出し合って、寺院の塀を1区画分増設する予定であるという。そう言って、それぞれが6万リエルずつ出し、パエウが取りまとめていた。

　翌日の夕刻、その寄附金をアーチャーンであるカムサイに渡すため、パエウがモーン家にやってきた。そのときモーンたちは台所で食事をしていたが、パエウもそこに上がってきて、塀のために3人で出資したい旨を伝え、現金をカムサイに渡した。

　そのときモーンは、食事を続けながら2人のやりとりを無言で見ていたが、パエウの用事が済むと、食事を勧めた。パエウもそれに応じて円座に

加わり、用意された米飯におかずをのせて、美味しいと言いながら食べていた。しばらくして彼女が帰っていくと、モーンは、「サマイ僧侶はパエウと塀を作るんだね」とつぶやいていた。

　この事例において、サマイ僧侶は、塀を増設することも、パエウ家たちと共同で出資することも、モーン家に話していなかった。モーンはと言えば、既に祖母とともに塀の増設に寄附していたので、たとえ彼が計画を話したとしても、一緒に出資することはなかったであろう。しかし、塀の建設に共同で寄附することは、その者たちの親密な間柄を示す行為でもあり、そのことをモーンが快く思わなかった可能性はある。
　塀を作ると、そこに寄附者の名前が彫られるため、誰とともに出資したか、そして、彼らが親密な間柄にあったといったことが、後代にまで語り継がれる。実際、村びとは、村外から客が来たときなどに、塀の前を通ると、その名前を見せながら、寄附者たちの関係性や、彼らがどれほど積徳行に熱心であったかなどを、誇らしげに語るのである。
　塀の増設がこのような側面を持つことを考えると、サマイ僧侶がパエウと共同出資したことは、モーンにとって好ましくなかったであろう。パエウが台所にやってきたとき、食事を勧めていたものの、会話に加わるでもなく沈黙して2人の話を聞いているだけで、彼女が立ち去った途端、不平をもらしたのも、パエウに対する嫉妬を含めたモーンの感情を示しているように見える。
　なお、この件については、その後しばらくモーン家でも話題に上らなかったが、6ヵ月後に再び、次のようなことが起こった。

　　パエウの母親（80代）は、モーンの祖母と同様に、八戒を遵守していたため、月4回ある戒律日になると、僧侶から戒律を授かって（*khoo sin*）いた。体調の良かった頃は、戒律日に寺院に行っていたのだが、2008年の7月頃からは、足腰が悪くなったため、僧侶に家に来てもらうことにした。その際、たいていはサマイ僧侶かワン僧侶が来ていた。
　　こうした状況について、大勢の村びとの前でパエウが語るということがあった。同年の9月、プチュム儀礼で講堂に村びとたちが集まり、雑談を

していた。パエウは母親と並んで座っており、村びとから母親の具合をたずねられると、あまり体調が良くないから戒律日にはサマイ僧侶が家まで授戒しに来てくれるのだと答えていた。そして、思い出したように、「それから、サマイ僧侶は私と一緒に塀も作ったのよ」と言って、サマイ僧侶が自分たちと共同で出資したことに言及した。そのときモーンは、彼女の前方に座っており、話が聞こえていたようであったが、キアオ・マークしながら（ビンロウジを噛みながら）黙っていた。

　ところが、その夕刻、台所で食事をとっていると、モーンは昼間の儀礼でのパエウの発言について触れ、腹を立てている様子でこう言った。「ああ、いやだいやだ。私はパエウが嫌い。サマイ僧侶とどうとか（塀の増設に共同で出資したの意）。良いことをしたら、自分は良い（人だと自慢する）。何か良いものを得られたら、（自分の行ないが良いから）いつも得られる（のだと自慢する）。おしゃべりな人は嫌い」。彼女は、パエウがサマイ僧侶と塀を作ったことや、戒律日に僧侶が家に来てくれると言っていたことについて、不愉快に思っていたようである。

　このようなパエウに対する否定的な感情は、サマイ僧侶との問題が起こる以前からあったのだが、彼とパエウ家との関係が強まるにともない、ますます高まっているように見えた。それまで擬制的親子として親密な間柄を築いてきたサマイ僧侶を、よりによって疎ましく感じている家にとられてしまったという嫉妬が、彼女の言動から見てとれよう。

5-4. 小括

　本章では、出家によって築かれた擬制的親子の親密な間柄が、還俗をめぐって、どのように変化していくかについて、その過程を記述してきた。切れかかる関係をつなぎとめようと積極的に動くことはないが、かといって、あっさりと関係を切り捨て、何のわだかまりもなく別の相手に切り替えるというわけでもない。本章では、こうした点に留意し、可能な限り人びとの感情の動きにも

着目してきた。

　ここで、諸事例から見てとれる論点を、4つほど整理したい。第1は、擬制的であっても、緊密に交換を行なうことによって、ハック・カンの間柄が築かれ、血縁に基づく親子に類似していくという点である。親子は、家分けしたあとも、将来にわたって養育しあい、期待をかけあい、守りあう関係にある。サマイ僧侶とモーン家も、家分けした親子のように、緊密に交換をして、親密な間柄を築いていた。本章の前半で紹介した事例は、人、物、心（気遣いなど）を通して、非親族とも近親のような関係をとりむすぶ、ラオ人の対人関係の一側面を示している。

　第2にあげられるのは、擬制的であるがゆえに、その関係には交換の継続が強く求められるということである。擬制的親子は、形式的には、出家によって成立し、還俗すれば解消する。しかし実際のところ、還俗によって関係が閉ざされるわけではない。人びとは、たとえ還俗しようとも、その後もその男性と親密な間柄を維持したいと願っている。生業をともにしたり、娘と結婚させたりすることもある。しかし、そのためには、還俗するまでのプロセスが双方にとって納得のいくものであること、交換を継続していることが大切である。本章で取り上げた事例では、還俗についての話し合いがいっこうになされないために、関係がどんどん気まずくなっていき、家や庫裏を訪問することも、食物の寄進や分配もなくなっていった。これらの事例からは、交換の停止こそが、ラオ人の対人関係を損ねる決定的な行為であることが分かる。

　第3に、関係がこじれるときは、話し合いもなければ口論や暴力にもならず、常に間接的であるという点が特徴としてあげられる。僧侶とモーン家がそれぞれ、別の家、別の僧侶とつきあいはじめたことは、事例で繰り返し述べたとおりである。しかも、切り替えた相手を互いに意識しているようではあるが、直接的になんら働きかけることもなく、結果として黙認する。ただ、家の台所や庫裏などでは、「勇気がない」から話しに行けない、僧侶の言動は「おかしい」などと、否定的な感情の混じった発言をしたりする。このように、面と向かってはぶつからないというのが、人びとのもめごとのあり方として共通に見られる。

　最後に第4として、一見すると次々と別の二者関係を渡り歩いているように

見える人びとの感情の動きについて述べておきたい。本章の事例では、相手に対する恐れ、失望、不満といった感情が、二者関係を硬直化させていったわけであるが、それと同時に、実は相手を気にかけていたり、関係を深めていった他家に対して嫉妬することもある。これらの事例からは、以前のような親密な間柄が修復できるかは分からないものの、暴力的に唐突に関係を切ってしまうのではなく、愛着を引きずり、相手の出方をうかがいながら、それでも関係が弱まっていくのであれば、仕方なく甘んじて受けいれるという対人関係のあきらめ方が見てとれる。

第6章
姻族関係の緊張と変容

　本章では、非友好的な姻族に着目し、緊張的な関係にある他者とのあいだにも、ハック・カンの間柄が築かれていく可能性について検討する。前章までは、独立した家と家、あるいは家と家に類似する僧侶と家の関係を取り上げたのに対し、本章では、家の独立そのものが問題となる。
　東南アジアの双系親族社会に関する研究では、姻族は、外部者として潜在的に有害で危険な存在とされ、適切な婚姻儀礼や子の誕生などを通して初めて、親族になる可能性を持つとされてきた［Carsten 1997: 190-191, 218, 220］。そのため、姻族間のやりとりは、脆弱で不安定な関係を補うために頻繁になされるという［ibid.: 171］。しかし、本章で取り上げる事例では、両親の合意が得られず、いわば駆け落ちだったため、姻族間の話し合いも儀礼もなされない状態であった。そして、夫方に居住を始めたものの、その当初から姻族間に緊張があった。本章では、そうした状況における村びとの対応を追い、非友好的な他者とのあいだですらも親密な間柄を築く可能性を開いておこうとする、ラオ人の対人関係のあり方を明らかにする。
　双系親族社会における姻族は、差異から生じる緊張を抱えつつも、血族に類似する側面があるとされてきた。特に子の誕生が肝要で、彼らが家と家の媒介となって、差異から類似へと関係を変容させるという［ibid.: 220-255］。KS村においても同様に、結婚後の不安定な状態は、子の誕生によって変化する。しかし、それのみならず、姻族が血族に近づき親密な間柄を築くには、家の独立ともめごとへの対処法も重要となる。
　本章の着眼点はおおまかに3つある。まず、敵対的な他者と同居する中でもめごとが起こった場合にとる「やりすごし」の姿勢である。それは、これまでの章でも繰り返し述べてきたが、ここでは、一つ屋根の下で当事者たちが顔を突き合わせているという点で特徴的である。つまり、不満を相手に直接なげか

けうる可能性が常にある状況で、それでも衝突せずにやりすごされる。

　とはいえ、やりすごしは無為ではない。相手の出方を見ながら、陰口をしたり、気遣うのをやめたり、儀礼に欠席したりと、ところどころで相手に感情を示す。ただ、それが関係を壊すようにはなされないだけである。また、やりすごしながら、家の独立や子の誕生に伴い、少しずつ関係が変化していくこともある。

　さらに、ハック・カンの間柄は、噂によって固められていくという側面もある。当事者たちは、交換を行なうことで、関係の良し悪しを確認しあうだけである。それに加えて、周囲が、彼らの関係性について、「ハック・カンにある」などと噂することで、親密な間柄が輪郭を伴ってくるのである。

　なお、本章の事例は、モーン家の三男カムマイと、隣村のSY村出身である、マウ家の次女チャンナリーが、両親の反対を押し切って結婚し、モーン家で夫方居住を始めた頃からの出来事である。主な参与観察の期間は、同居が始まった2007年10月22日から、私が帰国のために村を離れる2008年12月10日までの、1年あまりにわたる。そのあいだに、いくつかの出来事を経て、チャンナリーとモーン家、モーン家とマウ家の関係が変化していった。本章では、そのような姻族関係のプロセスについて、主にモーン家の観点から記述していく。

　ここで、私の立ち位置を示しておきたい。私は、村外から来て、「娘」として同居していた点で、チャンナリーと似ていた。そのため、チャンナリーに対するモーン家の人びとの対応に客観的でいられず、緊張を助長してしまった側面もあった。私は、村びとに倣って自分の感情を口に出さないよう心掛けてはいたが、それでも、村びとのように「うまく」対応することはできなかった。それについて、モーン家の人びとから諭されたことは一度もなかったが、帰国が迫り、村を離れる日、別れの挨拶をするためにモーンと向かい合ったとき、理由は述べず、涙ながらに彼女に謝った。すると彼女は、「いいから。母さんは分かっているから」とだけ言って、目に涙をためていた。彼女は、私がチャンナリーやカムマイと「うまく」つきあうことができなかったことに気づいていながら、黙認してきたのである。本章で取り上げる出来事は、このように、観察者である私自身も、モーン家に摩擦を生み出す中で起こっていたものである。

　ただし、チャンナリーと私の立場は、決定的に異なる部分があった。彼女は

モーン家の息子と結婚した「嫁（*luuk phai*）」であるのに対し、私は「娘（*luuk saav*）」となりながらも、結局のところは一定期間が過ぎれば日本に戻っていく外部者に過ぎなかった。この違いが、かえって、村びとがもめごとにどのように対処するかを私に気づかせてくれた。私は労働提供が過度になっていったのだが、チャンナリーは家事にも積極的に取り組むようなことがなかった。そのような彼女に対して、周囲はなにも言わずに見て見ぬふりをしているようだった。本章の事例の記述は、このような村びとの姿勢に対する私の違和感に端を発している。

6-1. 理想的な婚姻

6-1-1. 婚姻の形式と理想像

　事例の記述に入る前に、ここでまず、KS村で理想とされる婚姻のあり方や相手、姻族との関係について概観しておきたい。婚姻は、一般的に「アオ・カン（*ao kan*：取りあう、もらいあう）」と呼ばれるが、経緯、儀礼の種類、両親の合意があるか否かなどによって、さらに次のように区別される。

　まず経緯の違いから、親族の話し合いや第三者の紹介に基づく取り決め婚（*khao hai ao kan*）と、当事者同士の恋愛による恋愛婚（*mak kan ao kan*）がある。さらに、大勢の客を招待する婚姻儀礼（*kin doong*）を行なうか、近親のみで家の祖霊に捧げものをする（*sen phii*）にとどめるかといった違いがある。婚姻儀礼をするほうが望ましいが、経済的に余裕がなかったり、特別な事情がある場合には、祖霊に捧げものをすることになる。

　また、いずれの儀礼においても、双方の両親が出席することが重要である。基本的には、両親が婚姻に合意しており儀礼にも出席するという「満たされた（*tem*）」状態が望ましい。1人でも親が欠席すれば、それは欠けた状態であり、「美しくない」とされる。[1] それは、姻族が将来にわたってハック・カンの間柄を築けるかどうかの問題でもある。複数の子供を育てた50代の女性によれば、「婚姻において重要なのは、当事者たちの相性でも、儀礼をするかどうかでも

---

[1] 両親が既に死亡している場合などには、近親者が親の代理で儀礼に参加する。

ない。双方の両親がハック・カンの間柄にあるか、あるいは、これからハック・カンできるかどうかだよ」という。つまり、親の立場からすると、婚姻のいきさつや儀礼は二の次で、まずもって、姻族がハック・カンの間柄を築けるかどうかが大事なのである。

次に婚姻の段取りについて、近年の傾向として一般的に見られる、両親の合意がある恋愛婚で婚姻儀礼を行なう場合を例に、簡潔に説明しておきたい。まず、男女が話し合いによって婚姻の意思を固め、それぞれの両親に伝える。両親が認めれば、時機を見て男性側が女性側の家に行き、うかがいをたてる。婚資は、婚姻儀礼の際に、男性側から女性側に現金で支払うが、うかがいをたてたときに話し合っておくのが通常である。そして、合意が得られれば、婚約式と婚姻儀礼の日取りを決める。婚資は男性側が支払うのに対し、式や家は女性が準備するものとされている。村びとに声をかけて調理や供物づくりの手伝いを頼むのも妻方であり、式の当日には、客に酒や料理をふるまって饗宴を行なう。このとき、大勢の客が集まってくれたかどうか、彼らを満足させられたかどうかが重要で、儀礼が立派であればあるほど、双方の家に名声をもたらす。なお、儀礼の盛大さは、饗宴に出されたテーブルの数、料理の内容と量、手作りかケータリングかなどを基準に、村びとによって噂される。

婚姻儀礼の資金は、夫方が妻方に支払う婚資である。KS村における婚資は、私の調査当時は300万～400万リエル（約750～1000ドル）が相場であった。[2]その大半は儀礼にあてられ、余裕があれば、妻方の家の増改築などにまわされる。婚資の額は、村びとに知れ渡ることが多いが、儀礼に招待した客の数や、家の立派な外観などによっても明らかとなる。そして、多くの婚資を受けられた妻方は、「運が良い（mii *somnaang*、*somnaang*は運が良いなどを意味するクメール語）」、「顔が立つ（mii naa）」などと評判を受けたりもする。

また、婚姻相手については、表立っては言及されないものの、望ましいとされる人物像がある。男女で多少の違いはあるものの、働き者で、正直であり、暴力をふるったり罵ったりせず穏やかであること、寛大であること、年配者に

---

2 婚資は、すべて現金の場合と、いくらかを金で支払う場合とがある。後者の場合、金で3スルン程度（スルンは金の単位で、1スルンは50万リエル＝約125ドルに相当する）支払い、残りを現金払いするケースが見られる。また婚資は、経済的に余裕があれば、1600万～2000万リエル（約4000～5000ドル）求められることもある。なお、州都であればさらに相場が上がり、通常1万～2万ドルほどである。

対して配慮できることなどが、相手を見極める材料となる。

6-1-2. クメール人との婚姻

　婚姻にあたっては、相手のエスニシティも問題となる。年配者によると、昔は特に、母や祖母が話し合って相手を決める取り決め婚が一般的で、その相手はラオ人だったという。クメール人と結婚するとなると、親たちから反対されたらしい。たとえば、70代後半の女性カムスーンは、彼女の祖母の世代まではクメール語を全く話していなかったという話に端を発し、かつてのクメール人との婚姻について、私に次のように言っていたことがある。

　「夫をもらうにしたって、クメール人（の男性）が娘を欲しがっても、やらなかった。子供たち、孫たちを、とにかく（クメール人には）やらなかった。自分たちの種（neev phen eeng、phenはラオスのラオ語ではphunと発音される）だったら、ラオ人だったら、結婚させた。（クメール人は）追い払って、自分たちの種とくっつけさせた。違う種（neev taang taang）がくっついたら、やらなかった。欲しくなかった。最近になってからさ、どんな民族でも、クメール人でも、結婚するようになったのは」

　この語りからは、KS村のラオ人たちが、エスニシティの異なる者との婚姻を拒んできたことが見てとれる。近年でも少数ながら、母や祖母の話し合いに基づく、親族同士の取り決め婚が見られる。たとえば、モーン家の四男ライは、2004年にモーンの祖母ヌピーと彼女の妹コーンとの話し合いによって、コーンの孫ソンと結婚した。当時、2人とも好きな相手が別におり、ライとの結婚が決められたとき、ソンは大泣きしたらしい。孫の気持ちを制してまでラオの親族と結婚させたのには、カンボジアという移住先で、異なる民族の血（異なる種）を混ぜずに自分たちラオの種を存続させること、そして、自分たちがいなくなったあとも、後代まで親族がハック・カンでいられるようにという期待があったという。

　また、クメール人の容姿や料理についての悪口も、しばしば耳にする。村びとは、「ラオ人は白くて美しい。クメール人は黒くて美しくない」と言って、肌黒いクメール人の外見は、ラオ人の美的価値にそぐわないと考える。また、「ストゥントラエンのラオは、ラオ料理も作れるし、クメール料理も作れる。ラオ

語も話せるし、クメール語も話せる」と自分たちを誇り、日常的に接しているのにラオ語も話さずラオ料理も作れないクメール人について、陰で非難したりする。とりわけ、子孫がクメール人と結婚すると、こういった類の話をよく聞く。

　もちろん、近年では事情が変わり、クメール人との結婚に積極的になっている。クメール人と結婚すれば、子供もクメール語が堪能になり、就業も就職もしやすいと考える者が増えてきた。また、クメール人がストゥントラエンに移住してきたり、ラオ人が他地域に移動することが多くなるにつれて、クメール人との出会いも増え、恋に落ちて結婚に至るケースも少なくない。さらに、本当は異なる民族との結婚を好ましく思っていないが、反対すると子供が自殺未遂を図るという事件も多発しているため、親はそれを恐れて結婚を認めざるをえないという事情もある。

　このように、近年では、クメール人との結婚もかなり多く見られるようになっている。しかしそうであっても、民族間結婚は、日常生活の細部において軋轢を生みやすい。とりわけ、妻がクメール人であると、食事、出産にかかわるタブー、家の精霊祭祀など、さまざまな面で慣習が衝突してしまうことがある。

6-1-3. 事例の背景

　本章で取り上げるカムマイとチャンナリーの場合は、人びとの理想にそぐわない婚姻だった。チャンナリーはSY村出身のクメール人で、2007年の時点で17歳であった。KS村には、中学校に通うため、2003年から3年ほど滞在していたことがあり、そのときは村の南端にあるクメール人の家に居候していた。その家にはカラオケがあり、彼女は州のコンテストで1位2位を争うほど歌がうまかったので、彼女がそこで歌うたびに、未婚の男性たちが聴きに来て酒を飲んでいった。こうした状況を知る年配者からは、家事もせず歌って男性たちと遊んでばかりいる、クメール語しか話さないし、挨拶すら満足にできず礼儀を知らないなどと、陰口されていたという。

　カムマイがチャンナリーと交際を始めたのは、この頃である。彼は酒好きで、友人と酒を飲んではカラオケに行き、彼女の歌を聴いていた。勉強は苦手で高校を中退したが、漁撈、農作業、家屋の建築、機械の修理、料理など、何でも

一通りこなせ、酒は飲むものの寡黙で誠実なところがあるといって、村びとからは慕われていた。チャンナリーが高校進学のため州都に住むようになってから、彼は州都で建築の日雇いをして、彼女と交際を続けていた。私が調査を始めた頃は、平日は州都に寝泊まりし、土日だけモーン家に戻ってくるという状況だった。

彼は、結婚前に何度も、チャンナリーとの結婚について両親に話したことがあったが、そのたびに反対されていた。あるとき、彼女の悪口を含めて母親から強く叱られ、耐えきれなくなった彼は、家を飛び出し、ラオス国境や州都で、日雇いの仕事を探すようになったという。このような状況のなか、彼らは両親との話し合いを持たないまま、結婚することを決めた。そして、あるときモーンは、カムマイから突然、「結婚したから」と電話で告げられ、それ以上何も言えなかった。

上記の話の多くは、年配女性たちが雑談の中で断片的に語っていたものである。村びとは、2人が結婚してモーン家に住みはじめると、人前で腕を組んだり、家事をしないことなどについて陰口していた。私に会うと、家でのチャンナリーやモーンの様子をたずねながら、思い出したかのように、彼らの過去の出来事について語り聞かせることもあった。そして、彼らの結婚について「普通とは違うよ (bo meen thammadaa dook)」と言って、その理由を話してくれたりもした。

たとえば、彼らの結婚は、女性から求婚したものだったと噂されていた。一般的には男性が求婚するが、婚前交渉を持ったりすると、女性が男性に結婚を求める場合がある。村びとははっきりとは言わなかったが、それまで結婚に反対していたモーンたちが、認めざるをえなくなったことからも、その可能性はある。また、カムマイの側は婚資を支払わなかったのだが、それについても、「カムマイの両親もチャンナリーの両親も結婚に反対していたのに、2人が (勝手に) 結婚してしまったから、(モーン家は) 婚資を支払わずにすんだ。支払うとなったら大金だっただろうけど」(カムサイの弟の妻であるドゥアン) などと言われていた。SY村の婚資は、KS村よりも相場が高いが、両親の納得のいく結婚でなかったため、モーン家は婚資を支払わなかったのである。

このような事情があるにもかかわらず、彼らは夫方のモーン家で同居を始めた。快く思われていないのを知りながらも、敢えてモーン家に来ることを決め

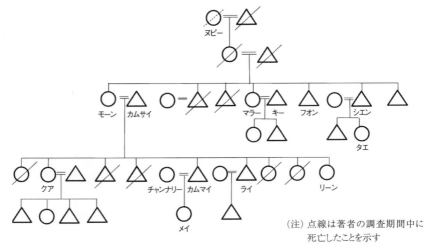

[図6-1] 登場人物の親族関係

（注）点線は著者の調査期間中に死亡したことを示す

出所：調査に基づき著者作成

たのが、私には不思議だったが、その理由については誰も話さなかった。もしかすると、チャンナリーにすれば、結婚の経緯もおおっぴらにできることでなく、儀礼も行なわず、婚資も払われないといった状態では、周囲に恥をさらすことになり、妻方の家にはいられなかったのかもしれない[3]。

このような事情を踏まえた上で、次に具体的な事例の記述に進みたい。なお、主な登場人物の親族関係は、図6-1のとおりである。

6-2. 同居

6-2-1. 突然の結婚

モーンとカムサイは、息子の結婚に反対していたが、以下に見るように、なかば強引に結婚について告げられ、腑に落ちないながらも受け入れざるをえな

---

[3] ほかにも、KS村の男性と結婚した別村（KP村）の女性の例がある。婚資は支払われたが、額がKP村の相場よりも少なく、妻方の家を改築できないと親族から揶揄されていた。

くなった。2007年10月22日の夜、夕食後に一息ついていると、モーンの弟の電話にカムマイから連絡が入り、チャンナリーと結婚したから、と告げられた。電話に出たモーンは、無言で話を聞いて、電話を切った。そして、苦笑いしながら、「カムマイが結婚させられた (khao hai ao kan、女性から結婚を求められたの意)んだって」と言った。

　彼らが結婚したという話は、すぐに村びとたちに広まり、いつカムマイがモーン家に戻ってくるのかと噂された。その2週間後、11月6日の夕刻に、彼はチャンナリーを連れてモーン家に帰ってきた。そして、両親に向かって、電話で話したとおり彼女と結婚したからと言い、これから彼女の実家に一緒に行って、祖先への捧げものをする儀礼 (sen phii) に参加するよう願い出た。モーンとカムサイは、硬い表情でカムマイを見つめ、無言のまま、出かける準備をした。既に日は落ち、家の中は暗く、重苦しい空気が流れていた。チャンナリーは、モーンとカムサイに挨拶することもなく、窓際に立って外を見ていた。そして、モーンたちが外に出ていったあと、カムマイに連れられて川岸に降り、木舟に乗り込み、彼女の実家に向かっていった。

　リーンや私が家で待っていると、夜11時頃になって、モーンとカムサイが戻ってきた。2人とも疲れた表情をして、特に話をすることもなく、戸締まりをして、寝床に入っていった。動揺を押し隠して平静を装っているようにも見えたが、この夜から、モーンは寝つかれなくなったようだ。

　数日後、カムサイが妹の家に別件で訪れたとき、カムマイたちについて聞かれ、次のようにその夜の出来事について語っていたことがある。儀礼をするとカムマイに言われ、彼はモーンとともにSY村にあるチャンナリーの実家、マウ家に行った。しかし、結局モーンは、体調が悪いと言って儀礼には参加しなかったという。そのときの様子について、彼は「私だって (チャンナリーのことが) 気に入らなかったし、息子を (彼女と) 結婚させたくなかった。でも、私がカムマイを守ってあげないとどうしようもない。彼の母親 (モーン) は (結婚に) 納得しなかった。私が彼らの結婚を助けてあげた (儀礼に参加して関係を取りもったの意) からまだ良かったものの」と述べ、妻が欠席して張りつめた雰囲気の中で、彼がマウ家との関係を取りもったことを説明した。婚資についても、「2人だけで決めて結婚したのだし、うちにはお金がない」と言って、支払いを断った。

それについては相手から特に何も言われなかったが、その代わり、娘は夫方に住むと言っているからよろしくと告げられたという。

　先に述べたとおり、儀礼に双方の両親がそろわないのは欠けた状態であり、好ましくない。モーンは、それを承知の上で儀礼に参加せず、婚資も支払わなかった。マウ家を訪れてはいたという点で、関係を完全に否定することにはならなかったものの、このような行為は、姻族との将来的な関係を期待してないことを示していた。

　あとから知ったのだが、チャンナリーの両親も、酒乱のカムマイとの結婚に反対だった。しかし、夜にひっそりと捧げものを済ませたことからも分かるように、周囲に知られたくないような経緯で、娘たちが事実上結婚してしまったので、仕方なかったようである。そのため、彼らにしても娘の結婚は不本意であり、双方ともに積極的にやりとりするような状態ではなかった。

6-2-2. 同居中のやりすごし

　儀礼を行なった4日後の11月10日、カムマイがチャンナリーとともに、リュックを背負ってモーン家に戻ってきた。彼は何も言わなかったが、衣類でパンパンになったリュックを見れば、これから2人がそこで暮らすつもりなのだということが明らかだった。父母も妹も、特別に気遣うことはなかったが、居間に1つだけある小さな部屋を、彼らの寝室用にあけてあげた。

　カムマイは、翌朝からさっそく漁に出て、モーン家でみんなで食べる魚をとりはじめ、食事の際には、チャンナリーを気遣ってであろう、父母の機嫌を取るような会話をふったりしていた。一方のチャンナリーは、特に家事を手伝うわけでもなく、カムマイがいないときは、モーン家の向かいにあるクアの家に行って過ごしていた。クアの夫がクメール人で、日常的にクメール語を使っていたのに加え、チャンナリーに話しかけることも比較的多かったので、彼女も行きやすかったのであろう。

　そのような彼女に対し、モーン家の人びとは特に何も言わず、他家から果物や甘味をもらったときなどには彼女の分も取り置いたりしていた。そうした行為にリーンも、「私のお母さんは、誰に対しても悪いこと (baap) はしない。誰に対しても同じように接するし、きちんと食べさせる」と言っていた。

第6章　姻族関係の緊張と変容

　とはいえ、他の成員とは接し方が異なる点があることも確かであった。食事のおかわりもその一例である。村びとが食事をするときは、一般的に、おかずを大皿に盛って共有し、各自が米飯におかずを少しずつのせながら食べる。そして米飯は、人数分をよそい終えたら、おかわりのため、ある程度の量を桶などに取り置いておく。そして、一緒に食べている者の米飯がなくなりかけると、まわりが「ごはん」とか、「もっと食べなよ」などと声をかけ、米飯の入った桶を差し出して、おかわりを促す。ところが、チャンナリーに対しては、カムマイを除き、誰もおかわりを勧めず、席を立つ彼女に対して「お腹いっぱいなのか」と聞く程度であった。

　また、彼女をからかうことも、親族名称で呼ぶこともなかった。村びとは、家族をはじめ、仲の良い友人やハック・カンの間柄にある相手に対して、よく冗談を言ったり、からかったりする。しかし、モーン家をはじめ、近親や近隣の人びとが、彼女をからかっているのは見たことがなかった。また、モーンもカムサイも、チャンナリーに対しては一度も親族呼称を用いなかった。それは、たとえば同じ嫁という立場にある四男の妻と比べたら明らかで、彼女との会話においては、モーンは「あなたの母 (*mee cao*)」と自称し、相手を「子 (*luuk*)」と呼んでいた。しかしチャンナリーに対しては、常にクメール語で「あたし (*annyu*)」と自称し、相手を名前で呼ぶだけだった。

　さらに、モーンたちは、チャンナリーがやってきてから、それまで以上に私をからかったり、しきりにおかわりを勧めたりするようになった。それは、チャンナリーに対する気まずさを逸らしているかのようであり、彼女も気がついていながら、知らぬふりをしているように見えた。

　このように、些細な場面で接し方に違いがあったものの、かといって、モーン家の人びとが彼女に直接なにか小言を言ったり、家事をするようにと促すこともなかった。また、モーン家に立ち寄った村びとから、チャンナリーがあまり会話をしていないような様子について聞かれると、「彼女はまだ（モーン家に慣れていなくて）勇気がない (*bo haan*) から」などと言って、彼女自身がモーン家に慣れていないことが強調された。ただし、次の事例のように、ふとしたきっかけで、モーンたちが彼女についての複雑な気持ちを吐き出すことがあった。

[事例6-1] 中洲の小屋における感情の表出

　日が経つにつれ、モーンやカムサイは、用事があるとクメール語でチャンナリーに話しかけるようになった。彼女も、家で鼻歌を口ずさんだり、村の儀礼にリーンとともに屋台を出したりと、だいぶ打ち解けてきたように見えた。ただ、炊事や水汲みなどはせず、暇になるとカムマイと一緒にいるだけなのは変わらず、周囲も黙っていた。

　同居を始めてから1ヵ月余りがたった12月9日、モーンとカムサイと私は、豆を収穫するため、中洲に行った。そして作業に一区切りがつくと、カムサイは水牛を放牧しに行き、モーンと私は先に小屋に上がった。心地よい風が吹いてきて、汗も引いてきた頃、彼女はキアオ・マークの準備をしながら、次のように言った。

　「あそこ (SY村) は、カムマイの妻の村だよ。彼女はクメール人だよ。彼女の両親に会ったことがあるけど、そのとき、彼女はあっち (マウ家) ではなくてこっちで私たちと住むからって言うんだ。なんて言ったらいいのか。私もあなたの父さん (カムサイ) も、だんまり (bo paak) で、ただいるだけ (yuu su su) だよ」

　その中洲の小屋からは、メコン川の対岸にSY村が見えるのだが、このときモーンは、休憩をしながらふと、供儀のためにSY村に行ったことを思い出したのだろう。また、川を渡って中洲に来ると、家の雑事から多少なりとも解き放たれた気分になる。しかも、人びとも滅多に通らず、風通しも良くて心地よいためか、日頃の出来事について語りだすということがあった。上記もそうした場面の1つである。

　このモーンの語りを見ると、姻族に対してはよく分からないが、チャンナリーがモーン家で暮らす選択をしたこと自体は、肯定的に受け止められているようである。そもそも、他者を家に受け入れることは、気前の良さや寛大さを周囲に示すことであるため、結婚に強く反対していたにもかかわらず、相手の求めに応じて同居を認めたとして、モーン家の評判は高まる。これまでにも、モーン家には、ベトナム兵が食事をもらいに来たり、日本兵が寝泊まりしたこともあったという。私の滞在も含め、そのたびに彼女たちは、なんら拒むことな

第6章　姻族関係の緊張と変容

く、招かれざる客を受け入れてきた。

　その一方で、彼女が家事をしないこと、夫とふざけ合っていること、そして年配者に気配りができないことなどについて、快く思っていないのも確かであった。しかし、そうした不満を相手にぶつけることはなく、「だんまり」で「ただいるだけ」を貫こうとする。それが示すのは、暴力はもちろん、相手に文句を言ったり、状況を打破するために動くこともなく、問題をやりすごす姿勢である。それは、モーン家に限ったことではなく、村びとが一般的にとっている、対人関係の方法である。

6-2-3. やりすごしの中の陰口

　ただし、やりすごしといっても、全く何もしないわけではない。既に述べてきたように、儀礼に欠席したり、消極的な接し方をしたりと、相手に感情が伝わるような行為はとっている。また、やりすごしている中で、ある出来事を機に、一時的に陰口が激しく沸きおこったりもする。たとえば、次の事例では、私がバイクで転倒したのをきっかけに、チャンナリーへの陰口がなされる。

　　［事例6-2］災厄の原因を追及する
　　2007年12月6日の午後、私が南の家からモーン家に向かって歩いていると、バイクに乗った年配男性に呼び止められた。彼は、カムサイと私に話したいことがあるので、モーン家に一緒に行こうと言い、バイクの後ろに乗るように勧めた。私は、もうすぐなので歩いていくと答えたが、彼がどうしてもと言うので、バイクに乗った。
　　ところが、そのバイクは、モーン家のすぐそばにある橋を渡りきる寸前のところで、転倒してしまった。そのときちょうど、モーンの妹マラーが外に出ており、転倒したバイクを見て叫んだ。すると、その声に驚いたモーンも家から出てきて、橋の上に転がっている私を心配そうに見ていた。
　　その男性の用事というのは、翌々日に開催される仏教関連の集会に私も参加してもらいたいというもので、アーチャーンであるカムサイに伺いを立てたかったようである。しかし、とりたてて急いでいる様子もなく、5分足らずで用件を終えた後は、しばらくカムサイとおしゃべりを続けてい

た。敢えて私をバイクに乗せる必要などなかったし、酒を飲んで酔っていたようにも見えた。

　その夕刻、モーンは、床下でマラーやクアと、昼間のバイクの転倒について話をしていた。彼女は、「ああ。なんだってスミコがこんなことに。『彼女(*phen*)』が来てから心配なことばかり。スミコはバイクで転倒するし」と、怒った口調で言い、そこにいたマラーたちも相槌を打っていた。チャンナリーはこのとき居間にいたが、その会話を聞いていたかどうかは分からない。また、その後、彼女に変わった様子もなかった。

　上記のモーンの語りに出てきた「彼女」がチャンナリーを指すことは、話の前後から容易に推測できた。このとき彼女は、私がバイクで転倒した原因を、チャンナリーの同居に結びつけて捉えたようだった。村では、家に災いが起こると、祖霊の怒りに触れたのか、悪霊の仕業だったのかなど、さまざまに原因の追及がなされる。家に入ってきた新参者が、なにか祖霊の気に障るような行為をとったという解釈も、その1つである。上の語りでははっきりとは述べられなかったものの、少なくとも、チャンナリーが同居を始めてからモーン家に災いが降りかかるようになったとする解釈は見てとれる。

　似たような出来事が、その数日後に再び起こった。2007年12月10日の夜、モーンやカムサイはいつものように、ビデオドラマを見にクア家に行っていた。部屋にはモーンの祖母ヌピーと私しかおらず、明かりを取るために、皿にろうそくを置いて灯していた。ところが、私が翌日の料理の準備をして台所から居間に戻ってくると、ろうそくの火が近くにあった布に燃え移っていた。しかも、慌てた私が対処を誤ったため、火はますます大きくなってしまった。私はどうしてよいかわからず、高温になった皿を持ち上げようとして、あまりの熱さに叫び声をあげ、皿を落としてしまった。すると、その声を聞いたフオン（マラー家に同居している彼女の弟）がやってきて、何が起こったのかを知ると、適切な処置をして、火を消してくれた。

　しばらくすると、マラーの夫キーとモーンがやってきて、火傷をした私

の指を手に取った。そして、モーンは興奮した様子で、「(ドラマを見ていたとき)誰かの叫び声が聞こえたって周りが言うから、私はてっきりカムマイとチャンナリーがじゃれあってるんだとばかり思っていたのさ。でも、(スミコの叫び声と分かった)クアが、『いや、スミコだよ。彼女が火事で焼けちゃう』って言うから、もう驚いて」と一気に言った。そして、しばらくすると、キーと腰を下ろし、次のように話しはじめた。

　「レン(近隣の30歳代の女性)はね、(チャンナリーを)家に帰してしまえばって(私に)言ってたことがある。カムマイからは、妻を可愛がってやってくれと頼まれたけど。彼女が来てから、スミコはバイクで転倒したし、今回は火傷してしまった」。モーンは、暗い表情でそう言い、キーは、あぐらを組んで床を見つめながら、黙って話を聞いていた。チャンナリーは、そのときカムマイと一緒にクア家でドラマを見ており、この出来事を知らなかったようである。

　この事例でも、ぼや騒ぎのあとで陰口が起こり、たとえば出来事の原因がチャンナリーの同居と結びつけられたり、彼女たちが人前でふざけあっていることを暗に非難したりしている。また、この数日後には、今度はクアとマラーが、彼女たちについて、「人前でべたべたしてて、言葉を失うわ。彼らは恥を知らない。逆にこっちが恥ずかしいわよ」と言っていた。このような態度も含めて、チャンナリーに関する噂は他家にも広まっているようで、上記の発言にあるように、モーン家と親しい村びとからは、彼女を別れさせて実家に帰したほうがよいなどと言われていたのである。しかし、実際にそうすることはなく、ぼや騒ぎのあと数日たって、陰口も収まっていった。

　このように、村びとがやりすごしているあいだには、ある出来事をきっかけに、不満や憤りなどが高まって陰口が集中的に起こるときがある。ただし、そうした感情が相手にぶつけられることはなく、出来事のほとぼりが冷めると、陰口も再び沈静化していく。

6-2-4. 相手からの仕返し

　また、やりすごしていても、相手から仕返しを受けて、緊張が高まることも

ある。たとえば、モーンの祖母が死去したとき、その葬送儀礼にマウ家が欠席するということがあった。

[事例6-3]葬送儀礼における姻族の欠席

　2008年1月14日、モーンの祖母ヌピーが他界した。足腰が立たず視力も失っていたが、109歳と村一番の長寿で、前日の夜まで普段どおり食事をとり、会話もし、変わった様子はなかった。私も横で寝ていたのだが、本当に突然意識がなくなって、あっというまに逝ってしまったという感じであった。集まった弔問客らは、彼女がたくさん徳を積んだから、何の痛みもなく往生を遂げられたのだと口々に言い、モーン家の人びとも、積徳行の結果としての大往生を強調していた。[4]

　それから1月23日までの10日間にわたって、モーン家で、ヌピーの葬送儀礼が行なわれた。村びとにはすぐに情報が伝わり、遠くの親族にも電話で連絡がついたので、その日から次々と弔問客が訪れた。チャンナリーも、1月17日には実家に電話をかけ、1月20日の火葬に間に合うように来てほしいと伝えていた。

　葬送儀礼のうち火葬は最も重視される。たとえば、儀礼の日数は、何曜日に火葬をするかによって決められ、その日まで、遺体を納めた棺を家に安置しているため、米の入った料理を作らないなど、いくつかのタブーを守らねばならない。そして、火葬の前の晩に、死者の霊魂を呼び出して供物を送ったあと、翌朝に棺を火葬場まで担いでいって遺体を焼く。その後、食物タブーが解かれ、米を使った料理で参列者をもてなす。このように、火葬は葬送儀礼の重要な節目であるため、村びとは、死者が出ると、遠方にいる親族も火葬に間に合うように日程を組む。

　ところが、チャンナリーの両親は、弔問にやってこなかった。モーンとカムサイは、マウ家が欠席したことについて、「来なくたって構わない」と言っていたが、敢えて無関心を装っているようにも見え、相手との関係を

---

[4] ヌピーの死を、モーン家にとっての災厄として、チャンナリーの同居と関連づけることも可能ではあろう。しかし、この件については、モーン家をはじめ村びとたちから、そういった話を聞いたことがない。また、私はさりげなくモーンにたずねたこともあったが、「『誰が』新しく来ようが、おばあちゃんの死とは関係ないよ」と言っていた。

期待していないことを示しているようであった。

　姻族であれば、火葬はもちろん、人生儀礼や年中儀礼に出席することが期待されている。そのとき調理や供物づくりの手伝いをすることが多いが、そうでなくても、まずは参加することが、姻族関係にとって大切である。娘から日程を伝えられていたにもかかわらず、彼らが参加しなかったということは、姻族との関係を無視したことに等しい。

　モーンたちが言っていたわけではないが、あとから考えてみると、マウ家による儀礼の欠席は、3ヵ月ほど前に、チャンナリーとカムマイが結婚したときに行なったマウ家での供儀にモーンが欠席したことと関連があるかもしれない。このように、一方の側がやりすごしているあいだに、相手のほうから仕返しを受けて、対面することもないまま関係が緊張していくこともある。

6-2-5. 批判の受け流し

　また、このように姻族関係がうまくいっていなくても、チャンナリーに対して他家から批判されれば、一つ屋根の下で暮らしている限り、それを受け流すという傾向が見られる。先に取り上げた葬送儀礼において、次のような出来事があった。

　[事例6-4]他家からの批判を受け流す

　　葬送儀礼は、火葬の翌々日に骨拾し、僧侶の寄進でもって締めくくられる。それまでの期間、喪主家は、昼夜を問わず儀礼の進行と弔問客のもてなしで忙しい。日中は、調理と供物づくりをする合間に、弔問客と話をしたり、できあがった料理をふるまったり、僧侶に寄進をしに行ったりする。そして夜は、喪主家に多くの村びとが集まり、おしゃべりやトランプ遊びなどをして明け方まで過ごすため、酒、コーヒー、ジュースや菓子などをふるまう。準備する料理や飲料の量も、食器の数も多いので、調理や後片付けをしていると、甕の水はあっというまになくなる。それで、作業の合間を縫って、頻繁に水を汲みに行かねばならない。

　　そういうわけで、リーンや私はもちろん、近親や近隣の若い女性たちも

手伝いに来て、始終やすみなく動き回っていた。そうしたなか、チャンナリーの行動だけが浮いていた。彼女は、調理の下拵えを少し手伝っただけで、あとは裏階段に腰かけたり、カムマイと話をしたりしていた。当時、彼女はたびたび気持ちが悪そうにしていたので、まわりも彼女が妊娠したことに気がついていたようである。しかし、とりたてて彼女を気遣う様子も見られなかった。しかも彼女は、夜になると綺麗な洋服に着替え、髪を結い直し、化粧をして、客が集まる居間に出てきては、嬉しそうに酒と駄菓子を出し、それらを売っていた。通常であれば、喪主家の饗宴にあたって酒や飲料を売るということはまずない。彼女の行動は、子供の誕生を見据えて家を独立するための支度金を準備しているかのように見えた。

　このようなチャンナリーに対して、モーン家の人びとは何も言わなかった。しかし、彼女を見ていたまわりの人びとが、たまりかねて怒るということがあった。儀礼も終盤になると、連日の睡眠不足も手伝って、みんな疲れきっていたのだが、それでもリーンと私は、1日に30回ほど家と川を往復し、甕に水を汲んでいた。それを見た村びとたちも、冗談を言ってからかい、私たちを元気づけてくれていた。

　ところが、翌日で儀礼も終わるという2008年1月22日になって、水汲みをしている私を見たサー（モーンの近親、40代女性）が、傍を通りかかったカムマイに向かって、「カムマイ、あなたが水汲みを手伝いなさい」と厳しい口調で言ったのである。それに対して彼は、返事もせず無言のまま、バケツを掲げて川に降りていき、水を汲んできた。そして、その翌日の朝、チャンナリーも1度だけ水汲みをしていた。リーンとモーンも、その様子を見ていたが、無言であった。

　また、同日の昼間には、こんなこともあった。マラーが、用事を頼もうと外からリーンを呼んだとき、リーンは疲れて寝入っていた。すると傍にいたモーンの近親ナーイ（モーンの母方の交叉イトコ）が、リーンに代わって、マラーに大声でこう言った。「リーンは寝てるわよ。あれこれ動いて、死ぬほど疲れてるのよ。何もしてないのはカムマイの妻だけよ。彼女は、人の儀礼がどういうものかも理解していない。家に帰してしまいなさいよ」。それを聞いたマラーは、返事をしなかった。そのときモーンもそばで座っ

ていたが、何も言わなかった。

　KS村では、他家の適齢期の子供に対して、用事を言づけることはあっても、説教などはほとんどしない。そのため、サーがカムマイに怒った口調で水汲みを促したのは、よっぽどのことであった。しかも水汲みは、基本的には女性の仕事である。それを知った上で敢えて彼に向かって言ったということは、間接的にチャンナリーを非難していたと考えられる。彼もそれに気づいていたから、1度だけ自分で水を汲んだあとで、彼女にも伝えて翌日に水汲みをさせたのであろう。

　しかしこのときモーンやマラーの対応はというと、チャンナリーの批判に同調するわけでも、彼女をかばうわけでもなく、ナーイの発言を黙って聞き流しているようだった。このような姿勢は、チャンナリーがモーン家に同居していることと関係があり、次に述べるように、彼女が家を独立すると、少しずつ対応に変化が見られるようになった。

6-3. 家の独立

6-3-1. 家と家の関係へ

　ヌピーの葬儀が終わった2日後の1月25日、カムマイは、村の南端にあるクアの小屋に、遅くとも1週間後には引っ越す予定であると、モーンに話していた。その小屋は村びとたちの水田のそばにあり、クアが稲作をしていた頃に、農繁期の生活拠点として使っていたものである。ここ数年は稲作をやっていないので放置したままになっていたのだが、カムマイはそれを譲ってほしいとクアに頼んだようだった。そして、住める状態に多少の修理を加えたのち、彼は、妻とともにモーン家を出て、その小屋に移っていった。

　実質上、彼らが家を独立したことについて、モーンとカムサイは、彼らがモーン家の稲作を再開するために引っ越したのだと村びとたちに説明していた。それまでモーン家は、病気や高齢を理由に、2年前から稲作を休止しており、米は村びとや州都の市場から購入していた。こうした状況のなか、カムマイが

稲作を再開することは、モーン家にとって喜ばしいことであった。

　2008年5月下旬、カムマイは、モーン家の水牛を水田に連れていき、硬くなった土の耕起を始めた。チャンナリーも、水牛が他家の水田を荒らさないよう柵を立て、田植えや稲刈りの時期が来れば手伝うようになった。カムサイは、高齢のため稲作から引退しようと思っていたが、息子夫婦だけに任せるのも不憫だと言って、毎日のように水田に出かけ、畔を修理したり苗代を作ったり、儀礼を行なったりしていた。リーンは、公職に就いていたが、早朝、仕事に行く前に私とともに田植えや稲刈りを手伝った。また、学校が休みになると、クアの子供たちも手伝いにやってきていた。

　このように、カムマイたちが家を独立することによって、モーン家とチャンナリー家とのあいだには、労働力を出しあって稲作をし、1つの穀倉に納めた収穫米を分かちあうという、協働共食 (*het nam kan kin nam kan*) の関係が築かれることになった。

　また、稲作の協働に付随して、互いの家を行き来しあって、食事をしたり寝泊まりしたりということもなされるようになった。たとえば、モーン家の側からは、カムサイ、リーン、そして私が水田に向かい、作業の合間にチャンナリーの家で食事をとる。一方、チャンナリーたちは、一日の作業を終えると、モーン家にやってきて、夕食を一緒にとり、泊まっていった。また、ちゃぶ台を囲んで共食しているあいだも、チャンナリーは、これまでと異なる明るい表情で、出身村でやっていた稲作の経験について話し、モーンやカムサイも、それに応じて、自分たちのやり方を伝えるようになった。

　このように、家の独立によって、モーンとチャンナリーは、家と家との関係としてつきあうようになり、互いを訪問しあい、労働力や食物を交換するようになったのである。さらには、次に見るように、カムマイがあからさまに妻に文句を呈するようになったことも、チャンナリーに対するモーンたちの感情を変化させたように思われた。

[事例6-5] カムマイが妻を叱る

　2008年6月7日、モーン家の稲田で苗代づくりと播種が行なわれた。リーンと私は夜明け前に起きだして3時頃には炊飯し、家事を済ませた。そ

して5時にはカムサイを含めて3人で、チャンナリーの家に向かった。ところが、チャンナリーはまだ起きたばかりで、炊飯もしていなかった。そのとき、土の状態を見に行ったカムマイが戻ってきて、天水が足りず土が硬すぎるので作業開始を遅らせたい、先にみんなで朝食をとろうと言った。しかし妻はまだ炊飯をしていなかったので、リーンが持ってきた米飯を分け合って食べることになった。

　しばらくして作業が始まり、カムマイは苗代の代掻きと耕起にとりかかった。それが一段落すると、私たち3人に土馴らしと播種を任せて先に引き上げた。そして、ちょうど家にやってきた友人たちと酒を飲みはじめた。私たちが作業を終えて正午近くに戻ると、彼は既に酔っていた。そして、みんなで昼食をとっていると、チャンナリーに向かって次のように言った。

　「僕はね、こうして疲れて帰ってきても、水汲みをして料理を作ってるんだぞ。おまえはなんだ。なんて面倒くさがりなんだ。僕はね、疲れてしまったよ。今朝だっておまえは炊飯すらしてなかった」

　彼は怒っている様子だったが、チャンナリーも私たち3人も、黙って聞いていた。その夕刻、カムマイとチャンナリーはモーン家にやってきて、夕食を共にし、泊まっていったが、チャンナリーは食事を済ませるとすぐにクア家にドラマを見に行ってしまった。すると、それを見たカムサイは、昼間のカムマイの様子についてモーンに話した。モーンは、特に何も言わず、笑いを浮かべながら聞いていた。

　チャンナリーは、家を独立した後も、家事に熱心とは言えない様子だった。しかし、カムマイが、モーンたちにも聞こえるように妻を叱ることは、これまでなかった。それは、家分けによって、彼の小言が、彼らの家の問題として捉えられることと関係がある。モーンがそのエピソードを笑いながら聞くというのも、これまでにないことであり、家の内部の出来事でなく、相手の家の出来事として受け止めている様子がうかがえる。

　女性が家を持つことによって一人前となり、他家との関係構築の基盤に立てることは、第2章で述べたとおりである。上記の事例はまさに、家を独立し、

共同耕作を始めたことで、モーン家とチャンナリー家の家同士の関係が形成されはじめた様相を示している。そして、家間関係が確立することによって、嫁と姑の緊張も徐々に解れていくのである。

　また、家の独立後、姻族との関係にも多少の変化が見られるようになった。彼らが転居した後、SY村に住むチャンナリーの姉夫妻が、モーン家のトウモロコシを買いに来たことがあった。彼女たちは、川をカヌーで渡って妹の家にやってきては、トウモロコシが熟す時期について聞いていたらしい。そして、彼女たちがモーン家にやってきたとき、モーンは、中洲の畑に行って自分たちで挽いできてくれるのであれば売ると言った。通常であれば、彼女は必ず自ら出かけて収穫し、良いものを選び、相手によってはおまけもして、村びとに売る。しかし、チャンナリーの姉に対してはそうしなかった。その点、通常とは異なっていたものの、それまで一度も来たことのない姻族が、モーン家の作物を好んで買い求めるということに、彼女は嬉しそうだった。

6-3-2. 子の誕生に伴うもめごと

　このように、家の独立を節目に、姻族との関係は、今までに比べればはるかに良くなっていた。しかし、姻族関係は常に不安定さを抱えており、次に見るように、子の誕生をめぐる出来事によって、再び緊張が高まってしまう。

　一般的に、双系親族における子の誕生は、姻族関係を安定させる契機となると言われており、チャンナリーたちの場合でも例外ではない。2008年9月14日、ラオ人の助産婦の手を借りて、チャンナリーの娘メイが誕生した。その日は、陰暦の上弦15日という吉日にあたったこともあり、モーン家をはじめ、クアやマラーたちも喜んだ。村びとは、子孫の誕生を身近な親族の転生であると考えることが多い。それは、親族の死と子の誕生の時期が近かったり、夢で死者が生まれてくる子の家に入っていったり、あるいは子の仕草などから判断される。また、誕生した曜日や日にちなどから、占い師に見てもらうこともある。メイの場合は、吉日に生まれ、仕草がヌピーに似ていることなどから、ヌピーの生まれ変わりであるとされ、モーンたちも嬉しそうだった。

　ところが、出産直後の慣習をめぐって、もめごとが起こった。KS村をはじめ、ラオでもクメールでも一般的に、出産直後の女性が「火の上で寝る（*noon yuu*

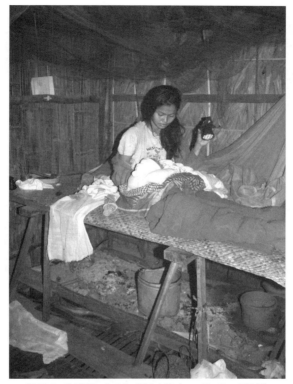

[写真6-1] 産後に火の上で寝る女性（2008年9月19日撮影）

theng fai)」あるいは「業にいる (*yuu kam*)」と呼ばれる慣習がある。寝台を高くして、炭火を焚き、その上で寝るのでそう呼ばれる [写真6-1, 6-2]。産婦は出産のときに血を流すため、皮膚が臭く、身体が重い。火の上で寝ることで、皮膚がきれいに、身体が軽くなるという。その期間は長ければ長いほど良く、KS村の場合は、少なくとも半年は必要であるとされている。チャンナリーによれば、SY村のクメール人は、長くても3日で火から降りるというが、彼女は「でも、ここ (KS村) だと何日でも構わないし、長ければ長いほど良いって言われてい

5　40代女性ヌパンによれば、昔は、現在のように寝台を作ってまさに火の「上」で寝るのではなく、床に茣蓙などを敷き、傍らに炭火を焚いて寝ていたという。火の上で寝る方式は、クメール人と接触するようになってから導入されたのではないかという。ただしその期間は現在でもクメール人よりも長く、そのあいだの食物タブーなどもラオの慣習に拠っている。

［写真 6-2］寝台の下に炭火が焚かれる（2008 年 9 月 19 日撮影）

るから」と言って、ラオ人の助産婦の話を聞いて、KS 村のやり方に従っていた。

　しかし、チャンナリーの母親マウは、ラオの慣習を快く思っていなかった。そのため、娘を早めに火から降ろさせた。そればかりか、「業から出る (ook kam)」と呼ばれる、火から降りる儀礼の日に、娘と生まれたばかりの孫を SY 村に帰省させたのである。そうした行動に驚いたカムマイはもちろん、その後しばらく、モーン、クア、マラーたちの家々のあいだで、マウ家についての陰口が一斉に沸きおこり、他の村びとにも情報が伝えられていく中で、姻族関係が緊張してしまう。

　［事例 6-6］儀礼と帰省をめぐる姻族間の緊張

　2008 年 9 月 19 日、チャンナリーの家で、「業から出る」儀礼が行なわれた。それは、産後の穢れを祓い、火の上から降りて通常の生活に戻るための儀礼である。その際、一般的には妻方の母親が客を招待し、彼らから木綿糸を母子に結びつけて健康を祈ってもらうのだが、チャンナリーの場合は夫方の村にいるため来訪者は少なく、モーンの近親たち数名程度であった。

第 6 章　姻族関係の緊張と変容

　それでも、当日は、客にふるまう粥を準備するため、夜明け前に、モーン、リーンと私でチャンナリーの家に向かった。その前日から彼女の両親も来ていたのだが、カムマイが刺網漁に出るのを見に行っていたので留守だった。

　儀礼が始まると、準備した粥と酒を客にふるまった。マウの夫は上機嫌で、笑い声をあげながら村びとたちと話していたが、マウのほうは無言のままで、モーンが話しかけても返事すらろくにしていないように見えた。しかも粥を3～4杯食べたあと、炊事場にやってきて、そこにいた私に、粥の鍋を温めなおすように言った。そして、煮立つのを待って、鍋に残っていた粥をたいらげてしまった。そうした彼女の行動に、私は内心驚いたが、言われるがままに鍋を温めるだけで、何も言わなかった。また、そのときリーンも私のそばにいたが、表情を変えることもなく黙っていた。しばらくして、昼前には儀礼は終了し、客が帰ったあとで片付けをして、私たちも帰途についた。モーンやカムサイも、特に変わった様子はなかった。

　ところが、その2日後の9月22日、カムマイがモーン家にやってきて、先日の儀礼のあと、マウが、療養をさせるからと言って妻と娘を帰省させてしまったと言った。そして、腹を立てている様子で次のように言った。

「僕の妻の母（マウのこと）は、彼女を火の上で寝かせようとしなかった。僕が火を綺麗に焚いているのに、彼女の母はそれでも気に入らないようで、彼女を降ろしてしまった。それに、療養のため（連れて帰る）って言ってたけど、一向に戻ってくる気配がない。どうなってるんだ。次の土曜日（5日後）になっても戻ってこなかったら、僕はもう彼女を（家に）迎えない（彼女と離婚するの意）」

　すると、それまで黙って聞いていたモーンが、「（マウ家がメイを）連れていくなら、それはそれで。他人の子（luuk khao）なんだから。クメール人だし」と大声で言った。そして、傍にいたカムサイも、「彼女（チャンナリー）の両親は良くない。（メイを）連れていくなら連れていけばいいさ。カムマイはまた別の妻をもらえばいい」と言って、マウ家を批判し、離婚についても賛成していた。さらにリーンも、「チャンナリーの母は良くない（bo dii）。儀礼の日だって、彼女は私の母さんと一言も話さず、母さんを無視していた。やたらと粥を食べていたし、どこか変だった。（チャンナリーの）

具合が悪いから療養させるって言ったみたいだけど、もうここに彼女を居させないつもりかもしれない」と私に耳打ちした。

　チャンナリーは火の上で寝ているときに、上半身に発疹が出てしまったが、彼女自身はラオの慣習に従って半月はそのままでいようと考えていた。それでカムマイも、炭火を焚き続けていた。発疹が出るのは珍しいことではない。2008年9月21日に男児を出産したシヌアンも、4日後から背中や首を中心に発疹していた。しかし、彼女は、「火に当たると私の皮膚はこうなってしまうけれど、火に当たらないといけない。飲み物も熱いものでなければならないから、発疹した部分がさらに痒くなってしまうけれど」と言って、火から降りることなく、半月間その状態で過ごした。

　ところが、チャンナリーの母は、娘の発疹を見ると、火の上で寝る慣習のせいだと怒り、すぐに彼女を降ろさせた。SY村の場合は、期間が短いのに加え、近年では、身体に悪影響があるとして、火の上で寝ないようにもなっている。チャンナリーは、KS村のラオのやり方に従おうとしたが、母親の意向も無視できず、結局4日間で降りてしまった。

　上にあげたカムマイの文句は、こうしたラオの産後の慣習を否定したマウ家に対する批判のようにも思えた。また、彼の発言に触発されて、彼の父母や妹も、マウ家に対して一斉に陰口をしていたが、それは、チャンナリーがその場にいないこと、および、彼女の夫も不満をもらしたことが関係している。そして、儀礼の日のマウの行動については、モーン家との今後の関係を期待していない結果と捉えられ、離婚という選択肢にも言及された。

　さらに重要なのは、子供の帰属であった。KS村では一般的に、子供は、妻方居住であれば妻方に、夫方居住であれば夫方に帰属する。たとえば、カムサイの妹ソーイの息子サヴィの例がある。彼は近隣村の女性と結婚したが、KS村の警察官という仕事の都合上、村を離れられなかった。妻に夫方居住を提案したが、断られたため、別居状態が続いていた。彼らには子供が1人おり、妻方で暮らしていたが、数年後に離婚することになったとき、サヴィの両親は孫を欲しがった。しかし、妻方との話し合いで合意に至らず、子供は妻方に帰属したままとなった。このように、子供の帰属は、基本的には居住地に準ずる傾

向にある。

　こうした点に鑑みると、マウがメイを連れていったことは、夫方に帰属するはずであった子を、妻方に不当に奪われたも同然である。マウ家にはチャンナリーの他に娘が2人いるため、マウ家の相続にメイが必要というわけではなさそうだった。モーン家にも末娘リーンがおり、また、家分けしたクアが数年先には両親と再び同居し、生涯にわたって面倒を見る予定になっていた。そのため、メイはモーン家の相続ともあまり関係がなかった。しかし、子供は、生業を支える労働力となるのはもちろん、両親や祖先を供養し、功徳を送り続けるために不可欠と考えられている。ましてやメイは、ヌピーの生まれ変わりと信じられていたのである。滅多に他家の悪口を言わないカムサイが、チャンナリーの両親は良くないと言ったのも、相手の行為が不合理であったことを示している。

　この出来事を人づてに聞いた村びとたちも、「カムマイの妻の両親は子供が欲しかったのではないか。こっち（KS村）には居させたくなかったのではないか」（カムコーク、70代後半の女性）などと噂していた。

　またモーンは、「他人の子」、「クメール人」だからといって、メイを突き放すような発言をしていたが、そこにこそ、孫への執着が表れている。10月1日には、クアが、シエン（モーンの弟）の娘タエと比較して、「カムマイの娘（メイのこと）は可愛くない。タエは白くて可愛いけど、メイは黒くて可愛くない」と言ったことがある。そのときモーンは顔色を変えて、「クゥオイの子供、クゥオイの子供さ。卑しいクメール人のね。可愛いはずがないでしょう。ラオ人とは違うんだから。クメール人、クゥオイ人さ」とクアに言い返していた[6]。また、10月12日には、台所でモーンと調理をしていると、彼女が、夭折した自分の子供たちは美しかったという話をした後で、メイに言及し、「でもいいよね、黒くたって、自分の息子の子供だものね、ね、スミコ」と言った。このような発言からも、モーンの孫への愛着が見てとれよう。

　この出来事でもう1つ強調すべき点は、盛んに陰口をしたにもかかわらず、マウ家に働きかけることはなく、結局はやりすごすという姿勢である。それは

6　クゥオイは、字義どおりにはストゥントラエン州に居住する少数民族を指す。しかし上記の語りの文脈では、相手を侮辱する表現として用いられている。

たとえば、「カムマイはまた別の妻をもらえばいい」というカムサイの発言に顕著である。メイが妻方に行ってしまっても、それはそれで仕方なく、話し合いや抗議をすることもない。その代わり、カムマイがチャンナリーと離婚し、別の女性と結婚して、新たに子供をもうければよいというのである。後日、2008年10月17日に、カムサイが妹の家を訪れたとき、この出来事について聞かれたが、そのときも彼は、「どんな力があるっていうんだ、私たちに。ただいるだけさ」と答えていた。また、モーンもリーンも、陰口はするものの、訪問したり話し合いを持とうなどとは考えておらず、相手の出方をうかがって待っているように見えた。

　こうしたやりすごしの姿勢は、もめごとへの対処法として村びとに共有されている。たとえばそれは、村びととの会話においても明らかである。10月2日、モーンとカムサイと私は中洲の菜園に出かけた。すると、そこの菜園の耕起を頼んでいたメン（30代男性）が、先に小屋に来て休憩していた。そこで私たちはそのまましばらく話をしたのだが、カムマイとチャンナリーの話題になると、カムサイが、「（チャンナリーとメイが）死んでしまうのなら、それはそれで（いい）。（カムマイは）新しい人をもらえばいいさ」と言った。そのときモーンも、「(KS村の家に戻って) 来るなら見てあげるけど、来ないなら、それはそれでいい」と述べた。それを聞いたメンは、「そうさ。私たちがそんなに苛立ってもしょうがない。（マウ家に）行くなら行けばいいし、来たなら来たで、面倒を見てやればいい」と言って同調した。この会話からは、もめごとに対して積極的に働きかけることなく、相手の出方を見ながら柔軟に対応すればよい、それまで待っていればよいという姿勢が、村びとに共有されていることが見てとれる。

6-3-3. 帰宅後の変化

　さらに言えば、やりすごしの姿勢は、成員が家を出入りすることと関連している。どんなに惜しく、腹立たしくても、家を出ていった者を追いかけたり攻撃することはない。一方で、家にやってきた者は、多少の不満があろうとも、共食をし、養う。上記のモーンやメンの発言からは、このような家を境界とするやりすごしのあり方が示されている。それは、次に見るように、チャンナリーとメイが家に戻ってきたときに、ぴたりと陰口がやみ、モーン家の人びとが、

彼女の体調を気遣い、メイの養育を手伝うことからも明らかである。

[事例6-7] モーン家での養育
　10月20日、チャンナリーとメイがKS村の家に戻ってきた。SY村に帰省してから、ちょうど1ヵ月が経っていた。そのあいだ、チャンナリーは夫のもとに戻りたいと言って何度も泣いていたという。それで、見かねた両親が、2人を迎えに来るよう、息子にカムマイを呼びに行かせたらしい。
　モーンたちは文句を言うこともなく彼女たちを受け入れ、メイを抱きかかえては嬉しそうにあやしていた。それから2人は、体調が回復するまでのあいだ、モーン家で生活することになった。
　そのとき明らかに以前とは異なることが見られた。モーンが、チャンナリーをかばうようになったのである。たとえばこのようなことがあった。カムマイは、妻の体調が良くなってくると、育児の方法について彼女に小言を言った。その頃、メイは発熱や咳を繰り返し、夜中もほぼ1時間おきに不調を訴えて泣いていた。2008年12月5日のこと、私がモーンと台所で調理をしていると、居間でカムマイが妻に小言を言っているのが聞こえてきた。彼は、妻が娘の衣類を川岸に置いたままだから、娘の体調がよくならないのだと叱っていた。それを聞いたモーンは、「カムマイの妻はやり方を知らない（だけな）んだよ。幼児の衣類は洗濯したら必ず部屋にしまわないといけない。川岸に放っておくと、その子の体調が悪くなってしまう。いや、彼女ではなくて、彼女の両親が（そうしたやり方を）知らないのさ」と私に言った。そして、ほらねという顔をして、「カムマイの妻は、どんなに彼が叱ったとしても、全く言い返さないんだ。黙って聞いている」と言って、チャンナリーの姿勢を褒めていた。

　2人がKS村の家に戻ってきたことによって、マウ家への陰口は止み、彼女たちの世話までするようになった。もちろんそれは、独立した家と家のあいだの扶助である点で、結婚当初の同居とは異なっている。実際、カムマイは自宅とモーン家を行き来しており、夕飯をモーン家で食べたあと、自宅に帰って眠り、早朝には漁にでかけ、とれた魚を持って再びモーン家にやってきていた。

またチャンナリーも、家が気がかりなので、早く回復して家に戻りたいと言っていた。こうした家と家の関係にあるからこそ、モーンは彼女をかばうようになったのかもしれない。上記の発言で、育児に関する彼女の行為は、彼女自身の失敗ではなく、マウ家との慣習の違いと解釈されている。しかも、夫の小言に反発するでもなく無言で受け止める彼女の姿勢も評価されている。

6-3-4. 他家による解釈とハック・カン

ただし、モーンやチャンナリーが、互いの関係について形容するのは聞いたことがない。ハック・カンの間柄が、感情表現の交換ではなく、具体的な物や人、労働力のやりとりで示されることは第2章で述べたとおりであるが、それと同時に、家間関係の良し悪しは、他家の解釈によって社会的な輪郭を与えられていく。この点について最後に簡単に述べておきたい。

たとえば、私が日本に帰国したのち、再びKS村を訪れたとき、村の40代の女性との会話の中で、彼女がモーンとチャンナリーとの関係について次のように言っていたことがある。

[事例6-8] 他家の解釈によるハック・カンの間柄

2010年12月26日、私が村を散歩してニー家の前を通りかかったとき、ニーが床下のハンモックに座って、子供をあやしていた。彼女に呼び止められたため、私も一緒に腰を下ろして、おしゃべりをしていた。しばらくすると、その前をカムサイが自転車をよろめきながらこいで通り過ぎていった。その姿に思わず私は彼をからかい、「私のお父さんは、ずいぶんと歳をとったね」とニーに笑いながら言った。すると彼女が、「子供たちに稲作でも何でもやってもらえばいいのよ」と言うので、私も、「そうね。カムマイたちがやるもんね」と応じると、彼女はさらに、チャンナリーについて次のように言った。

「カムマイの妻はすごい。ものすごくうまい。仕事がうまいんだよ。物を売ったり、稲作に畑作、田植えに畑植え (*het naa het hai dam naa dam hai*)[7]。す

---

7 畑植え (*dam hai*) というのは、田植えと韻を踏む表現であり、意味を持たないが、会話に抑揚をつけるために村びとがよく使う。

ごいよ。(食べ物が) 足りないとなれば、(自分たちでとった魚などを売って、その お金で) 他の人の物を買うことができる。物を売るのがうまいんだ。(販売す るという行為について) どんなに悪口を叩かれようが、あの子は怒らないよ。 怒らずに、魚がとれれば村びとに売る。たとえカムマイの親族であっても 売るんだ。ンー (言葉を選んでいるときの表現)、以前はね、あなたのお母さ ん (モーンのこと) は彼女のことが気に入らなかった。でも今はうまくいっ てる (*thuuk kan*)。ハック・カンだよ」

　チャンナリーは、体調が回復してくると、メイをモーン家に預けて、カムマ イとともに漁撈に精を出すようになった。明け方には魚を抱えて川岸から上が ってきては、まずは村内で買い手があれば売る。そのあと、バイクに乗って州 都の市場へ行き、売りさばいてくる。そして昼頃に戻ってくるなり、今度は午 後から寺院の前に屋台を出して、かき氷やシロップジュースを売っていた。KS 村では、販売は、贈与に比べて否定的に捉えられることが多い。そもそもチャ ンナリーの出身地SY村では、農作物、果実、魚類など、何でも売買している と噂され、良い印象を持たれていなかった。ところが、モーンがチャンナリー をかばう発言をし、それが村びとに広まったのか、上記のニーの語りにあるよ うに、彼女のあまりにも潔い販売行為に、肯定的な解釈がなされるようになっ たのである。

　この会話の数日後に、私はモーンからも似たようなことを聞いた。彼女は 「人から何を言われようが、気にせずに売る。魚がとれれば、村びとにも、夫 の親族にすら、売るんだ。SY村の慣習さ」と言って笑っていた。上述したニ ーによる評価は、このようなモーンの見解が反映されたものと考えられる。

　また、ニーが「でも今はうまくいっている。ハック・カンだよ」と述べてい たことも重要である。ハック・カンの間柄は、こうした噂の中で、他者の解釈 によって、固められていくことがある。しかし、だからといって、姻族関係の 緊張が払拭されたわけではない。それは、将来的に再燃する可能性を常に抱え ている。他者からハック・カンだと言われるようになっても、モーンがチャン ナリーとの会話で親族名称を用いることはなく、彼女をからかうのも、私の知 る限り見たことがない。また、モーン家の人びとがマウ家を訪問したり、食物

をあげている様子も見られなかった。

　上述してきたように、非友好的な姻族との緊張は、時間が経過する中で、家の独立、子の誕生といった節目とともに、徐々に緩和されていく。しかしそれによって、これまでにあった緊張、対立が完全になくなるというのではない。そうしたネガティブな感情が家の中にとどめられ、文脈に応じて、より良い関係を築きうる選択肢を人びとが選び取っているのである。

6-4. 小括

　本章では、姻族間の緊張を事例として取り上げ、非友好的な他者との関係の築き方を検討してきた。事例では、そりのあわない他者が同居を始めたときの対応、家の独立による緊張の緩和、子の帰属をめぐる緊張の再燃といったように、家の出入りに応じて、出来事が展開していった。ここでそれらを総合し、これまでの要点を整理したい。

　まず、同居におけるやりすごしについてである。それは、「だんまり」で「ただいるだけ」と表現される、もめごとを放置する姿勢である。緊張関係にある相手に対して、怒りや不満をぶつけることも、関係を改善しようと働きかけることもない。ただし、文字どおり全く何もしないというわけではない。事例において、やりすごしながら微妙に関係が変化する様子を記述してきたが、それは、やりすごしが関係を動かす可能性を持つことを示唆するものである。つまり、やりすごしながら人びとは、陰口をはじめ、接し方を変える、重要な儀礼に欠席するなど、消極的なやり方で相手に感情を示すのである。とりわけ陰口は、ある出来事を機に一時的に激しく盛り上がり、ほとぼりが冷めると、ふたたび落ち着く。人びとは、そのように感情を少しずつこぼしながら、相手の出方をうかがっている。こうした姿勢に、関係を暴力的に壊したり、疎遠になるといった最悪の状態を避け、他者を受け入れていく包容力を持ったラオ人の対人関係のあり方が示されている。

　また、事例の記述においては、ラオ人の関係構築が、家の独立や境界と関連することを強調してきた。やりすごしを続けている限り、関係は平行線をたど

りがちである。そのときに重要となるのが、家の独立であり、子の誕生であった。家の独立によって、家と家との関係として位置づけなおされ、他家とのやりとりと同じように、労働力や食物を交換するようになったわけである。

　また、子の誕生とその帰属も姻族関係を安定化させる重要な契機であった。この点については先行研究でも指摘されてきたとおりであるが、本章ではさらに、それを家の境界の問題として捉えることを強調してきた。もしも嫁と孫が家を出ていくならば、暴力に訴えるなどということはもちろんなく、話し合いもせず、そのまま放置して別の選択肢を考える。もしも彼らが家に戻ってくるならば、不満や憤りはひとまず保留して相手を養う。つまり、家を出るのか戻ってくるのかが、人びとの行動選択に重要なのである。その際、自分たちも複数の選択肢を用意しながら、相手の出方を待つ。このように見ると、家は物理的な境界を持つ家屋であると同時に、状況に応じて変わりうる対人関係の、社会的な境界でもあると言えよう。

　また、当事者ではなく、周囲がハック・カンの間柄を補強していくという点も重要である。村びとたちは、噂を聞いたり、様子をうかがったりする中で、当事者たちの関係についてさまざまに解釈する。それが、当事者の発言に影響を受けたものであることも少なくないが、そのこと自体、当事者がその時点での関係のあり方を社会的に認めてもらおうとする行為であるとも言える。このように、ハック・カンは、噂や社会的な評価とも深く結びつけられながら築かれていくのである。

終論

　本書では、KS村における現地調査に基づき、カンボジアのラオ村落における対人関係のあり方について、家間関係に着目しながら記述してきた。人びとは常に、どこかの家と強く結びつき、どこかの家とは多少なりとももめごとを抱えている。そのようなとき、関係を一時停止させた状態で様子を見て、複数の選択肢を考えながら、相手の反応をうかがっている。徐々に関係が修復することの方が多いが、中には長期にわたって修復が見込めないこともある。本書では、このような関係構築のプロセスを見るために、家の内側から家間関係を捉えてきた。

　調査において私はモーン家の「娘」となり、村びとたちの日常に寄り添い、ありふれた行為や会話、人びとの心情やその変化についても、できるかぎり汲み取るよう努めた。1年半という短い期間ではあったが、こうしたミクロな事象を参与観察の中心に据えた点にも本書の特色がある。

ハック・カンの間柄ともめごと

　ここで、これまでの事例を踏まえ、家間関係から見たラオ村落の対人関係の有様について若干の検討を行ないたい。まず本節では、第2章と第3章で述べた、ハック・カンの間柄とその流動性という、本書に通底するテーマの1つについて、第4章以降の具体例を通し、改めて整理する。

　KS村は、家間関係の連なりによって成り立っている。出自集団や社会組織といった強い結束はなく、村びとは、家々とのあいだにハック・カンの間柄を築き、信頼と期待をかけあう。そのためには、家の訪問とおしゃべり、食物の贈与、労働力の提供など、継続的な交換が必要であり、そうすることで、互い

の成員を養い、悪評からもかばいあう。

　村びとはしばしば、食物交換を「心を贈りあう (*son cai kan*)」ことと言い換える。食物を贈ることは、相手を養うことであると同時に、互いに嬉しくなる (*sabaay cai*) ことであるという。それは、これまで記述してきた事例からも分かる。たとえば、第3章で、緊張関係にあった相手が発酵食品の購入にやってきたという例をあげた。そのときモーンは、交換を停止していた相手が、自分の手製の料理を求めにやってきてくれたことに喜び、渡された現金を頑として受け取らなかった。そして結果として食物を交換することになった。また、モーン家とブンニー家が食物交換を停止し、陰口しあっている事例も取り上げたが、そうした状態のとき、行き来のないことを寂しく感じている様子も見てとれた。このように見ると、食物の交換や家の訪問は、相手を気遣い、良い関係を維持しようとする、まさに心の贈りあいであると言えるだろう。

　これまでの先行研究では、血縁にとらわれない緊密な関係を、双系的な親族の形態や、その概念の広さによって説明してきた。たとえば中田は、ラオス農村における非親族とのつながりを、「ピー・ノーン」という親族の概念に求めている［中田2004: 66-67］。KS村においても、親族の概念はキョウダイ関係を意味し、広がりを持つ。しかし、人びとにとっては、概念が先にあるのではなく、交換こそが重要である。こうした観点から、本書では、家と家の日常的な相互行為に着目することで、村びとがどのように他者や異なる考え方を受け入れていくのかについて見てきた。確かに、親子、キョウダイ、イトコなどの近親のあいだのやりとりは、比較的頻繁である。しかし、それは血縁が近いからというよりも、むしろ交換が頻繁だからこそ血縁関係が強化されるのである。また、交換によって、非親族が親族のように扱われることも少なくない。

　ただし、ハック・カンの間柄は、もめごとによって揺らぎやすい。それが交換の継続によって成り立っているがゆえに、交換が停止されると、弱まってしまうのである。村落生活においては、財をめぐる競合や、生業に成功した者への妬み、子供の帰属に関する軋轢、僧侶に気に入られようとする張り合いなど、さまざまなもめごとが起こる。それらは、通常は表面化しないのだが、ある出来事をきっかけに、問題の一端があらわになり、家間関係に緊張が走る。

　そのようなとき、人びとはどのような対応をとるのか。人びとにとって最悪

な状態は、相手との関係を「捨てる (*thim*)」ことである。それは、ハック・カンの間柄の対極にあると言ってもよく、暴力的に関係を壊してしまったり、完全に関係が疎遠になることを意味する。村びとは、このような最悪の状態をできるかぎり回避しようとするので、もめごとが起こった場合に、交換をいったん停止し、やりすごすという方法をとることになる。そして、出来事のほとぼりが冷めるのを待ち、相手の出方を見ながら、好機がやってきたら、少しずつ交換を再開していく。ただし、第3章で取り上げたモーン家とドゥアン家のように、もめごとが次から次へと起こって、なかなか関係が修復できないこともある。また、第5章で取り上げたモーン家とサマイ僧侶のように、やりすごしながら交換の相手を替え、関係が先細っていくこともある。

　序論で言及したように、東南アジアの双系親族社会に関する先行研究では、個人的な二者関係か集合的結合か、すなわち個人か社会かで村落を理解しようとする傾向があった。たとえば、労働交換や相互扶助は、個々人の合理的な理由に基づいてなされ、利害の消滅とともに淡泊に関係が切られるか [重冨1995; 谷川1998, 1999]、村落の連帯や社会組織の形成に結びつくとされた [重冨1996a, 1996b; Evans 1990; Ireson, R. 1996; Taillard 1977]。このような個人と社会の二項対立的な議論から脱し、家に着目することで双系親族社会を捉え直そうとしたのが、ジャネット・カーステンである [Carsten 1997]。彼女は、マレー村落における家々が、土地や水などを共有し、家の訪問、料理の分配、相互扶助などを活発に行なう様相を示している [ibid.: 163-166]。さらに、こうしたやりとりこそが、「関係を持つこと (relatedness)」を生み出し、村落を支えていると指摘した [Carsten 1995, 2000]。このような家間関係への着眼によって、個人や共同体の利益、維持存続にとらわれない、双系親族社会の理解が深められてきた。

　本書は、このような議論の延長上にあるとともに、さらに、良好に見える家間関係の水面下で起こっているもめごとや、ハック・カンの間柄が弱まっていくという側面にも着目することの重要性を指摘してきた。ネットワークの切断について論じたマリリン・ストラザーンによれば、従来の研究において、双系親族は諸関係のネットワークを切らず永遠につながっているかのように捉えられてきた。しかし、人びとは常につながりを維持しているわけでなく、ある時点では関係を停止している。つながっているように見えるのは、時間を経たあ

とに関係が再開することが多いからである［Strathern 1996: 528-530］。本書で記述した事例でも、もめごとによって交換が停止され、しばらく経ったのちに、ハック・カンの間柄がつくりかえられていた。ある家との交換が停止されるからこそ、別の家との関係が強まったり、逆に、そういう可能性がどの家にもあるということを、村びとが経験的に知っているからこそ、日頃から頻繁に交換をして、相手との関係をつなぎとめたりするのかもしれない。このように、ハック・カンの間柄は、親密さと緊張をあわせもっており、その時々の文脈によって、一方に強く傾きながら、常につくりかえられているのである。

やりすごしの意味

　このような家と家の二者関係をはりめぐらせながら、日常のさまざまな事柄に対応している人びとにとって、関係を「捨てる」ことは極力避けたい。将来的な修復が見込めなくなるほど関係を壊してしまったり、知り合いでもなかったかのように疎遠になるのは、最悪の状態である。それを回避しようとするため、人びとは、もめごとが起こった場合に、やりすごすという姿勢をとることになる。

　人びとは、対人関係において、怒り、悲しみ、恥など、ネガティブな感情をもたらす出来事に直面したとき、「だんまり」で「ただいるだけ」と言って、緊張関係にある相手に文句を言ったり暴力をふるったりすることも、関係を修復するために積極的に行動を起こすこともない。一見すると消極的に思えるが、このようなやりすごしこそが、もめごとへのより良い対処法なのである。

　本書では、いくつかの事例をあげて、この点を繰り返し強調してきた。たとえば、第3章では、度重なるもめごとの結果、複数の家間で次々と交換が停止されていったが、どんなに腹を立てていても、不満を抱えていようとも、直接的な行動には出ていなかった。また第4章では、食施を怠る人びとに対して、陰口は盛んに起こっているのに、面と向かって問いただしたり、食施を促すことはなく、その結果として、僧侶の空腹が改善されないまま放置されていた。そして第5章では、村びとと僧侶の関係において、還俗をめぐってすれ違いが

おこり、話し合いがなされないまま、交換の相手を替えていく様子について記述した。そして、第6章においては、家の中に他者がやってきたときにどう対応するかについて述べた。他家との関係と異なり、相手と常に顔を突き合わせている状況にあったのだが、そこにおいても、小言をぶつけることも、他者からの批判に動じることもなく、やりすごしていたわけである。

　もちろん、やりすごしが、硬直してしまった家間関係を劇的に変化させることはない。僧侶の空腹が放置されてしまっていたように、問題は宙ぶらりんになったままのことが多い。また、やりすごしていれば将来的に関係が修復できるという保証もない。そのため、やりすごしは、問題の解決という観点からすれば、非常に消極的な方法であるだろう。しかし、それは調査地において積極的な意義を持っている。

　やりすごしによって目指されているのは、家間関係を元の状態に戻すことではなく、関係を壊したり、疎遠になるといった最悪の事態を避け、将来的に関係が修復できるよう、可能性を開いておくことである。それは、「だんまり」で「ただいるだけ」の理由として人びとが説明する概念からも見てとれる。彼らはしばしば、「面倒くさい（キー・カーン）」からやりすごすと語る。「面倒くさい」というのは、そのとき行動をとると、対人関係にさらに悪い事態を招きかねないため、敢えて行動を控えるという意味あいを持っている。つまり、どれくらいの時間を必要とするかは分からないものの、すぐに行動を起こすよりも、ほとぼりが冷めるのを待ち、相手の出方をうかがいながら、交換を再開できるタイミングを待っているほうが、関係の修復に見込みが持てると考えられているのである。

　このようなやりすごしが対人関係に重要であるのは、カンボジアのラオ村落に限ったことではない。たとえば、同じく双系親族社会であるマレーシア・ケダ州のマレー村落でも指摘されている。板垣明美によれば、権力の序列構造も体系だった組織もない村落において、もめごとは、白黒を明確にする解決ではなく、将来的な当事者の納得をめざして、あいまい化されるという。彼女はそれを、現地の人びとが、問題の構造を理解した上でとる「戦略的あいまい化」と呼んでいる［板垣 2003: 120-121, 125］。マレー村落の人間関係が、問題をあいまいにする技法によって支えられていることは、本書にも共通する。

ただし、いくつか社会的文脈の違いも見られる。たとえば、ケダのマレー村落では、ボモと呼ばれる民間治療師がおり、もめごとが起こって、当事者の身体に何らかの異変が生じたときに、彼のもとに行って診てもらうという選択肢がある。彼は、占うことで、もめごとの原因を知るが、その核心部分はあいまいにして、これ以上の対立を生まないようにする。その代わり、患者たちに治療の方法を告げたり、関係修復のための儀礼を指示したりする［板垣 2003］。
　カンボジアのラオ村落にも民間治療師はおり、問題の原因を個人に特定しない方法で、対人関係の緊張を和らげようとすることもある。しかし、人びとが彼のもとに行くのは限られており、ケダのマレー村落のように、誰もがとりうる選択肢として捉えられているわけでもない。ラオの人びとにとっては、むしろ、ありふれた日常に展開するやりすごしに、比重が置かれているように思えるのである。また、人びとは、必ずしも問題の構造を把握した上で主体的に動いているわけではない。その先の関係が実際どのように動いていくかは、人びと自身も確信は持てないながら、策を講じるよりも、やりすごしこそが、家間関係の修復に向けて、複数の選択肢を残しておける方法であると、経験的に知っているのである。
　第3章で、モーン家の四男ライが離婚した事例を取り上げた。モーン家の人びとは、事の詳細を息子にたずねることもなく、噂を通して大まかに把握したのみで、出戻った彼と何事もなかったかのように、いつもどおり接していた。そのころ、カムサイが次のように私に言っていたことがある。「母さんも、ただいるだけ、父さんも、ただいるだけ。ただいるだけでいるうちに、そのうち仲が戻るんじゃないかな。もしライが復縁するなら、そうしたらいい」。そして、実際ライは1年半後に復縁し、妻方の家に戻っていったのである。カムサイはライに話をしたわけではないが、息子に子供がいることや、相手方の両親の姿勢など、いくつかの状況を考えあわせ、これまでの経験に照らし、やりすごしていく先に、関係修復の見込みが持てるのではないかと期待していたのである。このように、やりすごしは、人びとの経験知に基づく、もめごとへの対処法であると言える。

陰口

　ただし、やりすごしといっても、文字どおり何もしないわけではない。たとえば、陰口は頻繁になされている。それは、複数人が集まるところではどこでも生じうる、ありふれた事象ではあるのだが、人類学的研究において、単なる愚痴や無駄話を超えて、積極的な意義が見出されてきている。たとえば、クリスタ・ヴァン=ヴレートによれば、現地の人びとは、複雑で偶発的に起こる日々の経験に、陰口を通して、ある一貫性を見出し、出来事や社会関係を理解しているという［Van Vleet 2003: 491-492］。また、ニコ・ベスニエーによれば、陰口で語られる事実は、常に部分的であるが、陰口のようなありふれた行為にこそ、社会関係を動かすような政治が展開されうるという［Besnier 2009］。
　こうした見識を参考にしつつ本書の事例を振り返ると、とりわけ女性が盛んに陰口をしていたが、それらは単なる愚痴にとどまらず、家間関係や村落の活動、そして他者による評価などを、少しずつ動かしていく可能性を持っている。たとえば、第4章の事例では、食施を怠っている家々をめぐって、陰口し、責任転嫁をしていった。そして、複数のそうした発言が、輪番制の変更に少なからず影響を与えていた。またそれは、仏教に関する活動を主導する男性たちの決定事項を、女性たちが方向づけることも意味している。そして、第5章では、交換の相手を切り替えていく過程で、第三者から相手の様子を聞きだしたり、噂を耳にしながら、距離を置いたり近づいたりする様相が見てとれた。さらに第6章では、一つ屋根の下で暮らしている状況から、家の独立、そして家を出ていったときといったプロセスを追う中で、家を境界として、陰口が一斉に沸きおこったり、ぴたりとやんだりするという状況を記述した。そして、それに応じるかのように、周りの人びとも、徐々に当事者に対する評価を変えていった。
　このように、陰口は、やりすごしによる平行線から、状況を少しずつ変化させる可能性を持っている。また、出来事の真相について口裏を合わせて伏せておいたり、陰口を共有することによって、ある家と家のハック・カンの間柄が深まるということもある。

「ポー・ディー」

　それでは、家間関係を修復しうる契機は、どのようなときに訪れるのか。村びとは、どのようなときに次の行動を起こすのか。先ほどの経験知とも関連するが、そうした時機についてヒントとなるのが、村びとがさまざまな事象に対して用いる「ポー・ディー（phoo dii：ちょうどよい）」という概念である。それは、料理の塩加減や酸味の強さ、発酵食品のできごろ、結婚適齢期の男女の接し方、タイミングが良いことなど、頃合い、節度、時機を示すものである。早すぎても遅すぎても良くない。気前の良さや美しさも、度が過ぎれば悪い結果をもたらしてしまう。人びとは、経験から、ほどよい具合というのを知っているのである。

　たとえば、食物分配にしても、ある家に一度にたくさんあげてしまったり、頻繁すぎるのも良くないとされる。ある家との交換を再開したとき、モーンは次のように私に言っていたことがある。「（気前の良さは）あとあとにとっておくのよ。もしかしたら、また（もめごとが）起こってしまうかもしれないからね。相手に良くしすぎないで。ほどよくしなさい（ディー・ポー・ディー）。もし、どこかで良くしすぎてしまったら、母さんの良さ（ディー）が尽きてしまう」（2011年7月12日）。この発言からうかがえるように、贈与は大切だが、気前が良すぎたり、相手を信頼しすぎると、いつかまたもめごとが起こったときに、衝撃が大きくなってしまう。また、功徳を積むことに関連し、人びとは、贈与という「善い行ない」によってディーなるものを積んでいて、どれくらい積めたのかは見えないだけに、それが底を尽きないよう加減をしているようにも考えられる。こうした考え方は、カンボジアのラオに限らず、クメール人のあいだでも、「人が良すぎると、自分自身が落ちぶれてしまう（cet loo peek thleak khluon）」という格言がしばしば使われるように、ある程度、上座仏教圏に共通して見られるものであろう。

時間の経過と感情の動き

　また、やりすごしに注意を向けると、関係構築において時間の経過がいかに

重要であるかもよく分かる。東南アジアの双系親族社会に関する先行研究では、利害に応じて他の二者関係とのつきあいに比重を移していく、淡泊な性格が指摘されてきた [谷川1998]。確かに、もめごとが起こった時点や、短期間の状況を見れば、KS村についても同じようなことが言えるだろう。しかし、人びとは、もめごとによって交換が停止されても、さまざまな感情を抱えつつ、時間が過ぎるのを待ち、関係修復の可能性を探っている。第5章の僧侶とモーン家のように、失望、怒り、恐れ、そして愛着など、複雑な感情がからみあう中で、関係が弱まっていくのを仕方なく受け入れていくのであって、あっさりと別の二者関係に切り替えているわけではない。それは、ある程度の時間の経過を視野に入れることによって見えてくる。

　もめごとは常に「あいだ」から「始まり」、潜在的に抱える過去の軋轢やネガティブな感情が、あるきっかけに再燃するという [Carsten 1997: 222]。KS村の家間関係も、緊張は常に潜在し、それが時折はげしく表に出るが、また時間が経つとともに馴らされていく。もちろん、私が見聞きした事象は、そのように過去から連綿と続いてきた出来事のほんの一角にすぎない。しかし、少なくとも、こうした時間の流れが人間関係の変容と分かちがたく結びついているということを心にとどめ、できるかぎり記述に反映していくよう努めることは大切であろう。

女性の役割

　最後に、ラオ村落を家から捉える意義について、女性の役割という点から述べておきたい。カーステンによれば、家は、閉じられた私的領域ではない。そして、家でなされる女性の実践は、政治、経済、宗教などと切り離されておらず、家の外へと関係性を広げる、公的な意味を含むという [Carsten 1997: 134, 183, 185]。この指摘は、ラオ村落のあり方を考える上でも示唆的である。

　東南アジアでは、女性が家計を管理すること、経済活動を積極的に担うこと、財の相続が女性を通してなされることなどを根拠とし、女性のステータスは比較的高いとされてきた [Ireson, C. 1996: 21-22, 101; Steedly 1999: 439; Van Esterik 1996: 1]。

しかし、それらはあくまでも、私的領域において女性が経済的に自立しているというだけであって、公的領域に結びつくものとしては捉えられてこなかった［Errington 1990; Lilja 2008: 68］。のみならず、むしろそうした女性の経済的自立性は、俗世界に執着を残している証拠として、仏教的秩序における地位の低さと結びつけられる傾向にあった［Kirsch 1975: 176］。そして、女性が発言力を持つのは私的領域においてのみであって、宗教活動をはじめ公的領域での活動は、男性が主導するという図式が定着していった［Ebihara 1968: 113-114; Kirsch 1975; Sparks 2005: 26］。

しかし実際には、私的領域と公的領域とに明確に線引きができるわけではない。たとえば、カーステンが言うように、女性は、家間関係を取り持ち、統合や調和を生み出し、男性は、政治や宗教活動の場に出ていって、競争的な関係や差異をもたらす。このように、男女は異なる角度から行動するものの、男性によって破壊されかねない協調関係を、女性が家と家のやりとりで修復することもある［Carsten 1997: 170］[1]。こうした意味で、家を中心とする女性の実践は、村落の秩序を支える公的な含みを持つという［ibid.: 186-187］。ラオス南部や東北タイのラオ村落でも、女性は、食物を与えて養育するという、親族をつくりだす過程に重要な役割を担っており、家における女性の実践が、家の外の関係性にも広がり、積極的な効果を持つことが主張されている［High 2011: 218; Sparks 2007: 230］。

このような議論はカンボジアのラオ村落においても当てはまる。男性は、身体的に強く、穢れにくく、霊的存在にも侵されにくい。また、仏教的観点から見ても、男性は生来的に徳が高いばかりか、出家によって多大な功徳を得ることもできる［林 2000: 194-195］。たとえ過ちを犯しても、出家によって恥を覆い隠すことも可能である。村をあげての儀礼の進行や、役人やNGOとの交渉など、村外との関係を取り持つのも男性である。一方の女性は、身体的に弱く、

---

[1] インド女性に関しても同様の見識が見られる。常田は、家を中心として親族や共同体的紐帯がつくられるウチが、女性の私的領域にとどまらず、より広範囲なソトの社会政治的関係に関わると主張する［常田2011］。ウチとソトは、ジェンダーによって明確に区別されており、女性は家にとどまり直接ソトの政治関係に言及することはない。しかし、女性はウチの言説を用いて、微妙で非決定的で多様な解釈を許容する行為によって、エージェンシーを発揮し、家間のコミュニケーションを容易にし、ソトの関係を裏から柔軟に調整するという［ibid.: 170-203］。

悪霊にとりつかれたり呪術にかかりやすい。また、異性との噂や過ちによって、名を穢されやすい。そして、生来的に徳が低く、男性のように恥を払拭する方法もない[2]。その代わり、女性は、家を持つことによって、まわりの噂や悪評をあいまいにしたり、恥や穢れを押しとどめる。そして、家主が中心となって、家と家とのあいだで交換を行ない、男性を含め、家をあげてハック・カンの間柄をつくりだし、必要なときに頼れ、悪い噂から守ってもらう関係を張りめぐらせる。男性たちが引き起こした喧嘩や事故などが原因で、村びとたちの関係がこじれたときも、やりすごしながら、女性が家間関係を調整していくのである。

このように、家は単に閉じられたプライベートの空間というのではなく、女性が複数の家とのあいだに関係をつむぎ、村落という広がりをつくりだすという意味で、外にも開かれたものなのである。そして、女性は、家同士の交換と停止、時機を見た再開といったプロセスを通して、男性とは異なる角度から村をつくりだしていく。

近年、カンボジアにおいて、地方村落から都市部に出稼ぎに出ていった女性や [Derks 2008]、女性の政治家に焦点を当てた研究 [Lilja 2008] が行なわれてきている[3]。それらに共通して見られる論点の1つに、ジェンダーにからめた私的領域と公的領域という二項対立的な考え方を批判的に捉え、女性が家の外の世界に積極的に働きかけるような主体性を持つというものがある。確かにそうした批判は重要であり、私的、公的という前提が成り立たない事例が実際にはいくつもあるということを、本書でも示してきた。

しかしここではさらに、女性が主体的に行動を選択するというのではなく、積極的に働きかけずに、別の人物の働きを期待したり、時間をかけて待つという姿勢に着目した。村の女性たちは、もめごとをやりすごし、相手からの挨拶や訪問、贈与の再開、他家の噂などを手がかりに、相手の出方を見ながら徐々に行動していく。ハック・カンの間柄を修復したくても、それがうまくいくか

---

2 このような性差に基づく対比は、東南アジアの文脈で多くの研究者によって指摘されてきた [Derks 2008: 40-41; Ebihara 1968: 397; Keyes 1984; Kirsch 1975; Ledgerwood 1990: 36-37]。
3 またトルーディ・ヤコブセンのように、歴史学的見地から、対外的な政治権力がないカンボジア女性という西洋の一般的見解を否定する研究者もいる。彼女によればカンボジアの初代王は女性であり、元来女性が権力を保持していたという。19世紀半ばを境に女性嫌いの男性の王によって女性の権力が失墜させられたものの、カンボジア女性は、精霊との交渉を中心的に担うなど、従来から力を持ち続けてきたと論じている [Jacobsen 2008]。

どうかは、相手の反応や第三者の介入を待つしかない。ここから見えてくるのは、主体的な女性というよりも、自分たち以外の働きかけに応じながら動いていく姿勢である。ラオ村落は、こうした関係的な性格を持った家間関係によって、不断につくりかえられていくのである。

結論と展望

　本書では、家と家の関係に焦点を当て、ハック・カンの間柄が構築される過程と、それを支えている、もめごとへの対処法を明らかにしてきた。最後にここで、改めて全体をふりかえり、今後の展望を述べたい。

　第1章では、本書の舞台となるストゥントラエンのラオについて、カンボジア北東部の歴史、民族の移動、言語などから、その特徴を可能な限りで描きだした。第2章と第3章では、対人関係において重要視される直接的なやりとりに注目し、ハック・カンの間柄がどのように築かれるか（第2章）、そして、それがいかに脆く流動的であるか（第3章）について、事例をあげて述べてきた。人びとは、家々で交換を行なって、養いあい、頼りあい、守りあう二者関係を張りめぐらせている。このような関係をできるかぎり多くの相手と維持するのが望ましいが、実際にはそうもいかず、日常的に起こるもめごとによって、交換を停止し、緊張が生じてしまう。ハック・カンの間柄を修復したいが、かといって、憤り、嫉妬、失望といった感情も払拭できない。そういったときに、どうするか。それが、第4章から第6章にかけて、具体的事例を通して示した、もめごとへのローカルな対処法である。

　人びとは、暴力や口論を好まず、不満や怒りを間接的な形で表すことが多い。ハック・カンが直接的な行為で築かれるのとは対照的に、気まずいときにはとことん間接的になるのである。たとえば、第4章では、僧侶への食施をめぐる家々の競合について取り上げた。高僧に気に入られようとする家への嫉妬、生業を優先して食施をしない家への怒りなどは、直接的に相手にぶつけられることなく、陰口や噂を通してそれとなく相手方にも伝わるのみである。また、相手のほうも、すぐに行動を起こしたりすることがない。そのため、一部の僧侶

が空腹を抱えるという状況が放置されていたわけである。また、第5章では、僧侶と村びとの擬制的親子関係を例にとり、ハック・カンの間柄が弱まっていく過程について述べた。重要な話しあいを先送りにし、他の二者関係とのつきあいを深めていくことで、擬制的親子の関係は、ほとんど対面することなく切れかかっていった。ただし、あっさりと別の関係に切り替えるのではなく、失望しつつも相手に愛着を抱いていたり、他家に嫉妬をしたりと、感情が揺れ動いていることについては、章の中で強調してきたとおりである。さらに、第6章では、緊張を抱える姻族との関係を取り上げ、そりのあわない他者とのあいだでも、時間をかけながら、ハック・カンの間柄をつくりだしていくことを示した。また、その際に重要なのが、やりすごしであった。それはこれまでの章でも断片的に述べてきたが、ここでは特に、敵対的な他者をも受け入れていく、人びとの包容力を表すものとして提示した。

　本書では、ラオ村落のように出自集団や強力な社会組織のない状況においては、家々が日常的に築いていく関係の網目こそが、村をつくりだすと考えてきた。そして、他家とのつきあい、もめごと、それへの対処という、ある意味で日本でもどこにでもあるような対人関係を描いてきた。日本の近所づきあいとどのように異なるのか、カンボジアのラオであるからこそ特徴的であると言える点はどこか、こうした重要な事柄について、本書では検討しきれなかった。それについては、カンボジアのラオについて、より広い視点から捉え、日本や他の地域との比較も含めて、今後の課題として理解を深めていく所存である。しかし、考察が未熟であることをお断りした上で、敢えて言うならば、私たちの社会に似ている事象を研究対象から外すのではなく、むしろ、共通点や共感できる部分に目を向けることにこそ、対象社会の特異性を極端に強調しすぎず、私たちの身近な社会や対人関係のあり方をも再考する可能性が生まれてくるのではないだろうか。それは、現地の人びとの営みをエキゾチックな他者のものとして描くのではなく、「記述する私と記述される彼ら」という力関係を可能なかぎり回避していく、人類学の記述における配慮でもある。

　しかしながら、本書では検討しきれなかったことも多々ある。まず、本書のテーマであった、もめごとへの間接的な対処法について、それが今回取り上げたような一村落の中の対人関係にとどまらず、マジョリティや国家とのかかわ

りにおいてもなされているのかという点である。本書が人びとのミクロな関係の編まれ方に光を当てたため、調査地に閉鎖的な印象を持たれてしまったかもしれないが、第1章で述べたとおり、KS村を含めカンボジア北東部は、歴史的にも現在も、外に開かれ続けている。今日について言えば、国家の経済発展に伴い、開発が進み、交通網が整備され、クメール人やチャム人の移住が盛んであるし、NGOによるエコツーリズムや、海外企業による土地の買収と換金作物栽培が増加するなど、ますます外とのつながりが強まっている。このように、外のかかわりによって絶えず変化していく中で、ラオの対人関係がどのように編まれていくのかについては、今後取り組んでいくべき課題の1つである。

　また、ストゥントラエンのラオという括りそのものの検討も必要である。そのためには、カンボジア北西部バンテアイミエンチェイなどのラオはもちろん、ラオス、東北タイのラオにまで研究の視野を広げていかなければならない。現在少しずつ、その試みを始めたところだが、自然環境、民族の移動の歴史、社会を取り巻く政治経済の状況など、それぞれの地域における文脈の違いを考慮に入れながら、地道に調査と検討を続けていきたいと考えている。

あとがき

　本書は、2013年に筑波大学大学院人文社会科学研究科歴史・人類学専攻に提出した博士学位請求論文「カンボジアのラオ村落における家と家との親密性」をもとに、大幅に加筆、修正したものである。とりわけ第1章は、カンボジア北東部ひいてはストゥントラエンのラオについて、現時点で得られた情報の限りで加筆し、拙い文章ながら、少しでも現地の生活世界を伝えることができたらという思いで書き改めた。

　KS村の人びとと出会ってから10年が経った。それが長いのか短いのか、正直なところ、よく分からない。私はあの頃からなんら変わっていないように思えるし、既に過去となってしまったにもかかわらず、こうしてそのときの出来事について書いていると、本当に昨日のことのように感じてしまう。しかし、再び村を訪れて、当時まだ小学生だった子供たちが随分と大きくなっているのを見ると、あぁ、やはり時間は経ったのだなと、しみじみ思う。親しかった年配者が他界したという話を耳にすると、何をするわけでなくても「そこにいる」ということ、それ自体がいかに大事であるかを痛感したりもする。

　2013年初頭には、私が滞在させてもらったモーンの家も解体され、そこにクアが新築を建てた。張り合わせた板のところどころに隙間が空いて陽の光が入る、大好きだった台所、石を5つ置いただけだが、高さも広さも抜群に使いやすかった竈も、今はない。屋根にあいた隙間から、月が動いていくのを見ながら眠る、そんなこともできなくなった。村に電気が来て、少しずつ水道も引かれはじめた。すると人びとは、家に水浴び場を作ったり、甕の近くに蛇口を付けて、水道を利用するようになり、だんだんと、水浴びに川に降りることも、川から水を汲んでくることもなくなってきた。また、道や橋が整備されると、村びとの移動はもちろん、村外からさまざまな人がやってくるようになった。他州からクメール人やチャム人の移住も、ますます加速する一方である。

　村の生活は、どんどん変化している。それは、この10年に限ったことではもちろんない。私が滞在を始めた頃も、既に村は変化の中にあったし、当然の

ことながら、それよりずっと以前から、大きな社会の流れに影響を受けつつ、変動を続けてきたわけである。ただ、恥ずかしながら、ある程度の時間を経て村を再訪したときに、そのきわめて当たり前のことに、私がようやく気がついたというだけのことである。あの頃、どっぷりと人びとの生活に浸れた時間が、今では懐かしい。しかし、一度日本に帰り、距離をおいて見ることで、そのまま生活を続けていては気がつきにくいことを再確認できたりする。

　また、村びとのほうも、どういうわけか、私が時間をおいて再訪すると、「実は、あのときね…」、「実は、私はあの人とは気が合わないんだ」などと、過去の出来事や、誰かに対して抱いてきたネガティブな感情について、話をしてくれたりする。村びとたちの関係や生活状況についてわずかながらも知っていて、しかも、村にずっといるわけでもなければ、あまり時間をおきすぎずに時々やってくる者。村びとは、私をこのように位置づけなおすことで、打ち明け話をするようになったのかもしれない。そう考えると、いったん仕切り直した上で、短期間であっても人びとのもとに通い続けることにも、意義があるように思えてくる。

　人びとの「いま」は、これまでの出来事や、将来に向かって現在進行形で動いている出来事とつながっていて、私が見ることのできるのはそのほんの一角にすぎない。けれども、その時々で現れる断片を、時間をかけて丹念につなげていくことで、少しでも人びとの「いま」を理解できたらと願う。その作業を、これからも続けていきたいと考えている。

　本書をまとめるまでには、本当に多くの方々にお世話になった。私の指導教官である風間計博先生（京都大学）は、論文執筆に関するご指導はもちろん、飛躍せず地道に、そして楽しみながら研究し続けることを教えてくださった。また、博士論文の主査を引き受けてくださった内山田康先生（筑波大学）は、フィールドワークでの経験を常に大切にしてくださり、フィールドの現実から問いが生まれるという人類学の基本を、先生ご自身の姿勢で示してくださった。副査の中込睦子先生（筑波大学）、鈴木伸隆先生（筑波大学）は、私の拙い原稿に目を通して、適格なコメントをくださった。また、山本隆志先生（筑波大学）は、分野が異なるにもかかわらず、私の研究に関心を寄せてくださり、親身になってご指導いただいた。本書を出版するにあたり、先生方のご指導、ご助言を生

かしきれず、申し訳ない気持ちであるが、今後、研究を続けていくなかで、少しずつでも形にしていけたらと思っている。

また、博士論文の執筆にあたっては、筑波大学人文社会科学研究科歴史・人類学専攻の研究室のみなさんにも、大変お世話になった。特に、深川宏樹さん（日本学術振興会）は、なかなか研究の方向性が定まらない私に、いつも適確なアドバイスを下さったのみならず、くじけそうになるところを一緒に頑張ろうと励ましてくださった。また、奈良雅史さん（北海道大学）、同研究科の比嘉理麻さん（沖縄国際大学）にも、コメントから草稿のチェックにいたるまで、お力を頂いた。また、作図にあたっては、武田周一郎さん（神奈川県立歴史博物館）に大変お世話になった。そして、博士課程修了後の3年間、歴史・人類学専攻で特任研究員として働かせていただいた際には、同専攻の先生方をはじめ、専攻事務室の平山惠子さんにも、多方面にわたって支えていただいた。

さらには、小林知さん（京都大学）、高橋美和さん（実践女子大学）、佐藤奈穂さん（金城学院大学）には、現地調査において励ましをいただいたのみならず、論文をまとめていく上で、研究会やセミナーでの発表の機会を与えてくださった。また、橋本彩さん（東京造形大学）は、研究会で出会ってから私との交流を楽しみにしてくださり、博士論文にも目を通して、有意義で心温まるコメントを下さった。また、ストゥントラエンへの日本軍進駐などについて、立川京一さん（防衛省防衛研究所戦史研究センター）が快く情報を提供してくださった。

そして、クメール人で研究者のドーク・ヴティさん、イー・ラッタナさんには、筑波大学に留学されていた頃から現在に至るまで、お世話になっている。現地調査を始めた頃、生活面から調査の手続きにいたるまで、多大なご協力をいただいただけでなく、バンテアイミエンチェイから逃げてきたも同然の私を受け止め、ストゥントラエンを調査地として紹介してくださった。お二人がいなかったら、ストゥントラエンとの出会いもなかっただろうと思う。

そして何より、KS村をはじめストゥントラエンの人びとに、心から感謝の気持ちを表したい。特に、突然やってきた私を受けいれてくださったモーン家の父、母、そして妹には、筆舌に尽くしがたい想いがある。人びとがよく言ってくれるように、彼らとの出会いに「ニサイ（縁）」があり続けることを、願ってやまない。

あとがき

　本書の出版にあたっては、日本学術振興会による平成29年度科学研究費助成事業（研究成果公開促進費）（課題番号17HP5118）の交付を受けた。また、株式会社めこんの桑原晨さんと出会えたことも、有り難いほどの幸運だと思っている。桑原さんは、ストゥントラエンのラオに関心を抱いてくださり、お会いするたびに、出版作業を超えてご助言とご協力を賜った。そして、桑原さんを紹介してくださった箕曲在弘さん（東洋大学）、出版にまでたどりつけるよう応援してくださった木村周平先生（筑波大学）に、感謝を申しあげたい。

　最後に、博士論文の執筆途中で他界した最愛なる祖母と、心配を胸にしまって私を励まし続けてくれる母に、本書を捧げたい。

参考文献

[政府刊行物]
Department of Culture and Fine Arts of Province
    2005   *Con Ceat Daum Pheak Tec Khaet Stung Traeng. Kammavithii Sekkha Saalaa Khaet Stung Traeng.* (*The Ethnic Minorities of Stung Traeng Province. The Seminar Program in Stung Traeng.*)
Ministry of Interior
    2001   *Comnuon Chmoh Khaet Krong Srok Khan Khum Sankat Phuum Teang Preah Reaceaneacat Kampcea.* (*The Number and the Name of Province, District, Commune and Village in Cambodia.*)
NIS (National Institute of Statistics)
    2008   *Statistical Yearbook of Cambodia 2008.* Ministry of Planning
    2009   *General Population Census of Cambodia 2008: National Report on Final Census Results.* Ministry of Planning.

[現地語文献]
CEPA
    2007   *Rueng Nitean nung Komnaap Teak Toong nung Tonlee Meekong Seesaan Seekong nung Sraepok. Vol 2* (*Folk Stories Related to the Mekong, Sesan Sekong and Srepok Rivers. Vol.2*), NANO Printing, Phnom Penh, Cambodia.
Sarin Chaak
    2004   *Prumdaen nei Proteh Kampcea.* (*The Borders of Cambodia.*) The Indradevi Publishing.

[日本語文献] (五十音順)
綾部恒雄
    1959   「低地ラオ族の村落構造——パ・カオ部落 Ban Pha Khao の場合」『民族学研究』23 (1・2): 86-117.
板垣明美
    2003   『癒しと呪いの人類学』春風社.
榎本憲泰・石川智士
    2008   「トンレサープ湖の水産資源と管理——水産資源管理の目的と課題について」『人と魚の自然誌——母なるメコン河に生きる』秋道知彌・黒倉寿（編）. pp.201-219. 世界思想社.

小笠原梨江
    2005 『カンボジア稲作村における協同関係——トムノップ灌漑をめぐる事例研究』京都大学大学院アジア・アフリカ地域研究研究科. 博士予備論文.
柿崎一郎
    2016 『タイの基礎知識』めこん.
加藤眞理子
    2010 「東北タイ農村における識字女性の宗教実践——持戒行の事例からの考察」『アジア・アフリカ言語文化研究』79: 145-171.
川合尚
    2000 「風土と地理」『もっと知りたいカンボジア』綾部恒雄・石井米雄（編）. pp.48-84. 弘文堂.
川口正志
    2006 『ラオス全土の旅』めこん.
北川香子
    2009 『アンコールワットが眠る間に——カンボジア歴史の記憶を訪ねて』連合出版.
清野真巳子
    2001 『禁じられた稲——カンボジア現代史紀行』連合出版.
口羽益生、武邑尚彦
    1985 「東北タイ・ドンデーン村——親族関係と近親による生産・消費の共同について」『東南アジア研究』23(3): 311-333.
小林知
    2007 『ポル・ポト時代以後のカンボジアにおける地域社会の復興——トンレサープ湖東岸地域の事例』京都大学大学院アジア・アフリカ地域研究研究科. 博士学位論文.
    2011 『カンボジア村落世界の再生』京都大学学術出版会.
笹川秀夫
    2009 「植民地期のカンボジアにおける対仏教政策と仏教界の反応」*Kyoto Working Papers on Area Studies: G-COE Series* 83:1-27.
佐藤康行
    2009 『タイ農村の村落形成と生活協同——新しいソーシャルキャピタル論の試み』めこん.
佐藤洋一郎編
    2008 『食の文化フォーラム26　米と魚』ドメス出版.
重冨真一
    1995 「東北タイにおける共同耕作の形成原理」『東南アジア研究』33(2): 204-223.
    1996a 「タイ農村のコミュニティ——住民組織化における機能的側面からの考察」『アジア経済』37(5): 2-26.
    1996b 『タイ農村の開発と住民組織』アジア経済研究所.
スチュアート-フォックス, マーチン（菊池陽子訳）
    2010 『ラオス史』めこん.

高橋美和
 2001 「カンボジア稲作農村における家族・親族の構造と再建――タケオ州の事例」『カンボジアの復興・開発』天川直子（編）．pp. 213-274．アジア経済研究所．

田中稔穂
 2006 「20世紀初頭のシャムにおける「ラーオ語」の「タイ語」化」『言語社会』1: 159-177．

田辺繁治
 2010 『「生」の人類学』岩波書店．

谷川茂
 1998 「カンボジア北西部の集落（2）――北スラ・スラン集落における稲作農家の共同関係」『上智アジア学』16: 123-149．
 1999 「カンボジア都市周辺部の集落における共同関係――プレック・トアラ集落第9組を事例として」『商経論叢』34(4): 231-264．

チュット・カイ（岡田知子訳）
 2014 『追憶のカンボジア』東京外国語大学出版会．

津村文彦
 2002 「東北タイにおける伝統文字の知識民族誌――タム文字と貝多羅葉の人類学的研究」『年報タイ研究』2(2): 61-82．

常田夕美子
 2011 『ポストコロニアルを生きる――現代インド女性の行為主体性』世界思想社．

中田友子
 2004 『南ラオス村落社会の民族誌――民族混住状況下の「連帯」と闘争』明石書店．

初鹿野直美
 2017 「実現しなかった日本・カンボジア経済協力計画――日本の開発援助黎明期の興奮と挫折」『アジ研ワールド・トレンド』256: 54-60．

林行夫
 1986 「タイ仏教における女性の宗教的位相についての一考察」『龍谷大学社会学論集』7: 103-126．
 1998 「ラオの所在」『東南アジア研究』35(4): 684-715．
 2000 『ラオ人社会の宗教と文化変容――東北タイの地域・宗教社会誌』京都大学学術出版会．

防衛庁防衛研修所戦史室
 1969 『戦史叢書　シッタン・明号作戦』朝雲新聞社．

松田素二
 2006 「セルフの人類学に向けて――遍在する個人性の可能性」『ミクロ人類学の実践――エイジェンシー／ネットワーク／身体』田中雅一・松田素二（編）．pp.380-405．世界思想社．

水野浩一
 1981 『タイ農村の社会組織』東南アジア研究叢書16．創文社．

村上忠良
    1998   「タイ国境地域におけるシャンの民族内関係――見習僧の出家式を事例に」『東南アジア研究』35(4): 57-77.
矢野順子
    2008   『国民語が「つくられる」とき――ラオスの言語ナショナリズムとタイ語』風響社.
山崎寿美子
    2010   「カンボジア北東部のラオ村落における人物呼称――ラオ語とクメール語の融合的使用と言語の創造」『南方文化』37: 131-158.
    2011   「カンボジアのラオ村落における競合と社会形成――僧侶の飢えの事例から」『年報タイ研究』11: 47-64.
    2014   「ビンロウジ嚙みの鳥型はさみ」TASC MONTHLY. 459: 14-21.
    2015   「カンボジアのラオ村落における僧侶と村人のハック・カン」『歴史人類』43: 27-59.
    2016a   「カンボジアの発酵食品パデークをめぐる差異化とつながり」『歴史人類』44: 61-80.
    2016b   「メコン川下流域における発酵食品の加工法と食べ方をめぐる人類学的研究」公益財団法人三島海雲記念財団第53回（平成27年度）学術研究奨励金研究報告書. pp.246-252.
吉田香世子
    2009   「北ラオス村落社会における出家行動と移動の経験――越境とコミュニケーションの動態の理解に向けて」『アジア・アフリカ地域研究』9(1): 1-29.

[**英語文献**（アルファベット順）]

Anonymous
    1913   Monographie de la Province de Stung-Treng. Saigon. *Bulletin de la Société des Études Indochinoises de Saigon*, 64: 3-32.

Baird, Ian G.
    2010a   Different Views of History: Shades of Irredentism along the Laos-Cambodia Border. *Journal of Southeast Aisan Studies* 41 (2): 187-213.
    2010b   Making Spaces: The Ethnic Brao People and the International Border between Laos and Cambodia. *Geoforum* 41: 271-281.

Besnier, Niko
    2009   *Gossip and the Everyday Production of Politics*. University of Hawai'i Press.

Bourdier, F.
    2006   The Mountain of Precious Stones, Ratanakiri, Cambodia: *Essays in Social Anthropology*. Center for Khmer Studies.
    2009   When the Margins Turn One's Step toward an Object of Desire: Segregation and Inclusion of Indigenous Peoples in Northeast Cambodia. In *Living on the Margins: Minorities and Borderlines in Cambodia and Southeast Asia*. Conference

Proceedings. pp.177-185. Center for Khmer Studies.

Bunnag, Jane
    1973   *Buddhist Monk, Buddhist Layman: A Study of Urban Monastic Organization in Central Thailand.* Cambridge University Press.

Carsten, Janet
    1995   The Substance of Kinship and the Heat of the Hearth: Feeding, Personhood, and Relatedness among Malays in Pulau Langkawi. *American Ethnologist* 22 (2): 223-241.
    1997   *The Heat of the Hearth: The Process of Kinship in a Malay Fishing Community.* Clarendon Press.
    2000   Introduction: Cultures of Relatedness. In *Cultures of Relatedness: New Approaches to the Study of Kinship.* Carsten, J. (ed.), pp.1-36. Cambridge University Press.

Derks, Annuska
    2008   *Khmer Women on the Move: Exploring Work and Life in Urban Cambodia.* University of Hawai'i Press.

Ebihara, May, M.
    1968   *Svay: A Khmer Village in Cambodia.* Unpublished Ph.D. Dissertation. Department of Anthropology, Columbia University. UMI.

Embree, J. F.
    1950   Thailand: A Loosely Structured Social System. *American Anthropologist* 52: 181-193.

Errington, Shelly
    1990   Recasting Sex, Gender, and Power: A Theoretical and Regional Overview. In *Power and Difference: Gender in Island Southeast Asia.* Jane Monnig Atkinson and Shelly Errington (eds.), pp.1-58. Stanford University Press.

Escoffier, Claire F.
    1997   Les Lao au Cambodge: Une Cohabitation Harmonieuse? *Lan Xang Heritage Journal* 2 (3): 82-124.

Evans, Grant
    1990   *Lao Peasants under Socialism.* Yale University Press.

Grabowsky, Volker
    2004   The Thai and Lao Ethnic Minorities in Cambodia: Their History and Their Fate after Dacades of Warfare and Genocide. In *Ethnic Minorities and Politics in Southeast Asia.* Engelbert Thomas and Dieter Kubitscheck Hans (eds.), pp.197-224. Peter Lang.

Hanks, Lucian M. Jr.
    1962   Merit and Power in the Thai Social Order. *American Anthropologist* 64 (6): 1247-1261.
    1972   *Rice and Man: Agricultural Ecology in Southeast Asia.* Aldine Atherton.

High, Holly
    2005   Cooperation as Gift versus Cooperation as Corvee: Why Lao Rice Farmers Cooperate for Rice Production in a Way They Don't for State Projects. *Yale*

            SEAS 2005 Conference (Regenerations: New Leaders, New Visions in Southeast Asia), Working Paper, Council of Southeast Asian Studies.
    2006   Join Together, Work Together, For the Common Good-Solidarity: Village Formation Processes in the Rural South of Laos. *Sojourn: Journal of Social Issues in Southeast Asia* 21 (1): 22-45.
    2011   Melancholia and Anthropology. *American Ethnologist* 38(2): 217-233.

Houn, Kalyan
    2008   *Socialization Processes and Identity Construction among Khmer-Lao Family: A Case Study of Sreh Po Village in Stung Traeng Province*. MA Thesis Submitted to Royal University of Phnom Penh.

Ireson, J. Carol
    1996   *Field, Forest, and Family: Women's Work and Power in Rural Laos*. Westview Press.

Ireson, W. Randall
    1996   Invisible Walls: Village Identity and the Maintenance of Cooperation in Laos. *Journal of Southeast Asian Studies* 27 (2): 219-244.

Jacobsen, Trudy
    2008   *Lost Goddesses: The Denial of Female Power in Cambodian History*. NIAS Press.

Keyes, Charles
    1984   Mother and Mistress but Never a Monk: Buddhist Notions of Female Gender in Rural Thailand. *American Ethnologist* 11 (2): 223-240.

Kev Chanvuty and Ly Vanna
    2009   Lao and Thai Ethnic Groups in Cambodia. In *Ethnic Groups in Cambodia*. Sokhom, Hean (ed.), pp. 429-459. Center for Advanced Study.

Kirsch, Thomas A.
    1966   Development and Social Mobility among the Phu Thai of Northeast Thailand. *Asian Survey* 6 (7): 370-378.
    1975   Economy, Polity and Religion in Thailand. In *Change and Persistence in Thai Society: Homage to Lauriston Sharp.G*. William Skinner and A.Thomas Kirsch (eds.), pp.172-196. Cornell University Press.

Ledgerwood, Judy
    1990   Changing Khmer Conceptions of Gender: Women, Stories, and the Social Order. Ph.D. Dissertation. Departments of Anthropology and the Southeast Asia Program. Cornell University.
    1998   Rural Development in Cambodia: The View from the Village. In *Cambodia and the International Community: The Quest for Peace, Development, and Democracy*. Frederick Brown and David Timberman (eds.), pp.127-147. Asia Society.

Lilja, Mona
    2008   *Power, Resistance and Women Politicians in Cambodia: Discourses of Emanicipation*. NIAS Press.

Oversen, Jan et al.
    1996   *When Every Household is an Island: Social Organization and Power Structures in*

Rural Cambodia. Sida.

Potter, S. Heins
   1977   *Family Life in a Northern Thai Village: A Study in the Structural Significance of Women.* University of California Press.

Potter, M. Jack
   1976   *Thai Peasant Social Structure.* University of Chicago Press.

Sparks, S.
   2005   *Spirits and Souls: Gender and Cosmology in an Isan Village in Northeast Thailand.* White Lotus.
   2007   Rice for the Ancestors: Food Offerings, Kinship and Merit among the Isan of Northeast Thailand. In *Kinship and Food in South East Asia.* Janowski Monica and Merlogue Fiona (eds.), pp.223-241. NIAS Press.

Steedly, Mary Margaret
   1999   The State of Culture Theory in the Anthropology of Southeast Asia. *Annual Review of Anthropology* 28: 431-445.

Strathern, Marilyn
   1996   Cutting the Network. *The Journal of the Royal Anthropological Institute (N.S.)* 2 (3): 517-535.

Taillard, Christian
   1977   Le Village Lao de la Region de Vientiane: Un Pouvoir Local Face au Pouvoir Etatique. *L'Homme* 17 (2,3): 71-100.

Tambiah, S.J.
   1968   The Ideology of Merit and the Social Correlates of Buddhism in a Thai Village. In *Dialectic in Practical Religion.* E.R. Leach (ed.), pp. 41-121. Cambridge University Press.
   1970   *Buddhism and the Spirit Cults in North-East Thailand.* Cambridge University Press.

Try, Thuon and Chambers, Marcus
   2006   *Situation Analysis; Stung Treng Province, Cambodia.* Mekong Wetlands Biodiversity Conservation and Sustainable Use Programme (MWBP).

Van Esterik, Penny (ed.)
   1996   *Women of Southeast Asia.* Center for Southeast Asian Studies.

Van Vleet, Krista
   2003   Partial Theories: On Gossip, Envy, and Ethnography in the Andes. *Ethnography* 4: 491-519.

Yamazaki Sumiko
   2014   *Khao pun*: How Rice Noodles Stimulate Appetite and Intimacy in a Laotian Village in Cambodia. In *Revisiting Colonial and Post-Colonial: Anthropological Studies of the Cultural Interface.* Bridge21 Publications. pp.207-229

索引

あ

アーチャーン……109, 112, 113, 176, 179, 181, 182, 188, 192, 200, 201, 202, 203, 204, 208, 216, 220, 221, 225, 226, 227, 228, 229, 231, 232, 233, 242, 259

挨拶……112, 127, 128, 137, 146, 150, 155, 157, 159, 160, 165, 248, 252, 255, 290

家の独立……28, 29, 126, 128, 247, 248, 265, 266, 268, 278, 279, 286

イサーン……2, 34, 44, 65

ヴィエンチャン……46, 47, 48, 72

噂……19, 108, 123, 124, 127, 130, 133, 147, 150, 152, 153, 159, 160, 161, 162, 163, 164, 165, 168, 170, 182, 197, 199, 200, 201, 202, 227, 229, 230, 231, 241, 248, 250, 253, 255, 261, 273, 277, 279, 285, 286, 290, 291

ヴンサイ……47, 48, 51, 52, 53, 59, 64, 68, 74

エスコフィエー, C. F.……46, 56, 61, 68, 69, 70

オースヴァーイ……57, 65, 71

おしゃべり……7, 26, 101, 102, 103, 127, 130, 131, 132, 138, 139, 148, 153, 155, 159, 160, 162, 188, 190, 194, 198, 205, 213, 214, 215, 216, 224, 231, 238, 244, 259, 263, 276, 280

か

カオトム……112, 140, 156, 220, 221, 222, 223, 232, 233, 235

カオプン……90, 91, 154, 197, 198, 232

隠す(スガット)……109, 123, 124, 132, 133, 144, 166, 168, 226, 289

陰口……27, 28, 127, 130, 138, 153, 155, 157, 160, 161, 164, 169, 170, 172, 183, 187, 188, 190, 192, 193, 195, 197, 198, 199, 201, 203, 204, 229, 232, 248, 252, 253, 259, 261, 270, 272, 273, 274, 275, 278, 281, 283, 286, 291

かばう……127, 155, 161, 163, 231, 265, 275, 276, 277, 281

キアオ・マーク……138, 148, 154, 162, 165, 213, 258

気配り……216, 217, 219, 231, 259

境界……121, 122, 123, 124, 274, 278, 279, 286

競合……22, 23, 24, 25, 26, 28, 44, 45, 172, 173, 183, 185, 199, 203, 281, 291

共住共食……104

協働共食……104

キロプラムバイ……57

クゥオイ(人)……40, 44, 78, 82, 273

クメール化……34, 35, 55, 56, 59, 60, 61, 62, 64, 65, 115

クラヴェーツ……44, 69

グラボウスキー, V.……51

クルン……40, 44

口論……19, 24, 158, 170, 199, 203, 245, 291

コーン島……47, 48, 51, 65, 72, 73

コーンパペン(滝)……35, 36, 45

心をつかんだ……184, 187, 193

コムプン……59, 62, 64, 66, 68

さ

捧げもの……88, 91, 108, 122, 167, 249, 255, 256

シーパンドーン……35, 61, 62, 65, 66, 72

シェムパーン……40, 41, 48, 51, 57, 59, 61, 62, 69, 73
シエンテーン……30, 46, 61, 65
シハヌーク政権……35, 59, 60, 61, 65, 69, 74
ジャラーイ……40, 44
出家の母……206, 208, 212, 216, 230
食物交換……19, 26, 27, 107, 128, 136, 137, 141, 142, 145, 146, 150, 152, 184, 203, 281
スヴァーイリエン……33, 34, 35, 60, 116, 118
捨てる……130, 169, 244, 282, 283
スラエポック……40
セーコン川……40, 41, 42, 56, 57
セーサーン川……40, 41, 42, 56, 66, 68, 74
積徳行……21, 28, 111, 112, 113, 172, 175, 182, 184, 205, 208, 210, 233, 242, 243, 262
ソムパーチョーム……150, 151, 152, 198

た

たずねる……83, 112, 124, 137, 138, 150, 156, 159, 168, 201, 234, 235, 244, 253, 285
ただいるだけ……155, 157, 163, 166, 170, 258, 259, 274, 278, 283, 284, 285
脱穀機の貸借……148, 150, 152, 154, 170
だんまり……155, 157, 161, 165, 170, 258, 259, 278, 283, 284
チャムパーサック……23, 35, 45, 46, 47, 48, 51, 52, 53, 55, 61, 72
直接的な対立……19, 125, 190
沈黙……124, 133, 156, 161, 162, 163, 164, 196, 230, 231, 243
トムプゥオン……37, 40, 44
ドーンパー……53, 54, 62
ドーンローン……61, 62, 63

な

日本兵……54, 55, 74, 115, 258
乗合トラックの事故……140, 154, 170

は

パークセー……34, 37, 66, 72
バーンポン……66, 68
バーンルン……37
発酵食品……5, 32, 150, 165, 198, 224, 234, 239, 281, 287
話し合い・話し合う……104, 128, 146, 164, 170, 176, 203, 206, 208, 225, 228, 229, 236, 237, 245, 247, 249, 250, 251, 253, 272, 274, 279, 284
張り合い……28, 183, 192, 194, 199, 203, 204, 213, 240, 281
バンテアイミエンチェイ……1, 2, 3, 4, 5, 6, 7, 33, 34, 35, 47, 65, 69, 71, 293, 296
プチュム(儀礼)……91, 113, 165, 181, 187, 188, 218, 219, 220, 223, 224, 232, 243
プノンペン……1, 2, 3, 33, 35, 59, 120, 154, 225
プラーオ……40, 44, 52, 56
プレイヴェーン……33, 34, 52, 57, 60, 80, 97, 116, 118
ベアード, I. G.……41, 51, 53
ベトナム兵……68, 115, 258
訪問……7, 19, 26, 27, 66, 107, 117, 118, 121, 128, 134, 137, 138, 140, 145, 146, 150, 157, 168, 204, 214, 215, 224, 234, 238, 239, 245, 266, 274, 277, 280, 281, 282, 290
暴力……19, 24, 52, 70, 125, 146, 170, 172, 245, 246, 250, 259, 278, 279, 282, 283, 291
ポー・ディー……287
ホーン, K.……18, 41, 59

ま

水野浩一……19, 20, 21, 23, 25
ムアンコーン……72, 73, 74
ムアンセーン……61, 72, 73, 74
メコン川……17, 30, 31, 32, 35, 40, 41, 43, 45, 47, 48, 51, 53, 54, 57, 65, 73, 74, 75, 78, 86, 93, 94, 101, 109, 110, 117, 142, 258

面倒くさい……156, 196, 197, 203, 267, 284
モン・クメール系……24, 37, 40, 44, 45, 51, 52, 56, 60, 65, 66, 69, 71, 73, 82

や

家主……7, 27, 97, 121, 125, 135, 138, 140, 141, 144, 145, 146, 184, 193, 209, 216, 290
やりすごし・やりすごす……24, 25, 28, 29, 52, 157, 166, 170, 204, 247, 248, 256, 259, 261, 263, 273, 274, 278, 282, 283, 284, 285, 286, 287, 290, 292
勇気がない……127, 129, 228, 236, 245, 257

ら

ラオクサエト……35
ラオニョー……34, 35
ラオプゥオン……34, 35, 71
ラタナキリ……33, 34, 35, 37, 40, 44, 47, 48, 52, 53, 58, 60, 61, 64, 65, 68, 73, 74, 113, 115, 117, 120, 126, 127
ラップ・バート……112, 194, 218, 220
離婚……107, 116, 121, 126, 128, 130, 132, 133, 159, 160, 161, 162, 163, 164, 165, 166, 170, 271, 272, 274, 285
輪番制……28, 105, 172, 175, 176, 182, 183, 199, 201, 203, 204, 286

山﨑寿美子（やまざき・すみこ）

愛国学園大学准教授、博士（文学、筑波大学）

2003年、青山学院大学国際政治経済学部卒。2013年、筑波大学大学院人文社会科学研究科歴史・人類学専攻修了。2013年、筑波大学人文社会系特任研究員。2016年、筑波大学人文社会系非常勤研究員。2017年、現職。

【主な論文】

「香りを食べる」（『嗜好品文化研究』1、2016年）、「カンボジアのラオ村落における競合と社会形成——僧侶の飢えの事例から」（『年報タイ研究』11、2011年）、「カンボジア北東部のラオ村落社会における人物呼称——ラオ語とクメール語の融合的使用と言語の創造」（『南方文化』37、2010年）など。

カンボジア北東部のラオ村落における対人関係の民族誌
—— もめごとへの間接的な対処法 ——

初版第1刷発行　2018年2月28日

定価5500円＋税

著者　山﨑寿美子©
装丁　臼井新太郎
発行者　桑原晨

発行　株式会社 めこん
〒113-0033　東京都文京区本郷3-7-1
電話03-3815-1688　FAX03-3815-1810
ホームページ http://www.mekong-publishing.com

組版　字打屋
印刷　株式会社 太平印刷社
製本　株式会社 新里製本所

ISBN978-4-8396-0310-6　C3039　¥5500E
3039-1803310-8347

JPCA 日本出版著作権協会
http://www.jpca.jp.net

本書は日本出版著作権協会（JPCA）が委託管理する著作物です。本書の無断複写などは著作権法上の例外を除き禁じられています。複写（コピー）・複製、その他著作物の利用については事前に日本出版著作権協会（http://www.jpca.jp.net e-mail：info@jpca.jp.net）の許諾を得てください。